Canan Coşkun

Kamuda Modern Arşivcilik Uygulamaları

Canan Coşkun

Kamuda Modern Arşivcilik Uygulamaları

ve Tanzimat Dönemi ile Karşılaştırılması

Türkiye Alim Kitapları

Impressum / Künye
Bibliografische Information der Deutschen Nationalbibliothek: Die Deutsche Nationalbibliothek verzeichnet diese Publikation in der Deutschen Nationalbibliografie; detaillierte bibliografische Daten sind im Internet über http://dnb.d-nb.de abrufbar.

Deutsche Nationalbibliothek tarafından yayınlanan bibliyografik bilgiler: Deutsche Nationalbibliothek, bu yayını Deutsche Nationalbibliografie'de listeler; detaylı bibliyografik bilgi İnternet'te http://dnb.d-nb.de sitesinde mevcuttur.

Coverbild / Kitap kapağı resmi: www.ingimage.com

Verlag / Yayıncı:
Türkiye Alim Kitapları
ist ein Imprint der / yayınevinin bir ticari markasıdır
OmniScriptum GmbH & Co. KG
Bahnhofstraße 28, 66111 Saarbrücken, Deutschland / Almanya
Email / E-posta: info@omniscriptum.com

Herstellung: siehe letzte Seite /
Basım yeri: son sayfaya bakın
ISBN: 978-3-639-67288-6

KAMUDA MODERN ARŞİVCİLİK UYGULAMALARI VE TANZİMAT DÖNEMİ İLE KARŞILAŞTIRILMASI

Canan Coşkun

ÖNSÖZ

e-devlet, çağdaş bir toplum olmanın bir gereği olarak, verimliliği artırmak amacıyla, yönetenler ve yönetilenler arasında her türlü ödev ve yükümlülüklerin karşılıklı olarak "dijital ortamda" gerçekleşmesi olarak tanımlanmaktadır.

Standart Dosya Planı çalışması ise elektronik ortamda üretilen belgelerin belli bir standart doğrultusunda saklanmasını sağlama, e-belge oluşumuna altyapı oluşturma misyonu yüklenmektedir. Standart Dosya Planı ile kurumların hangi konularda belge ürettiği tespit edilmiş, fiziksel ve elektronik ortamda belgelerin dosyalanması konusunda bütün kamu kuruluşlarına orak bir standart getirilmiştir.

Çalışmamızda ise Standart Dosya Planından örnek bir faaliyetin 3 farklı kamu kurumundaki uygulaması değerlendirilmiş, mevcut yasal düzenlemelere göre, SDP çalışması ile e-devlet çalışmalarının birbirleriyle uyumu ve sorunları irdelenmiştir.

Bürokrasi ile ilgili sorunların ve çözüm arayışlarının yeni olmadığı, geçmişten beri devam ettiğini belirtmek amacıyla Osmanlı bürokrasisi de çalışmaya dahil edilmeye çalışılmıştır.

Çözümü olduğu halde bazen çıkmaza giren ve bir türlü çözülemeyen sorunların, mantığın artık işlemediği zamanların yaşandığı dönemlere bir isyan olarak böyle bir çalışma hazırlamaya karar verdim. Ortama uyum sağlamak ve kabul etmek daha kolay bir çözüm görünürken, düşündüklerimi ifade etmek ve neden çözüm bulunamadığını sorgulamak istedim.

Bu çalışmaya başlarken "beni de yaz" diyen bürokrasi mağduru Ömer İNAN ve başta SOMA maden işçileri olmak üzere, madenlerde ölen bütün maden işçilerine Allahtan rahmet diliyor ve ruhları şad olsun diyorum.

İÇİNDEKİLER

BELGE LİSTESİ

Ek 1 Resmi yazışma kuralları ile tespitlerde bulunulması için Osmanlı Türkçesiile düzenlenmiş bir evrak

Ek 2 Resmi yazışma kuralları ile tespitlerde bulunulması için Osmanlı Türkçesiile düzenlenmiş bir evrak (5 sayfa)

Ek 3 Resmi yazışma kuralları ile tespitlerde bulunulması için Osmanlı Türkçesi ile düzenlenmiş geçici kabul evrakları (3 sayfa)

Ek 4 1928 yılına ait Kararname(4 sayfa)

Ek 5 1930 yılına ait Kararname (4 sayfa)

Ek 6 1935 yılına ait Kararname (4 sayfa)

Ek 7 1946 yılına ait Kararname (4 sayfa)

Ek 8 1950 yılına ait Kararname (3 sayfa)

Ek 9 DSİ Ana Hizmet Birimleri Standart Dosya Planı 2005 (7 sayfa)

Ek 10 DSİ Ana Hizmet Birimleri Standart Dosya Planı 2010 (6 sayfa)

Ek 11 İller Bankası Ana Hizmet Birimleri Standart Dosya Planı (10 sayfa)

Ek 12 Karayolları Genel Müdürlüğü Ana Hizmet Birimleri Dosya Planı (3 sayfa)

Ek 13 Standart Dosya Planı Ortak Alanlar (27 sayfa)

Ek 14 Domuzlar Nerede Başlıklı Hikâye

KISALTMALAR

a.e.: Aynı eser
a.g.e.: Adı geçen eser
BES: Basit E-imza (Basic Electronic Signature)
bs.: Basım
C.: Cilt
C.Ü.: Cumhuriyet Üniversitesi
Çev.: Çeviren
DAGM: Devlet Arşivleri Genel Müdürlüğü
DPT: Devlet Planlama Teşkilatı
DSİ: Devlet Su İşleri Genel Müdürlüğü
EBYS: Elektronik Belge Yönetim Sistemi
Ed.: Editör
ESHS: Elektronik Sertifika Hizmet Sağlayıcısı
ETSI: Avrupa Telekomünikasyon Standartları Enstitüsü(EuropeanTelecommunicationsStandardsInstitute)
Haz.: Hazırlayan
İİBF: İktisadi ve İdari Bilimler Fakültesi
IRCICA: İslâm Tarih, Sanat ve Kültür Araştırma Merkezi
NES: Nitelikli Elektronik Sertifika
KSM: Kamu Sertifikasyon Merkezi
O.A.: Osmanlı Araştırmaları
ODTÜ: Orta Doğu Teknik Üniversitesi
R.G.: Resmi Gazete
s.: Sayfa
SDP: Standart Dosya Planı
SÜ: Selçuk Üniversitesi
sy.: Sayı
TDK: Türk Dil Kurumu
TKDB: Türk Kütüphaneciler Derneği Bülteni
TODAİE: Türkiye ve Orta Doğu Amme İdaresi Enstitüsü
v.b.: Ve benzeri
v.d.: Ve diğerleri
Yay.: Yayınları, Yayına

GİRİŞ

İnsanların bir arada yaşama süreciyle birlikte sosyal birliktelikler oluşmuş ve devlet denilen örgütlenmeler ortaya çıkmıştır. Devletin var oluş sebebi kişinin ve toplumun korunma ihtiyacıdır. Aristo[1]'ya göre insan "siyasi bir varlık" ve doğası gereği "iyi" ya da "erdemli" topluma ulaşmak için siyasal topluluk halinde bir örgütlenme içerisine giren toplumsal bir varlıktır.[2]

Yönetim kavramının gerçekleşmesi yönetimin özü olarak şu üç yapıyı karşımıza çıkarmaktadır: İşbölümü, otorite ve hiyerarşi. Bu üç yapının genel siyasi idareyi yansıtan ve toplum hayatını organize eden devlet düzeyinde somutlaşması bürokrasiyi ortaya çıkarmaktadır.[3]

Geçmişten bugüne bütün güçlü devletlerin örgütlü bir devlet teşkilatı ve bürokratik işlemleri yürüten yönetici sınıfı bulunmaktadır. Bürokratik işlemler yürütülürken arşivlerde kendiliğinden oluşmaktadır.

Türklerin Orta Asya bozkırlarından kopup uç siyaseti ile "Kızıl Elma" ve hedef olarak gördüğü Batı'ya doğru devamlı ilerlemiş ancak yol boyunca yerleştiği her yerde irili ufaklı devletler kurup Anadolu'yu ise kendisine değişmez üs olarak benimsemiş bir millet şeklinde tanıtılması yanlış olmayacaktır. Dünyada bazı milletler dört beş bin seneden beri aynı topraklar üzerinde yaşamasına mukabil Türklerin değişik coğrafyaları vatan yapan bir gelenekleri olduğu gözlenmektedir.[4]

Osmanlılar da devlet teşkilat yapısı oluşurken bir takım hususları Büyük Selçuklulardan, bazı kurumları Anadolu Selçuklularından, İlhanlılardan ve Memluklerden aldığı görülmektedir. Mesela Gaznelilerde kullanılan tımar tabiri önce Selçuklulara, oradan da Osmanlılara geçmiştir. Mali işlerde kullanılan siyakat yazısı ile divanî yazı ve tayin fermanlarının yazılış formülleri İlhanlılardan alınmıştır. Bilhassa İlhanlı mali usulleri Osmanlı'da birebir uygulanmıştır. İslam âleminin Sasanilerden aldığı vezir tabiri de aynı yolla Osmanlılara geçmiştir. Osmanlılardaki saray teşkilatının büyük kısmı

[1] Aristoteles ya da kısaca Aristo Antik Yunan filozof. Platon ile Batı düşüncesinin en önemli iki filozofundan biri sayılır. Fizik, gökbilim, ilk felsefe, zooloji, mantık, siyaset ve biyoloji gibi konularda pek çok eser vermiştir.

[2] Adem Çaylak, **Osmanlı`da Yöneten ve Yönetilen: Bir Şerif Mardin Çözümlemesi,** Vadi Yayınları, Ankara, 1998, s. 16.

[3] Bilal Eryılmaz, **Kamu Yönetimi: Düşünceler, Yapılar, Fonksiyonlar, Politikalar**, 5. bs., İstanbul, Umuttepe Yayınları, 2012, s. 3.

[4] Mehmet İpşirli, "Klasik Dönem Osmanlı Devlet Teşkilatı", **Osmanlı Devleti ve Medeniyeti Tarihi,** Ed. E. İhsanoğlu, IRCICA Yay., İstanbul, 1994, s. 198.

Memluklerde tamamen vardı. Toprağın idaresi, divanların oluşturulması ve çalışma usulleri, arazi tahrir şekilleri ve idari taksimatlar gibi hususlar Selçuklu devletlerinde, İlhanlılarda, beylikler ve Memluklerde hemen hemen aynı özellikleri göstermektedir. Osmanlı Devleti aldığı bu kurumların bazılarının isimlerini kendisine uygun şekilde değiştirmiş, bazı görevlerde değişiklikler yaparak kendi işleyişine uygun hale getirmiştir.[5]

Osmanlı Devleti'nin kendisinden önce kurulan devletlerden alıp geliştirdiği teşkilat yapısı zamanla bazı iç ve dış nedenlerden dolayı bozulmaya başlamıştır. Devleti kurtarmaya yönelik Batılı tarzda kurumlar kurulmuş, bürokratik işlemler değişikliğe uğramıştır.

Osmanlı'dan Cumhuriyete geçişte, İmparatorluk bürokrasisinin biçimsel yönü ile birlikte, yönetim gelenekleri ve siyasi kültürü de intikal etmiştir. Son dönem Osmanlı bürokrasisinin yapı ve işleyişiyle ilgili unsurları, esas itibariyle 1839 yılında ilan edilen Gülhane Hattı Hümayunu ile birlikte yeniden biçimlenmiştir. Bugünkü anlamda bakanlıkların kurulmaya başlanılması, yeniçerilerin ortadan kaldırılması, rüşvet ve yolsuzluklarla mücadele, memurlara nakdi olarak maaş bağlanması, şeyhülislamın bakanlar kuruluna katılması ve dolayısıyla siyasi bir sorumluluk üstlenmesi, vakıfların devletin yakın denetimine alınması, hep II. Mahmut döneminde gerçekleştirilmiştir.[6]

Tanzimat'la birlikte bürokratlar ve bürokrat kökenli devlet adamları, siyaset sahnesinde hâkim bir unsur olarak ortaya çıktılar. Kalemiyeye mensup, az çok Avrupa'yı görmüş ve kısmen yabancı dil bilen bürokratlar, devlet yönetiminde ulemanın önüne geçtiler. Çünkü Tanzimat, Kalemiyeye mensup bürokratların eseriydi. Ülkede egemen otorite, önce Saray'dan Babıali'ye intikal etti. Ülkedeki yönetim yetkisi, bir taraftan Sultan'dan bürokratlara aktarılırken diğer yandan da geleneksel ulemanın rolü ikinci plana itilmek suretiyle, kalemlerden ya da mekteplerden yetişen yeni bir yönetici kadronun devlet yönetiminde liderlik konumuna yükseldiğini görüyoruz.[7]

Birinci Meşrutiyette II. Abdülhamit'in kişisel özellikleri ve yönetim anlayışı sebebiyle Saray, büyük ölçüde Babıali'ye geçen siyasi ve idari otoriteyi tekrar ele geçirmiştir. Abdülhamit, kendisine bağlı bir sivil bürokrat kadro

[5] İ.HakkıUzunçarşılı, **Osmanlı Devlet Teşkilatına Medhal**, Ankara, 1984, s. I-XIV.

[6] Bilal Eryılmaz, **Bürokrasi ve Siyaset: Bürokratik Devletten Etkin Yönetime**, 4. bs., İstanbul, Alfa Yayınları, 2010, s. 133.

[7] Metin Heper, "Bürokrasi", **Cumhuriyet Dönemi Türkiye Ansiklopedisi**, Cilt:2, İletişim Yayınları, İstanbul, 1983, s. 296.

oluşturmayı başarmıştır. Gazeteci-aydınların II. Abdülhamit'e karşı muhalefetinde bu iktidar kaymasının da önemli etkisi olmuştur. 19. Yüzyılın sonunda İttihat ve Terakki ile birlikte ordu, siyaset sahnesine etkili bir unsur olarak katıldı. 20. yüzyılın başın da hâkim otorite, ne Babıali bürokratlarının ne de hükümdarındı; İttihat ve Terakkinin ortaya çıkması ve güçlenmesiyle birlikte siyasallaştığı, teknik-uzmanlık niteliği yerine, siyasi yakınlık faktörünün öne çıktığı bir görünüm sergilemiştir. Kurtuluş Savaşının yönetici kadroları, büyük ölçüde İttihat ve Terakki içinde yetişmiş veya en azından o gelenekten etkilenmiş kişilerdi.[8]

İttihat ve Terakkinin lider kadrosunda, yönetim ve siyaset anlayışı konusunda Tanzimat reformları esnasında beliren iki farklı çizgi ya da yaklaşım, siyasi nitelik kazanarak daha sonraki uygulamaları etkilemiş ve günümüze de yansıtmıştır. İttihat ve Terakkinin liderlerinden Ahmet Rıza, Osmanlı Devletinin sorunlarının ancak güçlü, merkeziyetçi, devletçi ve otoriter bir yönetim anlayışıyla çözülebileceğini düşünmekteydi. Karşıt grubun temsilcisi olan Prens Sabahattin (1878-1948) ise, "adem-i merkeziyetçi" (yerinden yönetim) ve "teşebbüs-i şahsi" (özel girişim) esasına dayalı bir idare anlayışını savunuyordu. Prens Sabahattin hareket noktası, Osmanlı devletinin bir "memurlar" devleti olması ve iktisadi gücün devlet tarafından kontrol edilmesiydi. Osmanlı toplumunda geçerli olan değer, kollektiflikti. Oysa Batıda hâkim olan anlayış, kollektiflik değil, ferdiyetçilikti. Prens Sabahattin'e göre, bütüncü, kamucu, her şeyi devletten bekleyen ve kaderine razı Osmanlı toplumunun gelişebilmesi için ferdiyetçi bir yapıya geçmesi gerekiyordu. Adem-i merkeziyetçilik ilkesi de, bu ferdiyetçi yapıya ve uygulamalara geçilirken, devlet yönetiminin yeniden yapılandırılmasında temel ilke olacaktı.[9]

İttihat ve Terakki içinde Ahmet Rıza'nın anlayışını benimseyen kadro egemen olduğu için, merkeziyetçi, seçkinci ve otoriter eğilimler, devletin resmi politikası haline geldi ve kamu bürokrasisi de, bu bakış açısına göre biçimlendirildi. Bürokrasinin Tanzimat sonrasında işlevini etkileyen önemli bir faktör de, toplum sorunlarının hangi yöntemle çözüleceği sorunu oldu. Bu konuda egemen görüş ve politika, "toplum sorunları, tepeden, bürokrasi vasıtasıyla yasalarla çözülür" biçiminde ortaya çıktı. Bu politikanın

8 Eryılmaz, **a.g.e.**,2010, s. 135-136.

9 Şerif Mardin, "Adem-i merkeziyetçilik", **İslam Ansiklopedisi**, Türkiye Diyanet Vakfı, 1993, s.366.

uygulanması, merkezi bürokrasiyi modernize ederek ve ona toplum karşısında önemli yetkiler vererek güçlendirmek suretiyle yürütüldü. Toplum sorunlarının çözümüne ilişkin bu yaklaşım, Cumhuriyet bürokrasisinin yapı ve işlevlerini etkileyen temel faktörler arasında yer almıştır.[10]

Cumhuriyet, Osmanlı İmparatorluğunun son döneminden sadece yönetim sisteminin biçimsel yönlerini değil, merkeziyetçiliği, Osmanlı bürokrasisinin oluşturduğu olumlu ve olumsuz tutum, davranış ve değerleri de miras olarak almıştır.[11] Örnek verecek olursak; Türk yönetimine yüzyıllardır sivil-asker (seçkin grup) bürokratların ağırlık koydukları, aynı durumun Cumhuriyet Döneminde de süregeldiği görülmektedir.[12]

Bununla beraber, Cumhuriyet'in kuruluşu, Osmanlı devletinin yapı ve işlevinden ya da misyonundan sistematik bir değişimi de ifade eder. Bu değişim, siyasi rejim ve medeniyet anlayışında kendini gösterir. Tanzimat'ın ilanıyla başlayan batılılaşma programı ve bunun uygulamaları, Cumhuriyet'in lider kadrosu tarafından yetersiz görülmekteydi. Bu nedenle Cumhuriyet'in tercihi, Tanzimat'ın açtığı yoldan daha da ileriye giderek, radikal bir batılılaşma programını uygulamak olmuştur. Bu bakımdan Cumhuriyet Dönemi bürokrasisinin iki temel misyonu bulunmaktaydı. Birincisi reformları geliştirerek devam ettirmek, yerleştirmek; ikincisi ise, ekonomik kalkınmada kamu bürokrasisinin öncülüğünü sağlamaktı. Reformları halka benimsetmekte temel misyon, kamu bürokrasisine verildi. Bu konuda Cumhuriyet Halk Fırkasından da yararlanıldı. 1935 yılında "parti" adını alan söz konusu fırka, toplumca "bürokrasinin partisi" olarak da nitelendirildi.[13]

Savaş sırasında dahi Atatürk'ün Anadolu'daki sivil bürokrasiyi bir ölçüde kontrol altında tuttuğu görülür. Ayrıca baştan itibaren sivil bürokrasi, genel olarak askeri bürokrasinin otoritesi altına sokulmuştur. Askeri bürokrasi, bizzat mülki görevler görmediği durumlarda dahi, hükümet ile sivil bürokrasi arasında bir aracı rolü oynamıştır. Ankara hükümeti, sivil bürokrasi üzerinde yetkiyi tamamen eline aldıktan sonra da Osmanlı geleneklerine bağlı bürokratları

[10] Eryılmaz, **a.g.e.**, 2010, s. 136-137.
[11] Öznur Us, "Memurluk Prestiji", **Amme İdare Dergisi**, C. 6, Sayı. 3, Eylül, 1997, s. 49.
[12] Cemil Cem, "Türk Kamu Yönetimine Toplu Bir Bakış", **Amme İdare Dergisi**, C. 8, Sayı. 3, Aralık, 1975, s. 7.
[13] Eryılmaz, **a.g.e.**,2010, s. 137.

görevlerinden uzaklaştırmaya devam etmiştir. Yine de sivil bürokrasinin siyasal bağlılığı ikili görünüm veriyordu.[14]

Ankara hükümeti, bu ikili siyasal bağlılığa son vermek için 1 Ekim 1922 de bir kanun çıkardı. Bu kanun ile bütün sivil bürokrasi kadroları ilga edildi. Her bakanlığa, açıkta kalan memurlar arasından yeni bir bürokratik kadro kurma yetkisi tanındı. Sivil bürokrasi kadroları, genellikle batılılaşma programını uygulayacak durumda görülmediğinden yeni bir bürokratik kuşağın yetiştirilmesi kararlaştırıldı. Yeni stratejik ve yasallaştırma kararlarını benimsemiş bir bürokratik kadro, yeni devletin ilkeleri benimsetilerek yetiştirilmek istenmiştir. Mardin'e göre amaç, Cumhuriyet Türkiye'sinin modern kurumlarını yaratacak ve yaşatacak bir bürokratik orta sınıf yaratmaktır. Böylece, yeni devlet, bürokratik bir devlet olacaktı.[15]

Görüldüğü gibi Kemalist devrimin temel savı, topluma yukarıdan aşağıya inerek onu, orta çağ düzeyinden kurtarmaktı. Bu savdan anlaşılacağı gibi toplumu kurtaracak güç hiçbir zaman tabandan doğmayacaktı. Toplumun üstüne çıkmış aydınlar ve vatanseverler (sivil ve asker bürokratlar) evrensel nitelik taşıyan ilme ve fenne dayanarak toplumu modernleştireceklerdi. Çünkü temel değer olan ilim ve fenni ancak okumuş aydın kişiler bilebilir ve uygulayabilirdi.[16] Atatürk'e göre bu yüksek eğitim kurumları yalnızca yüksek kademe bürokratlar ve hukukçular için eğitim vermekle yetinmeyecek, yeni devrimci ilkelerin temelini teşkil edecek ve Türkiye'nin gereksinimlerini karşılayacak hukuki çerçeveyi geliştirmeye yardımcı olacaklardı.[17]

Görüldüğü üzere Kemalist yaklaşıma göre toplum, iki önemli stratejik gruba ayrılmıştı. Bir tarafta halk, diğer tarafta toplumu modernleştirecek aydınlar ya da bürokrasi bulunuyordu.[18]

Reformların yürütülmesi sürecinde bürokrasinin oldukça baskıcı bir nitelik gösterdiği herkesçe bilinen bir gerçekti. O dönemdeki memur imajı, halka hizmet eden değil, topluma tepeden bakan, emreden ve bir ölçüde toplumu potansiyel bir tehlike olarak gören bir görünüm sergilemişti. Memur-halk ilişkisi, "ceberut bürokrasi" ve "jandarma devleti" gibi kavramlarla

14 Metin Heper, **Bürokratik Yönetim Geleneği**, ODTÜ Yayını, Ankara, 1974, s. 102-103.
15 Heper, **a.g.e.**,1974, s. 104-105.
16 Gencay Şaylan, **Türkiye'de Kapitalizm-Bürokrasi ve Siyasi İdeoloji,** TODAİE Yayınları, Ankara, 1974, s. 74.
17 Heper, **a.g.e.**, 1974, s. 106.
18 Şaylan, **a.g.e.**, 1974, s. 104-105.

eleştirilmiştir. Bu dönemde bürokrasi "özne", toplum ise "nesne" konumunda telakki edilmiştir. Partinin ve bürokrasinin, toplumsal kültüre ve popüler İslam'a karşı izlediği siyaset sebebiyle, bürokrasi ile halk arasındaki ilişkiler giderek zayıflamıştır.[19]

Heper'e göre, kökleri Tanzimat'a kadar uzanan sivil bürokratik yönetim geleneği, Cumhuriyetin ilanından 1950'ye kadar uzanan dönemde altın yıllarına ulaşmıştır.[20]

Tüm demokratik ülkelerde toplumsal sistem, siyasal, ekonomik, sosyo-kültürel ve bürokratik sistemlerden oluşan bir üst sistemdir. Her sistemin birbiriyle bir ilişkisi söz konusu olduğu gibi, her sistem birbirlerini etkileme gücüne de sahiptirler. Ancak iki sistem vardır ki bunların birbirleri ile iç içe geçtiği öne sürülmektedir: Bürokrasi ve siyaset. Başka bir ifadeyle, üst sistem içerisinde güç, otorite ve iktidar ilişkisine bağlı olarak oluşan siyasal sistem ile bürokrasi arasında yakın bir ilişkisi söz konusudur. Kamu yönetimi de bu iki sistemin oluşturduğu sistemden oluşan bir üst sistemdir. Bürokrasi ve siyasetin birbirleriyle ilişkisi etkinlik sağlama çabası içinde, ancak birbirini dışlayan değil, tamlayan biçimde ortaya çıkmaktadır.[21]

19. yüzyılın ikinci yarısından itibaren genel kabul gören; siyaset "karar alır", bürokrasi "uygular" düşüncesi, özellikle 2. Dünya Savaşından sonra geçerliliğini yitirmeye yüz tutmuştur. Günümüz toplum yapısında bürokrasi ile siyaset arasında kesin bir çizgi çizmenin imkânı yoktur. Bizim gibi gelişmekte olan ülkelerde iki sistemin birbirine daha yakın olduğu gözlenmektedir. Türkiye'de bazen siyaset bürokrasiyi bazen de bürokrasi siyaseti etkilemektedir. Başka bir ifadeyle, bürokrasi siyasallaşmakta siyaset de bürokratikleşmektedir. Tanzimat ile birlikte başlayan devletin yeniden yapılandırılması sürecinde 1923-1950 dönemi hariç devlet seçkinleri (bürokrasi) ile siyasi seçkinler arasında sürekli bir güç mücadelesi olmuştur. Ancak 1970'lerden sonra bürokratlar güçlerini siyasilere karşı kaybetmeye ve politikacılara daha yakın olmaya başlamışlardır.[22]

[19] Eryılmaz, **a.g.e.**,2010, s. 140.
[20] Heper, **a.g.e.**, 1974, s. 89.
[21] Gülise Gökçe, Ali Şahin, Erhan Örselli, "Türkiye'de Siyasetin Bürokrasi Üzerindeki Etkisi: Siyasallaşma", **SÜ İİBF Sosyal ve Ekonomik Araştırmalar Dergisi**, sy. 4, 2002, s 45.
[22] H. Hüseyin Çevik, **Türkiye'de Kamu Yönetimi Sorunları**, Seçkin Yayınları, Ankara, 2001, s.72.

Ülkenin siyasetine göre şekillenen bürokrasi, günlük hayatta hep olumsuz yönleriyle cümleler içinde kurulan bir terimdir. Devlet dairelerinde bürokratik işlemleri yürüten memurlar bile bürokrasiden hoşnut değildir. Resmi işlemlerini devlet dairelerinde hızlı bir şekilde sonuçlandıramayan vatandaş da, bu kadar çok yazışma yapan memur da bu durumdan hem mağdur hem de şikâyetçidir.

Elektronik devlet veya kısa adıyla e-devlet konusu, son yıllarda kamu yönetimi disiplini içerisinde, üzerinde yoğun bir şekilde tartışılan ve çalışılan bir alandır. Kavram olarak e-devlet, kamu kurum ve kuruluşlarının bilgi ve hizmet sunumunda ve yönetilenlerin demokratik yönetim sürecine katılmasında bilgi ve iletişim teknolojilerinin (BİT) kullanılması olarak tanımlanabilir.[23]

Kamu sektöründe etkinliği artırmak, yönetim sürecini iyileştirmek, yönetilenin yönetime katılımını sağlamak, yönetimde şeffaflık, kaliteyi artırma ihtiyacından dolayı kamu kurum ve kuruluşlarında reformların yapılmasına ihtiyaç duyulmaktadır.

Bu araştırmanın amacı,kamuda e-devlet çalışmaları kapsamında EBYS uygulamalarının Standart Dosya Planı ile tasnif, ayıklama ve imha çalışmaları kapsamında uyumunun değerlendirilmesidir.Araştırmanın hipotezi ise e-devlet ile ilgili alt yapı çalışmaları önceden kurularak uygulamalara sonradan geçilirse hem hizmet kalitesi hem de maliyet azalacaktır.

Çalışmamızın birinci bölümünde devlet, yönetim bürokrasi ve arşiv kelimelerinin anlamı ve çeşitli tanımlara yer verilmiştir. İnsanların bir arada yaşama ihtiyacından dolayı devlet oluşmuştur. Devlette yönetim şekli her ne olursa olsun, yönetenler gücünü hangi kaynağa dayandırırsa dayandırsın yönetme işlemini gerçekleştirmek için örgütlü bir yapı kurarak yönetme faaliyetini gerçekleştirir. Kamu yönetimi beraberinde bürokrasiyi getirmiş, bürokrasi sonucunda oluşan belgelerde arşivleri oluşturmuştur. Arşivlerin oluşma nedenini açıklamak için bu kavramlarla ilgili çeşitli görüşler verilmiştir.

İkinci bölümde Osmanlı devlet teşkilatı ve yönetici sınıfı anlatılmıştır. Ülkemizde kamuda arşivlerle ilgili uygulamaları ve sorunları ele alırken Tanzimat Dönemi başlangıç kabul edilmiştir. Cumhuriyetin temeli bu dönemde atıldığı, bürokrasinin bu dönemde artmış olmasından dolayı, sorunların geçmişten günümüze değerlendirilerek çözüm bulunmasının daha sağlıklı

[23] Mete Yıldız, "Uluslararası Kuruluşların Türkiye'nin E-Devlet Siyasalarına Etkisi", **Amme İdaresi Dergisi**, C. 40, sy. 2, 2007, s. 39.

olunacağı düşünülmektedir. Bu konuda başvurulacak kaynak sayısının fazlalığından, tekrarlama veya olduğu gibi bir kaynaktan aktarma yapmamak için, çalışmamıza başlangıç yapması gayesiyle genel olarak anlatılmıştır. Tanzimat dönemi resmi yazışma geleneğinin yansımalarını görebilmek amacıyla farklı döneme ait evraklarla bazı tespitler yapılmaya çalışılmıştır.

Üçüncü bölümde Cumhuriyet Dönemi arşiv çalışmaları anlatılmıştır. Arşiv kanunu, SDP çalışmasının hem klasik ortamda hem de elektronik ortamda kullanımının ayıklama ve imha çalışmaları kapsamında değerlendirilmesi yapılmıştır. Yapılan araştırmada verilen örnekler belli bir zaman dilimini kapsadığı ve gelişim ve değişime açık olduğundan, özellikle SDP, araştırma ve değerlendirmeler, araştırmanın yapıldığı zamanla sınırlıdır.

BÖLÜM 1: DEVLET, YÖNETİM, BÜROKRASİ VE ARŞİV

İnsanların mutlu ve güvenli bir ortamda yaşama istekleri, toplu halde yaşayarak ilk örgütleri oluşturmalarını sağlamıştır. Bu örgütler zamanla devlete dönüşmüştür. Siyasi örgütlenmelerin henüz kurulmadığı ilkel toplumlarda, toplum ve devlet birbirine karışmış olarak görülmektedir.

Devlet denilince ilk akla gelen olgu birçok kamu hizmetini (güvenlik, sağlık, ulaşım, haberleşme vb. gibi) yerine getiren bir kurum olarak düşünülmektedir.

Devletin üstlendiği hizmetleri, kamu yönetimi dediğimiz bürokratik örgütler yerine getirmektedir. Devlet işlerini düzenleme ve yürütme sanatıyla ilgilenen siyaset, ülke yönetimi için kararlar alırken, aldığı kararları uygularken bürokrasiyi araç olarak kullanır. Siyaset siyasetçilerin, bürokrasi ise memurların yani bürokratların görev alanıdır. Ülke yönetiminde söz sahibi olmak, iktidarı etkilemek için siyaset ve bürokrasi arasında zaman zaman problemler yaşanabilmektedir. Tek partinin hâkim olduğu bir rejimde, iktidara sahip olan bürokrasi ile uyumlu olarak kendi programını uygularken çok partili yani muhalefetin olduğu, iktidara sahip olanın denetlendiği rejimlerde bürokrasi ve siyaset ilişkilerinde daha çok problem görülebilir. İktidarın el değiştirdiği zamanlarda sistemin tarafsız olarak işleyebilmesi için bürokrasinin tarafsız olması bunun için de korunması gerekmektedir.

Devlet kurumsal sorumluluğunu yerine getirmek için belgelerini yönetimsel, yasal ve ekonomik nedenlerinden dolayı yararlanılmak üzere muhafaza etmek zorundadır. Kurumlarda çalışanlar sorumluluklarını yerine getirmek için işlemlerini kayda alır, işlem sırasında bu bilgileri kullanır, yaptıkları idari işleme delil teşkil etmesi için de saklar. Hukuksal açıdan hakların karşılıklı korunabilmesi içinde kayıtların tutulması gerekmektedir. Yöneticilerin kamuya yaptıkları işlemlerden dolayı hesap verebilmesi için yine yapılan işlemler kayır altına alınmalıdır.

"Yusuf Has Hâcip[24]"Bilgisiz baş-köşede yer bulursa, baş-köşe – eşik ve eşik -baş-köşe sayılır", "Memleketin her işini kendim yapamam, yanımda bu işleri yapabilecek biri bulunmalıdır", "Memleketi alan onu kılıç ile almıştır, memleketi tutan onu kalem ile tutmuştur", "Bir memleketi kılıç ile derhal ele

[24] Karahanlı Devleti zamanında yaşamıştır. Türk dili ve edebiyatı için temel bir eser olan Kutadgu Bilig (*Kutlu kılan bilgi*) kitabının yazarıdır.

geçirmek mümkündür; fakat kalem olmayınca, insan onu elinde tutamaz.", Hangi şehir ve eyalet kalem ile idare edilirse, orada herkes kendi arzu ve nasibini bulur." sözleriyle ülkenin elde tutulmasında zekânın, bilginin ve düzenli çalışma tarzının önemi vurgulanmıştır."[25]

1.1. Devlet: Sözlük Anlamı ve Çeşitli Tanımlar

Devlet kelimesi TDK sözlüğünde " toprak bütünlüğüne bağlı olarak örgütlenmiş millet veya milletler topluluğunun oluşturduğu tüzel varlık, bu tüzel varlığın yönetim organları, büyüklük, mevki, mutluluk ve talih " olarak tanımlanmaktadır.[26]

Her insan topluluğu gibi, devlet de toplumun içinde doğmakta ve yaşamaktadır. Devlet de köklerini "aile, din, şirket, sendika, okul ve dernek gibi aynı toprağa salmış ve oradan beslenmektedir.[27] Tarihin ilk dönemlerinde ilkel toplumlarda henüz siyasi teşkilatların kurulmadığı ve toplum ile devletin birbirine karışmış olarak yaşamına devam ettiği görülmektedir. Kabilelerden başlayarak millete kadar varan her insan grubu aynı zamanda bir toplumdur. Fakat her toplum bir devlet değildir. Çünkü devlet, idari, hukuki ve siyasi kurumların meydana getirdiği bir siyasi bütünden oluşmaktadır. Devlet aynı zamanda yasama, yürütme ve yargı gibi kuvvetlerin anlamlı bir bütün haline gelmesi demektir.[28]

Bugünkü anlamı ve unsurlarıyla devletin, ancak on beşinci ve on altıncı yüzyıllar içinde ortaya çıktığı görülmektedir. Gerçekten devlet denince belli sınırlar içinde yerleşmiş bir insan topluluğu, istikrarlı bir siyasi örgüt ve kurumsallaşmış bir iktidar anlıyorsak, bu nitelikleri kapsayan kuruluşları görebilmek için çok eski tarihlere gidilememektedir. Devlet kelimesinin Batı dillerindeki karşılığının (status, stato, etat, state) kullanılmaya başlaması da on altıncı yüzyıla rastlar. Ondan önce "polis, civitas, respublica, regnum" gibi terimler kullanılmıştır.[29]

[25] İshak Keskin, "Kutadgu Bilig'de Devlet İşlemlerinin Kayıt Altına Alınması Ve Kâtipler", **Arşiv Emektarlarına Armağanı,** İshak Keskin ve Nizamettin Oğuz, Ed., Türk Edebiyatı Vakfı, İstanbul, 2013, s. 313.

[26] (Çevrimiçi) http://www.tdk.gov.tr/index.php?option=com_bilimsanat&arama=kelime&guid=TDK.GTS.5394b0014db1c0.83334527, 8 Haziran 2014.

[27] LeslieLipson, **Politika Biliminin Temel Sorunları**, Çev. Tuncer Karamustafaoğlu, Sevinç Matbaası, 1973, s. 65.

[28] Metin İşçi, **Siyasi Düşünceler Tarihi**, Der Yayınları, İstanbul, 2004, s. 5.

[29] MünciKapani, **Politika Bilimine Giriş**, Sevinç Matbaası, 2. bs., Ankara, 1978, s. 20-21.

Devlet, kurumsallaşmış bir siyasal iktidar; kendine bağlı insanların güvenliğini sağlamak üzere kurulmuş etkin bir sosyal örgütlenme biçimi; en yüksek düzeyde ve değerleri kapsayan bir egemenliğe bağlı, sivil toplumun kendi kendisinin bilincine varmasını ifade eden ve belli bir toprakla sınırlı bir örgüt, etkin bir siyasal iktidardır.[30] Devlet, amacı toplumsal düzenin, adaletin ve toplumun iyiliğinin sağlanması olan: belli bir toprak parçası (ülke) üzerinde yerleşmiş bir insan topluluğunun (halka) dayanan ve bu topraklar üzerinde bulunan her şey üzerinde nihai meşru kontrole (otorite) sahip, siyasal bir örgütle (hükümet) donanmış sosyal bir organizasyondur. Devleti ona benzer kurumlardan ayıran, egemen ve bağımsız olma niteliğidir.[31]

Bazı filozoflara göre devlet;

Platon[32]'a göre insanların üç ayrı yanı vardır ve bunların her birine özgü üç ayrı zevk, üç ayrı istek, üç ayrı buyruk bulunmaktadır. Onun için başlıca üç çeşit insan vardır: Bilgi sever, ünsever ve para sever. Platon devletini bu üç insan doğası üzerine kurmaya çalışmakta ve devletin, bu doğalara uygun toplumsal düzen kurmasının gerektiğini savunmaktadır. Ona göre toplumu oluşturan şey insanın tek başına, kendi kendine yetmemesi, başkalarına ihtiyaç duymasıdır. Yoksa toplumun kurulmasının başka sebebi yoktur. Bir insan bir eksiği için, bir başkasına başvurur, başka bir eksiği için de bir başkasına. Böylece birçok eksiklikler birçok insanların bir araya toplanmasına yol açar. Hepsi yardımlaşarak bir ortaklık içinde yaşarlar. İşte bu türlü yaşamaya toplum düzeni yani devlet denir. Devletin kurulmasının amacını bütün toplumun mutluluğunun sağlanması olarak gören Platon, "biz devletimizi, bütün topluma birden mutluluk sağlasın diye kuruyoruz. Yoksa bir sınıf, ötekilerden daha mutlu olsun diye değil" diyerek bunu açıkça vurgulamaktadır. Ona göre "kötü denen şeyler, adaletsizler için iyidir, adaletliler içinse kötüdür; iyi denenler de iyiler için gerçekten iyi, kötüler için kötüdür. (.....) Ülkede biri çıkıp, kötü oldukları halde hoş bir yaşam süren bir takım insanların bulunduğunu ya da yararlı ve kazançlı şeylerle adaletli şeylerin başka başka şeyler olduğunu söylerse, ona hemen hemen en büyük cezayı verirdim." Bu açıklamalardan da anlaşılmaktadır

30 Esat Çam, **Siyaset Bilimine Giriş**, Der Yayınları, 9. bs., İstanbul, 2005, s. 337.

31 Bülent Daver, **Siyaset Bilimine Giriş**, Kalite Matbaası, 4. bs., Ankara, 1976, s. 166.

32 Platon ya da Eflatun, Antik Klasik Yunan filozofu, matematikçi ve batı dünyasındaki ilk yüksek öğretim kurumu olan Atina Akademisinin kurucusudur.

ki Platon için devletin görevi bütün toplumun düzenini, mutluluğunu ve adaleti sağlamaktır.[33]

Cicero[34] için devlet tabii bir vakıadır: tabiatın bir eseri mahsulüdür. Tabiat, insanlara, kendi hemcinslerini sevmeyi, onlara yaklaşmayı, birbirlerine iyilik yapmalarını emretmektedir. İnsanların münferit ve münzevi bir hayat için yaratıldıklarından bahsedilemez. İnsanlar için serseri bir hayat bahis mevzuu olamaz. İnsan tabiatı icabı, ancak kendi hemcinsleriyle toplu bir halde yaşayabilir. Bir topluluğun gruplaşmanın vücuda gelmesinde amil olan ilk sebep, insanın yalnız başına yaşayabilecek bir mahlûk olmamasıdır. Netice itibariyle insan cemiyetlerinin ilk merhalesi olan ailenin bu tarzda genişlemesi ve büyümesiyle inkişaf ve genişlemiş ve devlet de vücuda gelmiş olmaktadır. Onun için devlet üyeliği bütün vatandaşların ortak bir niteliği olan, kararlara dayanan bir heyettir, varlığının amacı vatandaşlarına karşılıklı yardımlaşmanın ve adil bir yönetimin yararlarını sağlamaktır.[35]

Ortaçağda ise Augustinus[36] (354-430) biri yeryüzü diğeri de gökyüzü olmak üzere iki düzenin var olduğunu ileri sürmüştür. Augustinus için insan, doğasının iki bölümlü –beden ve dünya, ruh ve öbür dünya- olmasından ötürü, iki devletin yurttaşıdır: bir yer devletinin, bir de gök devletinin. İnsan, doğasındaki bölümlerin hangisine uygun hareket ederse, ona karşılık olan devletin yurttaşıdır.[37]

Devlet anlayışında farklı yaklaşımda bulunan NicolaMachiavelli[38]'nin (1469-1527) siyasal düşünce tarihine getirdiği yenilik, gerçekçiliktir. O, siyaseti din ve ahlaktan açık bir biçimde ayrı tutmuştur. Machiavelli, siyasal düşünce tarihinde amaca ulaşmak için her araç meşrudur görüşü ile de ün kazanmıştır. O, siyasetin, diğer bir deyişle devlet uğraşlarının, kişi ve kilise ahlakından ayrı bir mantığa dayandığını ve bu nedenle de siyasetin bağımsız bir uğraş olduğunu

33 Cengiz Çuhadar, "Bazı Filozofların Düşüncesinde Devlet Kavramı", **Fırat Üniversitesi İlahiyat Fakültesi Dergisi**, Sayı: 12:2, 2007, s. 115-115

34 MarcusTulliusCicero, Romalı devlet adamı, bilgin, hatip ve yazardır.

35 **A.e.**, s. 117.

36 Augustinius ya da Aurelius Augustinius, Aziz Augustinius olarak bilinen filozof ve tanrıbilimci. Augustinus yılları arasında yaşamış olan ünlü Hıristiyan düşünürdür. Devleti tanrının yeryüzündeki temsilcisi olarak tanımlar.

37 **A.e.**, s. 118.

38 NiccolòdiBernadodeiMachiavelli, tarih ve politika biliminin kurucusu sayılan Floransalı düşünür, devlet adamı, askeri stratejist, şair, oyun yazarı. İtalyan Rönesans hareketinin en önemli figürlerindendir

vurgulamıştır. Devleti kuramsal olarak laikleştirirken iktidar konusuna gerekli ağırlığı kazandırarak ön plana geçirmiştir. [39]

Charles-Louis'deSecondat Montesquieu [40] ise insanlar toplum halinde yaşamaya başlar başlamaz zayıflık duygularını yitirirler; aralarındaki eşitlik yok olur, savaş hali başlar. Her özel toplum da kendi kuvvetinin farkına varır, bu da milletler arasında savaş durumunu meydana getirir. Bu iki çeşit savaş durumu, insanlar arasında kanunların yerleşmesine sebep olur. Böylelikle hem insanlar arası hem de topluluklar arası kanunlar ortaya çıkar yani hem medeni hukuk hem de devletler hukuku ortaya çıkar. O, her devlette yasama, yürütme ve yargı yetkisinden oluşan üç çeşit yetki olduğunu söyleyerek bu yetkilerin özelliklerini şöyle sıralamaktadır: "Birincisi hükümdar ya da bu işe memur edilmiş kimse, bir süre için ya da her zaman için yürürlüğe girecek kanunlar yapar; eskiden yapılmış olanları düzeltir ya da yürürlükten kaldırır. İkincisinde barışı sağlar ya da savaş açar; ülkesinde güvenliği sağlar, istilaları önler. Üçüncüsünde suçluları cezalandırır ya da kişiler arasındaki anlaşmazlıkları yargılar. O, ilk kez ayrıntılı biçimde kuvvetler ayrımı düşüncesini oluşturmuştur. Montesquieu'ya göre üç çeşit hükümet şekli bulunmaktadır. "Cumhuriyet, saltanat, istibdat. Cumhuriyet'le idare, milletin tümünün birden ya da milletin bir parçasının idareyi elinde bulundurmasıdır; saltanat' la idare, bir kişinin, ama sabit ve yerleşmiş kanunlarla idaresidir. İstibdat' la idare ise, bir kişinin hiçbir kanun ve kurala bağlı olmadan kendi istek ve heveslerine göre idaresidir." Bütün düşünce tarihine bakıldığında görülmektedir ki hemen hemen siyaset düşünürlerinin tamamı devlet yönetim biçimlerini üç çeşit olarak ele almaktadır. Bu yönetim şekillerini kabul ediş veya eleştirmelerinde farklılıklar bulunmaktadır.[41]

J. J. Rousseau [42] 'ya göre insan özgür doğar, oysa her yanda zincire vurulmuş durumdadır. Kendilerini başkalarının efendisi sananlar bile onlardan daha az köle değil. Bir halk eğer boyun eğmek zorundaysa ve boyun eğiyorsa iyi ediyordur, fakat boyunduruğunu silkip atabilecek duruma gelir gelmez silkip atarsa daha da iyi eder çünkü özgürlüğünü elinden alan, bunu hangi hakka dayanarak yapmışsa aynı hakka dayanarak onu geri almaya hakkı vardır ya da

[39] **A.e.**, s. 119.

[40] 1689-1755 yılları arasında yaşamış Fransız filozof.

[41] **A.e.**, s. 122-123.

[42] Cenevreli filozof ve yazar. Siyasi fikirleri, Fransız Devrimini etkilemiştir. Düşünceleri özellikle, Devrim'den sonra kurulan yeni devletin kalkınmasında, toplumun sosyal yapısında ve eğitim sisteminde etkili olmuştur.

özgürlüğünün elinden alınması bir haksızlıktır. Fakat toplumsal düzen, tüm öteki hakların temelini oluşturan kutsal bir haktır. Ne var ki bu hak, kesinlikle doğadan gelme bir hak değildir; dolayısıyla da anlaşmalara dayanır.[43]

İslam düşüncesinde Mâverdî[44] ve Nizâmülmülk[45]'e göre devletin varlık gayesi hukukun hayata geçirilmesi için devletin varlığı kaçınılmaz bir zorunluluktur. Mâverdî'ye göre imametin varlık gayesi "dini korumak ve toplumu siyaset etmek (idaresini üstlenmek, kamu yararı)tir. Nizâmülmülk de "Allah'ın her asırda halkın içerisinden birini seçerek onu padişahlık sanatlarıyla süslediği, sonra da halkın huzurundan sorumlu tuttuğunu" belirtmiş, iktidar sahibinin, Allah'ın inayetiyle idaresini üstlendiği toplumun haklarına riayet etmesi ve bütün düzenlemelerini Allah'ın emirleri ölçüsünde yapması gerektiğini vurgulamıştır. Mâverdî devleti, esasları, toplumsal ve idari dayanakları bulunan ve siyasal lider tarafından yönetilen bir mekanizma olarak algılamakta ve devleti; "bir bölgede yaşayan insanların toplum düzenini sağlamak amacıyla bütün kamu sorumluluklarını yüklendikleri (imamet/hilafet akdi ile) ve meşru güç kullanma tekeline sahip bir memalik / halifenin itaati altında birleşmeleri ile oluşan bir birlik" olarak nitelemektedir. Toplumsal dirlik ve düzenin sırasıyla dini, siyasi, hukuki, adli, inzibati ve beşeri (psikolojik) olarak nitelenebilecek altı temeli bulunduğunu belirten Mâverdî, bunları yaşanan din (din mutteba'), güçlü otorite, (sultan kahir), kapsamlı adalet (adl şamil), genel güvenlik (emnâmm), maddi refah ve bolluk (hısbdârr), geniş emel (emel fesih = iktisadî gelişme ve kalkınma projesi) şeklinde sıralayarak her birini açıklar.[46]

Yukarıda örnek verilen bazı filozofların ve devlet adamlarının düşüncelerine göre devlet, insanın mutluluğu, huzuru ve ihtiyaçlarının karşılanması için gerekli bir kurumdur. İnsan sosyal bir varlıktır, sosyal olarak en ideal yaşama şekli, devletin nasıl olması gerektiği, yaşanılan çağa, coğrafyaya, ideolojilere göre şekillenmiştir.

43 **A.e.**, s. 124.

44 Şafii mezhebi fıkıh alimlerinden olan Maverdi, 974 (H.364) yılında Basra'da doğdu. 1058 (H.450)de Bağdat'ta vefat etti.Mâverdî'nin temel siyasî düşüncelerini yansıtan eser, Ahkâmu's-Sultâniyye'dir

45 Büyük Selçuklu Devleti'nin veziri ve Siyâsetnâme adlı kitabın yazarı olan Fars devlet adamı ve siyaset bilimcisi.

46 Ömer Menekşe, "İslam Düşünce Tarihinde Devlet Anlayışı: Mâverdî ve Nizâmülmülk Örneği", **Dinbilimleri Akademik Araştırma Dergisi**, C. 5, No:3, 2005, s. 201-203

1.2. Yönetim:Kelime Anlamı ve Çeşitli Tanımlar

Yönetim kavramı temel olarak kendinden başka insanları sevk ve idare etme anlamında kullanılmaktadır. Yönetim belli amaçlar çerçevesinde bir araya gelmiş ve uyumlu bir biçimde çalışan insanlardan oluşan grup faaliyeti olarak tanımlanır.[47]

Yönetim, kurulması planlanan örgütü meydana getirmek için belirli faaliyetlerin belli bir düzene konulması, ihtiyaç duyulan kaynakların bir araya getirilmesi, belirlenen hedefler doğrultusunda takip edilecek yolların önceden belirlenmesi ve bu sürecin sonucunda kurulan örgütün amaçlar doğrultusunda denetlenmesini içerir. Ülkemizde yönetim kavramının ikamesi olarak idare kavramı da kullanılabilmektedir. Özellikle kamu sektöründe idare kavramı sıklıkla kullanılmakla beraber Anglo Amerikan ülkelerinde "Kamu Yönetimi" kavramının kullanılması tercih edilmektedir.[48]

Yönetim olgusunu genel bir kavram olarak düşünmek gerekmektedir. Bu kavram kendi içerisinde kamu yönetimi ve özel yönetim olmak üzere iki başlığa ayrılarak faaliyet alanlarının sınırları çizilmektedir. Kamu yönetimi kavramı yönetim olgusunun devlet çatısı altında kamu kurum ve kuruluşlarının yönetimini ifade ederken; özel yönetim, kamu kurum ve kuruluşlarının dışarısında kalan özel işletmelerin yönetim boyutunu ifade etmektedir.[49]

Kamu yönetimi ve özel yönetim arasında yönetim biliminin birer alt dalı olmaları sebebiyle bir takım benzerlikler ve farklılıklar vardır. Farklılıkların temelinde, amaçlarında görülen değişiklik, uygulanma yöntemleri ve sahip oldukları statüleri yatmaktadır.[50] Kamu yönetimi ile özel yönetimi birbirinden ayıran en büyük özellik faaliyetlerini yürütürken taşıdıkları amaçtır. Bu amaç, kamu yönetiminde sosyal fayda sağlayarak vatandaşa hizmet etmek anlayışı ile sınırlandırılmışken, özel yönetimde tamamen kâr amacı güdülerek faaliyette bulunmaktır.[51] Sosyal fayda sağlamak ve kâr elde edebilmek temel farklılık olarak değerlendirilmekle birlikte iki yönetim biçimi arasında olan farklılıkları tam olarak ifade etmemektedir. Her şeyden önce kamu yönetimi siyasi otoritenin

[47] Eryılmaz, **a.g.e.**,2012, s. 3.
[48] A. Şeref Gözübüyük, **Yönetim Hukuku**, 24. bs., Turhan Kitapevi, Ankara, 2006, s.1
[49] Eryılmaz, **a.g.e.**, 2012, s. 44.
[50] **A.e.**, s. 15.
[51] Mahmut Özdevecioğlu, "Kamu ve Özel Sektör Yöneticileri Arasındaki Davranışsal Çalışma Koşulları Ve Kişilik Farklılıklarının Belirlenmesine Yönelik Bir Araştırma", **Erciyes Üniversitesi İktisadi ve İdari Bilimler Fakültesi Dergisi**, Temmuz-Aralık 2002, Sayı: 19, s. 118.

kamu politikaları vasıtası ile kendi için çizmiş olduğu dar bir çerçevede faaliyet göstermek zorundadır. Kamu görevlilerinin faaliyetleri yasalar ile sınırlandırılmıştır. Kamu yönetiminin gerçekleştirilmiş olduğu faaliyetler ülkenin bütün bireylerini doğrudan etkilemektedir. Alınan kararlar bütün vatandaşlar için geçerli olmakla birlikte bu kararların uygulanması aşamasında gerekli olan maddi kaynak da yine vatandaşın ödediği vergilerden sağlanmaktadır. Vatandaş hem maddi kaynak sağlayıcı hem de kararlardan etkilenen konumundadır. Özel sektör ise her durumda daha fazla kâr elde edebilmenin peşindedir. Özel sektör çalışanlarının çalışma koşulları kamu sektöründe çalışanların koşullarından daha farklıdır. Özel sektör çalışanları kamu görevlilerine oranla daha fazla ücret almaktadırlar.[52] Kamu yönetiminde kamu personellerinin sorumlulukları ve gerçekleştirdikleri işlemler yasalara ve kurallara uymakla sınırlandırılmışken, özel sektörde temel olarak verimlilik esas alınmıştır. Kamu personelinin sorumluluğu yasalara uyulmadan yapılan işlemlerde kendisini gösterirken özel sektörde sorumluluk yapılan işlemin kötü yürütülmesi sonucunda ortaya çıkmaktadır.[53]

Yönetim kavramının üç boyuttan meydana gelen bir perspektifinin olduğunu söyleyebiliriz. Bunlar Sistemsel Boyut, Siyasal Boyut ve Yönetsel Boyut'dur. Sistemsel boyut yönünden yönetişim: "Devletin klasik ve otoriter karar alma süreçleri ve resmi kurumsal yapısı ile belirlenen hükümetten daha geniş bir kavramdır." Siyasal boyutu yönünden yönetişim: "Yalnız devletin meşrutiyetini ve şeklen demokratik yönetimini değil, yurttaşların mümkün olan her alanda ve biçimde katılımıdır." Yönetsel boyutu yönünden yönetişim ise; "Etkin, bağımsız, saydam, dolayısıyla denetlenebilen bir kamu hizmetidir."[54]

1.3. Bürokrasi: Sözlük Anlamı ve Çeşitli Tanımlar

Bürokrasi kelimesi TDK sözlüğünde "bir toplumda tabandan yukarıya doğru çıktıkça daralan bir yapı içinde örgütlenmiş olan, genel kural ve ilkelere göre çalışan profesyonel atanmış görevliler topluluğu; devlet idaresinde bir işi yapabilmek için alınması gereken izin, onay, imza ve uyulması gereken kurallar;

[52] Aykut Polatoğlu, **Kamu Yönetimi Genel İlkeler ve Türkiye Uygulaması**, Genişletilmiş 2. bs., ODTÜ Yayıncılık, Ankara, 2003, s. 56.

[53] Bekir Parlak, Zahid Sobacı, **Kuram ve Uygulamada Kamu Yönetimi Ulusal ve Global Perspektifler**, Alfa Yayınları, Bursa, 2005, s. 11.

[54] Korel Göymen, "Türkiye'de Yerel Yönetimler ve Yönetişim: Gereksinimler, Önermeler, Yönelimler", **Çağdaş Yerel Yönetimler Dergisi**, C. 9, Sayı: 2, 2000, s. 6-7.

devletle ilgili işlerin yürütülmesinde gereksiz kural ve işlemler, kırtasiyecilik" olarak tanımlamaktadır.[55]

Bürokrasi kavramı belli bir tarihi gelişimin ürünüdür. Bürokrasi kavramının, "bureau" kavramından geldiği, bu kavramın da orjin itibariyle, "koyu renkli kumaşla örtülmüş yazı masası"na (bure) işaret ettiği ifade edilir. Bureau teriminin daha sonra, 18. yüzyılda "memurların çalıştığı ofis, büro ya da devlet dairesi" anlamında kullanılmaya başlanıldığı belirtilir. Bu nitelemelerle vurgulanmak istenen, memurların toplum üzerinde giderek artan etkisi ve egemenliğidir. Memurların bu egemenliği, onların hizmet yürüttükleri bir araçla (yazı masası) veya mekanla (büro) nitelendirilmiştir.[56]

"Eski Mısır, firavun olarak anılan bir hükümdar tarafından ve yönetim biçimi zamanla şekillenen teokratik-monarşik bir krallık ile idare edilmekteydi. Firavunun idare ile ilişkisi daha çok hükümet yetkililerinin ve din adamlarının atanmasıyla ilgiliydi. Bu nedenle firavun, idari anlamda adli, siyasi, idari ve askeri bir role sahipti. Mısır, firavunla birlikte sarayda ikamet eden merkez bürokrasisinde ona tabi olarak çalışan vezir, hazine işleri gibi sorumlulukları yerine getiren nazırlar hatta ordu idaresinden sorumlu generaller gibi üst düzey saray görevlileri yanında daha alt düzeyde çalışan memurlar ile taşra idaresinde görev alan vali ve bir kısmı veliye diğer bir kısmı da vezire doğrudan bağlı olarak çalışan daha alt düzey yöneticilerden ve bunların altında çalışan memurlardan oluşan geniş bir bürokratik yapıya sahipti. Bundan dolayı Egon Friedell'ın, "zaten bürokrasiyi ortaya çıkartanların da Mısırlılar olduğu söylenebilir.", hatta "Nil kenarında oluşan tüm yabancı hükümdarlıklar (Akameneşler, Ptolemaioslar, Roma ve Bizans imparatorlukları) bu konuda onlardan ders aldı" şeklindeki ifadeleriyle Mısırlıların bürokrasi konusundaki engin birikimine işaret ettiği ileri sürülebilir."[57]

Bürokrasinin tarihi gelişimi konusunda yapılan çalışmalar ve getirilen tanımlamalar, daha çok batıdaki devlet yönetim biçimlerinin gelişim süreçlerinin incelenmesi ve buna dayalı yapılan tanımlamalardan ibarettir. Yani derebeylik,

[55] (Çevrimiçi)http://www.tdk.gov.tr/index.php?option=com_bilimsanat&arama=kelime&guid=TDK.GTS.534e80186a92d8.46514684, 04 Haziran 2014.

[56] Eryılmaz,**a.g.e.**, 2010, s. 6.

[57] İshak Keskin , M. Hanefi Kutluoğlu, "Eski Mısır Medeniyetinde Arşivcilik", **Prof. Dr. Erdoğan Merçil'e Armağan**, Ed. Emine Uyumaz, Muharrem Kesik, Aydın Uslu ve Cihan Piyadeoğlu, Bilge Kültür Sanat Yayınları, İstanbul, 2013, s. 465.

krallık gibi geleneksel yönetim biçimlerinden, 19. yüzyıldan itibaren modern merkezi bürokratik devlet biçimlerine geçiş süreci incelenerek bu çerçevede bürokrasiye dair tanımlar geliştirilmiştir.[58]

Bürokrasi denilince akla ilk gelen sosyal bilimci MaxWeber [59] 'dir. Bürokratik örgütlenmenin ideal tipini ortaya koymuştur. Weber'in ortaya koyduğu bir örgüt yapısı olarak bürokratik model de görevler hiyerarşik bir sistem oluşturacak şekilde düzenlenmiştir. Hiyerarşinin her kademesinde yetki ve görevler önceden belirlenmiş kanun ve idari kurallarla biçimsel olarak belirlenmiştir. İşler bölümlere ayrılarak, uzmanlaşmış kişiler tarafından, belirli kural ve standartlara uygun olarak; kişisel olmayan, biçimsel bir şekilde yürütülür. İşlemler ve iletişim yazılı olarak yapılmakta, iş görenler emirlere yasal yetkiye dayandığı için uymaktadırlar. Yine Weber'e göre çağdaş devletin hukuk düzeni kanunlara dayandığı sürece kişilerin gözünde meşrudur. Bu meşruluk, hukuki meşruluğu aşıp toplumsal meşruluğu da kapsar. Çağdaş devletten söz edebilmek için bir siyasal toplulukta idari ve hukuki kuralların, idari örgütün zorlama gücünün ve meşru iktidar uygulamasının gözlemlenmesi gerekir.[60]

Daha sonra Neoklasikler[61]olarak ortaya çıkanlar, klasik teorinin eksik ve yanlış yönlerini eleştirmişlerdir. Beşeri Münasebetler Hareketi de organizasyonlarda insanın ve çalışma grubunun duygularına ekonomi dışındaki faktörlere de önem verilmesini savunmuşlardır. Modern Yaklaşım olarak ortaya çıkan sentezci yaklaşım ise, önceki teorilerden hareketle daha çok sistem, amaç, araçlar, istikrar vb. konular üzerinde sentezci bir yaklaşımda bulunmuş, insan kişiliği, teknoloji ve dış çevre gibi değişkenler nedeniyle bürokrasinin her zaman Weber'in düşündüğü ideal biçimde ilerlemeyeceğini göstermeye çalışmışlardır.[62]

Bürokrasinin hizmet aracı olmaktan çıkarak ideolojik amaçlara ve egemen grupların çıkarlarına hizmet eder hale geldiğini gören sosyoloji ve siyaset

[58] Hüseyin Özdemir, **Osmanlı Devletinde Bürokrasi**, İstanbul, Okumuş Adam Yayınları, 2001, s. 15.

[59] MaxWeber, Alman düşünür, sosyolog ve ekonomi politik uzmanı. Modern antipozitivistik sosyoloji incelemesinin babası olduğu düşünülür. Sosyolojiyi metodolojik olgunluğa eriştirmiştir.

[60] Bayram Coşkun, Tuncer Asunakutlu, "MaxWeber ve Bürokrasi Teorisi, **Türk İdare Dergisi**,, Sayı 432,2001, s. 171-189.

[61] Neo-Klasik Ekol, Sosyalistlerin Klasiklere yönelttikleri eleştitilere bir tepki olarak doğmuştur. Teorilerinin temelinde her insanın haz aramak ve acıdan kaçınmak ilkesi yattığı görüşünden hareket eder.

[62] Özdemir, 2001, s. 16.

uzmanları, merkeziyetçi bürokratik yöntemleri eleştirerek, ağırlıklı olarak devlet yönetim biçiminin liberalleşmesini istemektedirler.[63]

Hayek[64] toplumsal yaşam üzerinde kurucu olduğu varsayılan bir üstün "akıl" düşüncesine dayalı kurucu rasyonalizmi eleştirmekte, merkezi planlama yoluyla devletin ekonomik ve toplumsal fonksiyonlarının artmasına karşı çıkmaktadır. Çünkü bürokrasinin genişlemesi ile bireysel tercihlerin yapıldığı özgürlük alanının daralması arasında bir ilişki kuran Hayek'e göre, soyut ilkelerden yola çıkarak ekonomik gerekçelerle de olsa devletin topluma müdahale etmek için bir adım atması "Kölelik Yolu"na girilmesi anlamına gelmektedir. Yolun sonunda toplumun bütün kaynaklarını tek elde toplamış; toplum, hiyerarşik yönetilebilir bir organizasyona dönüşmüş; farklılıklar ortadan kalkmış olacaktır.[65]

Bir başka bürokrasi uzmanı olan Wilson[66] da, kamu bürokrasilerinin aşırı güçlü olduğu, bürokratların tembel, vurdumduymaz, yeteneksiz oldukları, işgal ettikleri mevkiler ve ömür boyu kariyer güvencesinin bürokratlara üstün bir güç vermesi gibi iddiaların sorgulanmasını istemektedir.[67]

Weber bürokrasiyi ilk defa sistematik olarak izah etmiş olsa da günümüzde bürokrasi çok daha karmaşık özelliklere sahiptir.

1.4. Arşiv: Kelime Anlamı ve Çeşitli Tanımlar

Devletin dilinin yazı olmasından dolayı, ilk çağlardan itibaren, devlet önce kendi haklarını korumak sonrasında ise vatandaşların haklarını korumak ve yapılan işlemlere delil olması bakımından işlemlerini yazılı olarak yapmışlar ve arşivler kendiliğinden oluşmuştur.1962 yılında Madrid'de toplanan VII. Milletlerarası Arşiv Yuvarlak Masa Konferansı'na katılan ülkelerin temsilcilerince arşiv tarifi:

Kurumların, gerçek ve tüzel kişilerin gördükleri hizmetler, yaptıkları haberleşme veya işlemler sonucu meydana gelen (toplanan, biriken) ve maksatla saklanan dokümantasyon;

[63] A.e., s. 16.

[64] Avusturya ekolüne bağlı ekonomist ve siyaset bilimcidir. Serbest piyasa ekonomisini 20. yüzyıl ortasında yükselen sosyalist dalgaya karşı savunmasıyla tanınmıştır.

[65] Ahmet Özalp," Küreselleşme, Postmodern Görelilik ve Kamu Yönetimi", **Küreselleşme Karşısında Kamu Yönetimi ve Hizmeti**, Ed. by. Ahmet Hamdi Aydın, İ. Ethem Taş, Meltem Kılıç, Zehra Gül, 2010, Kahramanmaraş Sürçü İmam Üniversitesi, Yayın no:136, s. 152. (çevrimiçi) http://iibfdergisi.ksu.edu.tr/Imagesimages/files/11(2).PDF, 04 Haziran 2014.

[66] James Quinn Wilson (1931-2012) Amerikalı akademisyen ve siyaset bilimcidir.

[67] Özdemir, **a.g.e.**,2001, s. 18.

Söz konusu dokümantasyona bakan kurum:

Bunları barındıran yerlerdir.[68]

Arşiv, üzerine kayıtlı olduğu materyal her ne şekilde olursa olsun, kamu kuruluşlarının, özel kuruluşların, özel ve tüzel kişilerin iş ve işlemleriyle ilgili, kendilerinin ürettikleri veya kendilerine gelen belgeler topluluğudur.

Arşivler; devletin ve fertlerin haklarını ve milletlerarası münasebetleri belgeler, korur ve bir konuyu aydınlatmaya yararlar. Aynı zamanda, ait olduğu devrin örf ve adetlerini, sosyal yapısını, kurumlarını ve kurumlar arasındaki ilişkileri ortaya koyarlar. Bu özelliklerinden dolayı bu devirlere ait bilimsel çalışmalara da birincil kaynak oluşturmaktadırlar.[69]

Geçmiş ile yaşanan dönem arasında bağlantı kuran arşivler aynı zamanda kendini meydana getiren kurum faaliyetlerinin gerçek ve yaşayan delilleri, bir milletin ve devletin varlığını ispat eden tapu senetleridir. Arşivler geçmiş devirlere ait en doğru bilgileri vermenin yanı sıra devlet, millet ve fertlerin haklarını koruyarak; geçmiş ile günümüz arasında köprü görevi yapmaktadırlar. Arşiv belgeleri, ilgili olduğu çağın örf, adet, ahlak yönleri ile sosyal ve kültürel fonksiyonlarını, kurumları ve bunların birbirleriyle olan münasebetlerini ortaya koymaktadırlar.[70]

Bir milletin ve devletin tarihi, devlet ve millet hayatının ana çizgileri arşivlerde saklıdır ve "milli hafıza" demek olan milletlerin tarihinin temel dayanağıdır. Cemiyet hayatı ile ilgili idari, siyasi, hukuki, askeri, iktisadi, dini, ilmi, biyografik, jeneolojik, teknik, istatistik ve kültür konularındaki araştırmalar, devletin milletler arası münasebetlerindeki haklarının tespitine dair belgeler, toplumun çeşitli sosyal özelliklerini belirten her türlü yazılı belgeler sadece arşivlerde bulunmaktadır. Arşiv malzemesi, bu bakımdan her türlü ilmi, idari ve hukuki araştırmalarda ilk elden kaynak olma özelliğini taşımaktadır. Tarihi gelişme ve akış içinde devlet hayatının lüzumlu bir organı olarak ortaya çıkan arşivler, günümüzde müzeler ve kütüphaneler gibi kültürün kaynağı olan kuruluşlardır.[71]

[68] **28-31 Mayıs 1962 tarihinde Madrid'de toplanan VII. Uluslararası Arşiv Yuvarlak Masa Konferansı Hakkında Rapor**, Haz. Fazıl Işıközlü, Ankara, 1962, s. 4.

[69] İsmet Binark, **Türk Arşivlerinin Kısa Tarihçesi ve Devlet Arşivleri Genel Müdürlüğü'nün Faaliyetleri,** Ankara, 1994, s. 1-2.

[70] Atilla Çetin, "Osmanlı arşivciliğine toplu bir bakış" **TKBD**, XXXIII C. 2, 1984, s. 53.

[71] İsmet Binark, "Bizde Devlet Arşivi Konusu, Kısa Tarihçesi ve Günümüzdeki Gelişmeler", **TKBD,** XXX C. 2, 1981, s. 65-66.

Arşivlerin milletin idari, hukuki, sosyal, askeri ve kültürel hayatlarındaki yeri ve önemi çok büyüktür. Bir devletin ve milletin siyasi, askeri ve sosyal tarihi devlet ve millet hayatının temel kaynakları arşivlerde saklanmaktadır. Bu sebepten bir toplumun geçmişini yeniden inşa etmenin temel yapı malzemeleridir. Bu malzemelerin meydana getirilmesi, kullanılması ve korunması geleceğe intikal ettirilmesi devlet organizasyonunun etkinlik derecesi ile yakından ilgilidir. Denilebilir ki arşiv demek devlet demektir.[72]

Arşiv ve arşivcilik sosyolojik, ekonomik, tarihi ve kültürel konularda araştırma yapacakların ve kanuni haklarını arayacakların vazgeçilmez dayanaklarından birisidir. Geçmişle irtibat sağlayıp gelecekte doğru olanın bulunmasına yardımcı olacak en güvenilir kaynaktırlar.[73]

"Yazının kalıcılığına ve güvenilirliğine vurgu yapan Yusuf Has Hacip, "İnsan bildiklerini yazı ile yazar; yazarsa, ne yapmış olduğunu bilir" şeklinde açıklamaktadır. Yine "İnsanlar arasında yazı olmasa idi, dille söylenen söze kim inanırdı", "İnsan bir yerden başka bir yere her vakit haber gönderir; yazı olmasa, fikrini nasıl ifade eder", Yazı çok lüzumlu bir şeydir; beyler memleket işlerini yazı ile tanzim ederler", "Bütün memleket işini tanzim eden hep yazıdır; zeki insan memleketin gelirini yazı ile zapt eder", "Söz yazılırsa kalır; ihmal edilirse gider; ihmalci hizmetkâr hesap verirken çok zahmet çeker", "Hangi hizmetkâr hesapta ihmalkâr davranırsa, hesap verirken inler ve başını yerden yere vurur" sözleri, yazının, bilginin kalıcılığındaki, güvenirlilik sunmasındaki, kamu çalışanlarının hesap verebilirliğinin sağlanmasındaki rolüne işaret etmektedir."[74]

Uygarlığın ortaya çıkmasıyla birlikte siyasal ve toplumsal yapılarda değişiklikler meydana gelmeye başlamış, Sümer kent devletlerinden itibaren yönetim ilkel demokrasiden monarşiye doğru kayma göstermiştir. Buna mukabil siyasal erk ise din adamlarının elinden askerlerin (ordu) eline, öte yandan kamusal mülkiyetin de özel mülkiyete doğru geçmeye başladığı görülmüştür. Sümer kent devletlerini bir araya getiren AkadlıSargon bölgesel bir devlet oluşturmuş, sürekli ordu kurmuş ve bir merkezi devlet sorunu ile karşı karşıya kalmıştı. Babil'i ele geçirip I. Babil hanedanı kuran Asurlular döneminde

[72] Nasır Yüceer, "Genelkurmay Askeri Tarih ve Stratejik Etüt (ATASE) Başkanlığı Arşivi", **I. Milli Arşiv Şurası. 20-21 Nisan 1998**, Haz. Rahim Erişti v.d., Ankara, 1998, s. 353.

[73] Tülin Aren, **Arşiv Problemleri ve Arşivcilik**, Ankara, 1976, s. 13.

[74] İshak Keskin, "Kutadgu Bilig'De Devlet İşlemlerinin Kayıt Altına Alınması Ve Kâtipler", **Arşiv Emektarlarına Armağanı**, İshak Keskin ve Nizamettin Oğuz, Ed., Türk Edebiyatı Vakfı, İstanbul, 2013, s. 317.

hanedanın altıncı kralı Hammurabi yalnızca Sümerleri değil Akadları da tek bir yönetim altında birleştirmiş böylece bölgesel devletten imparatorluğa geçişi sağlayarak kendisinden sonraki imparatorlukların temelini oluşturmuştu (M.Ö. 1700).[75]

Zamanımıza kalan çok sayıda arşiv malzemesi de bu dönemde ortaya çıkmıştır. O dönemden kalan sözleşme tabletlerine bakıldığında Babil toplumunda özel mülkiyetin oldukça gelişmiş olduğu tespit olunabilmektedir. Keza Hammurabi dönemi ile etkili bir merkezi yönetim ortaya çıkmış, kentler merkeze sıkı sıkıya bağlı valiler tarafından yönetilen yerler haline gelmiş, valiler sık sık merkeze rapor göndermeye başlamış, buna mukabil merkez de valileri ve faaliyetlerini denetlemeye başlamıştı. Keza "kralın memurları" denilen bir bürokrasi ordusu taşrada yerel yönetimi yürütecek derecede örgütlenmiş, merkezde ise aynı zümre bakanlıklar oluşturacak biçimde teşkilatlanmıştı. "Kralın yargıçları" da Hammurabi Yasası ile yasal bir yönetim sergilemeye başlamıştı. Bu dönemde Hammurabi'nin valilere sık sık mektuplar yazdığını biliyoruz ki bu mektuplar kanun hükmünde kararname, genelge, talimat ve yönetmelik gibi hukuki belge olarak uygulamalara esas teşkil eder olmuştu. Mesela ülkedeki malların pazar satış fiyatları saptanarak bildiriliyor ve uygulanıyordu. Bu dönemde bir imparatorluk için üç temel yöntem olarak bürokrasi, hukuk ve sabit pazar fiyat uygulaması başlıca yöntemleri teşkil ediyordu.[76]

Devlet harcamaları yanında küçük çiftçilere kiraya verilen kral topraklarının gelirleri, krallık sürülerinin getirileri kaydediliyor ve gelir gider dengesi oluşturularak "vergi toplayıcıları" denilen diğer bir bürokratik mekanizma harekete geçiriliyordu.[77]

Eski Mısır medeniyeti, tarihin kaydettiği en eski ve en önemli medeniyetlerden biridir. Bu medeniyet, Neolitik (Yeni Taş Çağı) ve ardından başlayan Eneolitik Çağ'da (Bakır Çağı) kendine has üretim, sanat ve din anlayışı ile filizlenmeye başlamıştır. Bunu, Mısır'ın idari yapısının yavaş yavaş teşekkül ettirildiği otuzu aşkın hanedandan oluşan yaklaşık üç bin yıllık dönem takip etmiş; ardından sırasıyla Asur, Pers, Grek-Ptolemaios-Roma, Bizans (Doğu

[75] Alâeddin Şenel, **Siyasal Düşünceler Tarihi: Tarihöncesinde İlkçağda Ortaçağda ve Yeniçağda Toplum ve Siyasal Düşünüş,** Bilim ve Sanat Yay., 4. basım, Ankara 2013, s. 59.

[76] **A.e.,** s. 59.

[77] **A.e.,** s. 59.

Roma) ve İslam medeniyetlerinin hâkimiyet dönemleri başlamıştır. Bütün bu dönemler boyunca Mısırlılar, kamu hizmetlerini görecek yetkin kurumlar oluşturmuş; buralarda çalışan görevliler (özellikle de kâtipler) vasıtasıyla işlemlerini bölgeye özgü bilgi taşıyıcıları üzerine kaydetmişler; bu kayıtları işlemlere esas olmak üzere korumuş ve kullanmışlar; tayin ettikleri arşivciler vasıtasıyla kayıtları düzenlemişler ve ihtiyaç duyan büro çalışanlarına (özellikle adli vakalarla alakalı olarak delil ihtiyacı olanlara) bu kayıtları kullandırmışlar; bu bağlamda arşiv depo ve kurumları örgütlemişlerdir.[78]

Eski Mısır'ın kamu kurumlarında gerçekleştirilen belge üretimi, genellikle kurumsal işlemlerin ve kurumlara yüklenmiş yasal yükümlülüklerin yerine getirilmesi sırasında, kurumsal faaliyetlerin delili olmak bakımından üretilmekteydi. Bu belgeler, üst ve alt kademeler arasında gerçekleştirildiği kadar, kurumlar arası haberleşmenin de bir parçasını teşkil etmekteydi. Kayıtlar, ilgili taraflar için oluşturulan kopyalar ve bunların asıllarından oluşmaktaydı. Bu belgeler, kurumlara yasalarca verilen yükümlülüklerin idari sistemle uyumlu ve eşgüdümle yerine getirilmesinin yanı sıra kararların hızlı ve doğru alınması bakımından da ayrıca önemli bir işlev görmekteydi. Her kademedeki kamu görevlileri,aralarında haberleşmeyi yazılı bir tarzda gerçekleştirmekteydi. Zaten eski Mısır kurumlarında yöneticiler tarafından yapılması istenen her idari işleme yönelik talimatın yazılı esas üzerinden gerçekleştirilmesi de bunu göstermektedir.[79]

[78] İshak Keskin , M. Hanefi Kutluoğlu, "Eski Mısır Medeniyetinde Arşivcilik", **Prof. Dr. Erdoğan Merçil'e Armağan**, Ed. Emine Uyumaz, Muharrem Kesik, Aydın Uslu ve Cihan Piyadeoğlu, Bilge Kültür Sanat Yayınları, İstanbul, 2013, s. 461.

[79] **A.e.**, s. 475.

BÖLÜM 2: OSMANLI DEVLET TEŞKİLATI

2.1. İslamiyet Öncesi Türk Devletlerinde Devlet Teşkilatı

İslamiyet öncesi Türk devletlerinde devlet; halk, ülke, egemenlik ve örgüt olmak üzere birbirini tamamlayan dört unsurdan meydana gelmektedir. Devlet, bir topluluğun (halk) belirli bir toprak parçası (ülke) üzerinde, egemenlik haklarını hiçbir sınırlama olmaksızın kullanmak yoluyla kurup geliştirdiği siyasi, sosyal ve hukuki bir örgüttür.[80] Türk devletlerinde ülke, halk, örgüt ve memuriyetler genellikle doğu-batı, sağ-sol, iç-dış, ak-kara, büyük-küçük şeklinde ikiye ayrılmaktadır. Bunlardan doğu, yani sağ taraf daima üstün durumdadır.[81]

Devletin yönetim merkezi olan ordu doğudadır. Ordunun tam ortasında da Türk kağanının otağı yer alır. Türk kağanı burada oturur. Kağan, aynı zamanda ikili yapının tam merkezinde bulunur. Güneyinde ve kuzeyinde de yüksek rütbeli beyler sıralanır. Türk hükümdarı, tahtını doğuya dönük bir şekilde oturur. Otağın kapısı ise, yine doğuya açılır. Sol, yani ülkenin batı tarafına "yabgu" unvanı ile hükümdarın kardeşlerinden biri tayin edilir. 552 yılında Göktürk Devleti'ni kuran Bumin Kağan, devletin batı bölgelerini Yabgu unvanı ile kardeşi İstemi'ye bırakmıştır. Kardeşinin emrine de on bey vermiştir.[82] Devletin batı bölgelerinin başında bulunan yabgu, doğu da oturan hükümdarın yüksek egemenlik haklarını daima tanımakta, iç ve dış işleri hep onun adına yürütmektedir. Bunun yanı sıra karar ve uygulamalarında tamamen serbesttir. Tıpkı bir devlet başkanı gibi, o da elçiler gönderebilir, elçiler kabul edebilir, başka devletlerle anlaşmalar yapabilir, savaşa ve barışa karar verebilirdi. Diğer taraftan, tüm devleti ilgilendiren sorunlar söz konusu olduğunda ise, devletin sağ ve sol bölgelerindeki beyler (şadlar ve yabgular), hükümdarın başkanlığındaki mecliste toplanır ve bu mecliste alınan kararlara göre hareket ederlerdi. Ortak hareket edilecek seferlerde ise, tüm ordu hükümdarın başkomutanlığında birleşirdi. Ordu düzeni de ikili sisteme göre şekillenir, herkes mensup olduğu yöne ve yere göre ordunun sağ ve sol kanatlarında yerlerini alırlardı.[83]

[80] Salim Koca, "Eski Türklerde Devlet Geleneği ve Teşkilatı", **Türkler Ansiklopedisi,** C. 3, Yeni Türkiye Yayınları, Ankara, 2002, s. 824.

[81] Ahmet Taşağıl, **Göktürkler I**, Ankara, Türk Tarih Kurumu Yayınları, 1995, s. 75.

[82] Necati Gültepe, "İlk Türk Devletlerinde Bürokrasi", **Türkler Ansiklopedisi,** C. 3, Yeni Türkiye Yayınları, Ankara, 2002, s. 895.

[83] Koca, **a.g.e.**,2002, s. 834.

Hun Devleti'nde hükümdardan sonra dört köşe veya boynuz ile altı köşe veya boynuz deyimi ile isimlendirilen yüksek memuriyetler gelirdi. Bunlardan dört köşe, dünyanın dört ana yönü, altı köşe de altı tali yön esas alınarak oluşturulurdu. Dört köşe ve altı köşe memuriyetler de kendi içlerinde sağ ve sol olmak üzere iki kısma ayrılırdı. Her iki grupta yer alan memuriyetlere, başta hükümdarın oğulları ve küçük kardeşleri olmak üzere hanedan ile akraba boyların başkanları tayin edilirdi.[84] Yüksek rütbeli yirmi dört komutan da askeri birliklere komuta ederdi. Komutanların emrinde ise, büyük birer askeri birlik bulunurdu. Her komutan tanınmış birer boy'un başkanıdır. Göktürklerin, Uygurların ve diğer Türk devletlerinin örgütlenmesi de esas olarak Hun Türklerininki ile aynıdır.[85]

Ayrıca hükümetten ayrı olarak bir de meclis bulunur, devleti ilgilendiren siyasi, askeri, ekonomik ve kültürel konular görüşülüp karara bağlanırdı.

2.2. İslamiyet Sonrası Türk Devletlerinde Devlet Teşkilatı

İslam'ın kabulü ile kurulan Müslüman-Türk devletleri arasındaki küçük farklara rağmen, bu devletlerin müşterek noktaları çoktur. Karahanlılar İslamiyet'i kabul eden ilk teşkilatlı Türk Devletidir. Karahanlı Devleti'nin merkez teşkilatının başında vezir (yuğruş) bulunmaktadır. Vezir Meclis-i Âli adı verilen divana başkanlık ederdi. Karahanlılarda saray teşkilatı da gelişmiştir. Saray aynı zamanda devletin yönetim merkezidir. Ağıcı (hazinedar), devletin mali işlerini, tamgacı, hükümdarın ve idarenin iç ve dış yazışmalarını başkanlık ettikleri divanları ile yürütürlerdi. Bürokraside Bitigçi ve Ilımga adı verilen kâtipler görev yaparlardı. Askeri işler de bir divan tarafından yürütülür ve askerlerin ücret ve tahsisatları aybitiği adı verilen defterlere kaydedilirdi.[86]

Selçuklu Devleti'nde daha önceki Türk devletlerinde olduğu gibi devlet, idari mekanizmada ailenin müşterek malıdır. Devlet başkanı aile üyeleri arasından seçilmektedir. Aile üyeleri devlete iştirak hakları dolayısıyla ülkenin çeşitli yerlerinde valilik yapar veya geniş arazi ve malikânelere sahip olurlardı. Büyük parçalar halinde olan topraklar, küçük parçalara ayrılarak orduda görev yapan askerlere ikta, yani tımar usulüyle veriliyordu.[87]

84 **A.e.**, s.835.
85 Gültepe, **a.g.e.**, s. 893-899.
86 Reşat Genç, "Karahanlılar", **Doğuştan Günümüze Büyük İslam Tarihi**, C.VI, İstanbul, 1989, s. 170-175.
87 İ.HakkıUzunçarşılı, **Osmanlı Devlet Teşkilatına Medhal,** Ankara, 1984, s. 19.

Büyük Selçuklularda hükümdar ve ailesinden sonra ikinci derecede önemli kimseler kalem ve divan görevlileriydi. Vezir, askeri işler hariç devlet işlerinden sorumluydu ve hükümdar adına devleti idare ederdi. Ordunun komutanı beylerbeyi idi. Merkezde ve hükümdarın bulunduğu yerde devlet işlerinin görülmesi için Divân-ı Sultan ismi verilen büyük bir divan bulunmaktaydı. Hükümdarın re'sen verdiği emirler dahi divanda tartışılır, ondan sonra karar verilirdi. Eyaletlerde de oradaki işleri görmek üzere divanlar kurulmuştu. Büyük divandan başka yine merkezde devletin mali, askeri, adli vs. ikinci derecede işlerini görecek bu günkü bakanlıklar benzeri divanlar bulunmaktaydı. Divân-ı Tuğra veya İnşa, sultanın devletler ve eyaletlerle olan yazışmalarını yapar, hükümdara ait çeşitli belgeleri düzenlerdi. Divân-ı İstifa, mali işlerin görüldüğü divan idi. Divân-ı İşraf, idari ve mali işlerin yolunda gidip gitmediğini denetleme görevini üstlenen bir divan idi. Divân-ı Arz ise askerin maaş ve diğer ihtiyaçlarını karşılama görevini yerine getirmekteydi.[88]

Osmanlı devlet teşkilatı hem genel olarak bahsettiğimiz Türk devletlerinin teşkilat ve bürokrasisinden hem de Emeviler, Abbasiler, İranlılar, İlhanlılar ve Memluklülerin kültürlerinden etkilenmişlerdir.

2.3. Osmanlı Devlet Teşkilatı

Hâkimiyet anlayışının "elestbezmi" nazariyesi ile açıklanması yani insanların Allah'a mutlak onun dışındakilere şartlı olarak itaat etmeleri gerektiği telakkisi onun dışındakilere şartlı olarak itaat etmeleri gerektiği telakkisi ve böylece iktidarın kaynağı konusu İslamiyet'te önemle üzerinde durulan husus olmuştur. Ayrıca hükümdarlar iktidarın Allah tarafından kendilerine verildiğini kabul ederken, hukukçular ise iktidarın Allah'ın yeryüzündeki halifesi olan halka ait olduğunu, halkın, başta adalet olmak üzere belli şartlara uymak kaydıyla bir hükümdara biat ile havale ettiğini, şartların ihlali durumunda hal' edilerek iktidarı o kimseden alıp başkasına verdiklerini ifade etmişlerdir. Biat ümmet iradesinin padişaha havalesi (tevliyeti) olup, adalete riayet etmeyen padişahtan bu tevliyet geri alınmıştır. Osmanlı padişahları bu konuda çok daha mutedil yol benimsemişler ve bunu da cülûs münasebetiyle çıkardıkları

[88] A.e., s. 184-187.

fermanda "Allah'ın lütfuyla kendilerine saltanat müyesser olduğunu" ifade ile orta yolu bulmuşlardır.[89]

Devletlerin yönetim şekilleri eski tarihlerden bu yana üç tarzda gelişme göstermiştir. Birincisi devlet yönetiminin bir kişinin elinde olması "Monarşi", ikincisi saltanat tedbiri devlet ileri gelenlerinin (âyan-ı devlet) elinde olması "aristokrasi" ve üçüncüsü, devletin yönetiminde reâyanın (bütün halkın) olması yani "Demokrasidir".[90]

Osmanlı Devleti tarih boyunca bu üç yönetim şeklinin de uygulamalarını görebilmekteyiz. Başta bir monark olarak padişahın olması siyasal olarak "monarşi"dir. Gerek Fatih Sultan Mehmed dönemine kadar büyük aşiret veya ailelerin reislerinin yönetimde etkin olması, gerekse gerileme dönemlerinde âyanların yönetimdeki etkinlikleri gibi durumlar bir ölçüde de olsa bazı dönemler "aristokrasi" yönetimine benzemektedir. Yerel yönetimlerin etkin olması; her eyaletin kendine has kanunları olması, olaylar karşısında belde ileri gelenleriyle kadıların birlikte karar vermesi, padişahlık dışında bütün devlet mevkilerinin hak eden herkese açık olması da bir çeşit halkın yönetime katılması Osmanlı yönetiminde demokratik uygulamaların olduğunu göstermektedir.[91]

2.3.1. Divan

Divan-ı Hümayun, Osmanlı Devleti'nin ilk ve orta devirlerinde çok önemli bir kurum olup, siyasi, idari, askeri, örfi şeri, adli ve mali işler ile şikâyet ve davalar hep burada görüşülüp karara bağlanırdı. Hangi din ve milletten, hangi sınıf ve tabakadan olursa olsun kadın ve erkek herkese divan açıktı. Divan-ı Hümayun' da sadrazamın yetkisini aşan, yasa şeklindeki çoğu düzenleyici işlemler görüşülüp karara bağlanır, devletin üst siyaseti belirlenirdi. Alınan kararlar dört ana büroda işlem görmekteydi. Bu bürolar Babıali'nin gelişmesine kadar Divan, Tahvil, Ruusve Âmedi kalemleriydi. Özellikle Tahvil ve Ruus kalemleri memurlarla ilgili tayin vb. bütün bürokratik işlemlerin yapıldığı ve kayıtların tutulduğu bürolardı. Üst düzey memurların tayin işlemleri ve tımar, zeamet tevcihleri Tahvil Kalemi'nde, diğer memurların tayin işlemleri RuusKalemi'nde yapılmakta ve kayıtları burada tutulmaktaydı.[92]

89 İ. Hakkı Uzunçarşılı, **Osmanlı Devleti'nin Saray Teşkilatı**, 3.bs., TTK, Ankara, 1988, s. 49.

90 İlber Ortaylı, **Osmanlı İmparatorluğunda, İktisadi ve Sosyal Değişim: Makaleler I**, Ankara, Turhan Kitapevi, 2000, s. 15-19.

91 Özdemir,**a.g.e.**,2001, s. 66-67.

92 **A.e.**, s. 47

Divan-ı Hümayun'un Orhan Gazi zamanından XV. Asrın ikinci yarısına kadar genellikle hemen her gün padişahın riyâsetinde toplandığı bilinmektedir. Fatih hükümdarın divana fiilen başkanlık etmesini "Cenab-ı şerifim pes-i perdede oturup" ifadesiyle veziriazama bırakmış, daha sonraki dönemde padişahlar divan çalışmalarını kafes arkasından dinleyerek veya arz esnasında kararları kabul veya reddederek denetlemişlerdir. Ancak Divan-ı Hümayun'unbir padişah divanı olduğu ve sonuna kadar bu vasfını koruduğu şüphesizdir. Dolayısıyla bazı nazik dönemlerde veya münferit bazı olaylarda padişahların bizzat divana riyaset ettikleri görülmüştür.[93]

Divan toplantılarının XVI. yüzyılda genellikle cumartesi, pazar, pazartesi ve salı olmak üzere haftada dört güne indiği, pazar ve salı günleri iki kere arza girildiği anlaşılmaktadır. Divan kararlarının yazıldığı mühimme defterlerinden toplantı günleri kontrol edildiğinde bazen perşembe ve cuma da dahil beş gün toplandığı gözlenmektedir. XVII. yüzyıl ortalarında divan toplantıları genellikle pazar ve salı olmak üzere iki güne inmiş ve arza girme de haftada bire düşmüştür. Böylece tedricen işlerin Paşa Kapısına intikali görülmektedir. XVII. asır başlarında divan toplantıları bire inmiş, bir süre sonra ise toplantılar bütünüyle terkedilerek üç ayda bir kapıkulu nefaratına ulufe dağıtımı (ulufe divanı) ve elçi kabulü (galabe divanı) gibi merasim zamanlarında toplanır olmuştu. Bazı padişahlar divan geleneğini tekrar canlandırmak istemişlerse de tabii seyri içinde idare bütünüyle Babıali'ye intikal etmiştir.[94]

Divan-ı Hümayun devletin en etkili ve faaliyet açısından yoğun divanı olması sebebiyle, çok disiplinli bir program içerisinde çalışması gerekmekte idi. Divan'da "erkan-ı erba'a" terimi ile ifade edilen vezirler, kazaskerler, defterdarlar ve nişancıdan oluşan, divan toplantılarında mütalaa beyan etme, karar verme yetkisi olan asli üyeler dışında, biri reisülküttabın idaresi altında çalışan tezkireciler, katipler vs.den oluşan divan bürokrasisini yürüten divan heyeti, diğeri de kapıcıbaşı, şavuşbaşı, muhzırbaşı, bostancıbaşı, asesbaşı, subaşı gibi divanın asayişini kararların ifa ve icrasını sağlayan hizmet heyeti olmak üzere iki ayrı zümre mevcuttu. Divanın verimli ve disiplinli çalışmasında divan kâtiplerinin rolü büyüktü. Divan programının ve programdaki konuların süratle

[93] İpşirli, **a.g.e.**,1994, s. 159.
[94] **A.e.**, s. 159-160.

görüşülmesini sağlamak için ilgili evrakın ve defterlerin hazırlanması hep onların işi idi.[95]

2.3.2. Merkezi Devlet Daireleri

2.3.2.1.Bâb-ı Âlî

Bâb-ı Âlî Sadrazamların resmi makamı olan Paşa Kapısı'na, Sultan I. Abdülhamid devrinden itibaren verilen addır. Daha önceleri sadrazamlara mahsus idare binaları yoktu. Genellikle saraya yakın bir yerdeki konağa yerleşerek, devlet işlerini burada görürlerdi. Divan-ı Hümayun toplantılarının Paşa Kapısı'nda görülmeye başlanmasıyla birlikte Divan kalemleri, reisülküttab, teşrifatçı ve diğer görevliler buraya taşınmıştır. Böylece bugünkü İstanbul Valiliği'ni çeviren duvarın içinde, Sadâret'e ait Dahiliye ve Hariciye odaları, Meclis-i Vâlâ, Divan-ı Deavî gibi dairelerden oluşan Bâb-ı Âlî teşekkül etmiştir.[96]

2.3.2.2.Bâb-ı Defterî

Defterdarlık Kapısı; merkez ve taşradaki bürolarıyla devletin gelir ve giderini düzenlemekle yükümlü daireye denilmektedir. Yöneticisi olan defterdar Divan-ı Hümâyûn'un tabiî üyesi olarak toplantılara katılır, mîrî işlerden sayılan cizye, avârız ve mukâtaa gibi mali konularda görüş bildirirdi. Bâb-ı Defterî, diğer dairelere nazaran bünyesinde en çok belge ve defter biriken ve günümüze milyonlarca vesika devreden bir dairedir. 1837 yılında Maliye Nezâreti'ne dönüştürülmüştür.[97]

2.3.2.3.Bâb-ı Seraskerî

Yeniçeri Ocağı'nın 1241 (1826) yılında kaldırılmasından sonra zamanın seraskeri Hüseyin Paşa dairesiyle birlikte Saray-ı Atike (İstanbul Üniversitesi merkez binasının bulunduğu yer) taşınmıştır. Lağvedilen Yeniçeri Ocağı'nda, yeniçeri kâtibi emrindeki Efendi Dairesi'nde bulunan Yeniçeri ve Acemi Ocağı halkının maaş ve künye defterleri Seraskerliğin kadim arşiv malzemesini teşkil etmiştir. Daha sonra adı Harbiye Nezareti olarak değişen Bâb-ı Seraskerî'ye ait arşivlerin pek az bir kısmı Osmanlı Arşivi'ne intikal etmiştir. Bu kuruma ait

[95] **A.e.**, s. 161.

[96] **Başbakanlık Osmanlı ArşiviRehberi,** Devlet Arşivleri Genel Müdürlüğü Osmanlı Arşivi Daire Başkanlığı Yayınları No:108, Haz. Yusuf İhsan Genç v.d., İstanbul, 2010, s. XXXII.

[97] **A.e.**, s. XXXIII.

arşiv malzemesinin önemli bir bölümü bugün Genelkurmay Başkanlığı'na bağlı arşivlerde muhafaza edilmektedir.[98]

2.3.2.4. Bâb-ı Meşihat

Yeniçeri Ocağının kaldırılmasıyla Ağa Kapısı adı verilen (bugünkü İstanbul Müftülüğü 'nün bulunduğu) bina, müştemilâtıyla birlikte resmi daire ve daimi ikametgâh olarak şeyhülislamlara tahsis edilmiştir.[99]

2.4. Taşra Teşkilatı

Osmanlı Devleti'nde taşra idaresi, aşağıdan yukarıya köy, nahiye, kaza, sancak (liva) ve eyalet şeklinde teşkilatlanmıştı. Kendisine bağlı köylerle birlikte nahiyelerin birleşmesiyle kazalar meydana gelmişti. Kazaların birleşmesinden sancaklar, sancakların birleşmesinden ise eyaletler ortaya çıkmıştı. Ancak şurası belirtilmelidir ki, Osmanlı Devleti'nin ilk zamanlarında eyalet, vilayet, liva, kaza ve nahiye tabirlerinin birbirlerinin yerine kullanıldıkları görülmektedir. Kazalarda yönetici sınıf olarak kadı, alaybeyi ve şubaşılar bulunurdu. Kazaların birleşmesiyle teşekkül eden sancaklar, sancakbeyi ismi verilen bir kişi tarafından kanun ve nizamlar çerçevesinde idare edilirdi. Osmanlı idari teşkilatında sancakların birleşmesiyle Eyaletler (Beylerbeyilik) teşekkül ederdi. Eyaletler beylerbeyiler veya buna eşit değerde mir-i miranlar tarafından idare edilirdi. Rumeli'de fetihlerin artması ile birlikte Anadolu ve Rumeli Beylerbeyilikleri kurulmuş XV. Yüzyılda bu iki beylerbeyiliğe Rum(Sivas-Amasya) ve Karaman Beylerbeyilikleri de eklendi, böylece beylerbeyilik dörde çıktı. Derece itibari le en büyük beylerbeyi Rumeli Beylerbeyi idi. Ondan sonra Anadolu Beylerbeyi gelirdi. Mal defterdarları, beğlik ile nişancı olanlar, beşyüz akçalık kadılar ve dörtyüzbin akça hası olan sancakbeyleri beylerbeyi olabilirdi. Anadolu Beylerbeyi terfi ederse Rumeli beylerbeyi, Rumeli beylerbeyi terfi ederse küçük vezir yani Divan-ı Hümayun'da sonuncu vezir olurdu.[100]

Osmanlı devlet teşkilatı sadece merkez ve taşra teşkilatından oluşmamaktadır. Askeri teşkilat, maliye teşkilatı, hukuk teşkilatı, toprak sistemi de ayrı başlıklar altında değerlendirilebilir. Ancak çizdiğimiz konu itibari ile sadece merkez ve taşra teşkilatına genel olarak değinilmiştir.

[98] **A.e.**, s. XXXIII-XXXIV.

[99] **A.e.**, s. XXXIV.

[100] Yusuf Halaçoğlu, "Osmanlı Devlet Teşkilatı", **Doğuştan Günümüze Büyük İslam Tarihi Ansiklopedisi**, C.12, 1993, s. 367.

2.5. Merkez Teşkilatında Değişmeler

Tanzimat'la geleneksel kamu yönetimi sisteminden, modern yönetim sistemine geçilmesine bizzat padişah ve diğer üst yönetim tarafından karar verilmiş ve sivil bürokrasinin gelişmesi açısından iktisadi, idari, hukuki ve eğitim alanlarında birçok batı tarzında kurumsal ve yasal düzenlemeler yapılmıştır.[101]

Divan-ı Hümayun 'un toplantılarının normal olarak yapıldığı zamanlarda hükümet merkezi saraydı. Bilindiği gibi devletin ilk zamanlarında her gün toplanan divan, önce haftada dört, daha sonra iki, nihayet XVIII. Yüzyılın son yarısından itibaren de üç ayda bir güne indirilmişti. Divan böylece, kapıkulu askerlerine mevacib dağıtmak ve elçileri kabul etmekle mükellef sembolik bir konuma getirilmişti. Önemli işler ise, muhtelif yerlerde toplanan şûrâ tarafından görüşülmekteydi. Divanın bu suretle önemini kaybetmesine paralel bir şekilde hükümet işleri, tedrici olarak sadrazam sarayına, onun ikindi divanına kaymış ve Bâbıâlî önem kazanmaya başlamıştı. Bunun üzerine divân-ı humâyûn kalemleri, reisülküttâblık, çavuşbaşılık, teşrîfâtçılık, vs. müesseseler ile bunlara ait defter ve kayıtlar da Bâbıâlî'ye nakledildi. Bunlar sadrazamın kendi maiyyet memurları olan kethüda bey ve mektûbcuyla beraber hademe-i Bâbıâlî ismi ile anılırlardı.[102]

İhtisasa dayalı birimlerin, nezaretlerin kurulmasıyla beraber Bâbıâlî'nin klasik yapısında da doğal olarak önemli değişiklikler oldu. Yetkilerinin bir kısmının nezaretlerce üstlenilmesi, emrindeki memurlarla devlet işlerini yürütmeye çalışan sadrazamın eski önemini yitirmesi sonucunu doğurdu. Sultan II. Mahmud, bunun üzerine 30 Mart 1838'de yaptığı bir düzenlemeyle bütün vekillerin başı olmak üzere sadaret makamını başvekâlete dönüştürdü. Müstakil bir makam olma konumuna da son vererek duruma göre hangi nezaret uygun olursa, ona eklenmek suretiyle idare edilmesini kararlaştırdı. Diğer bir ifadeyle, vekiller heyetinin başkanı olmaya hangi nazır layık ise başvekâlet ilaveten ona verilecekti.[103]

Başvekâletin bu konumu fazla uzun sürmedi. Çünkü II. Mahmud'un ölümü ve Abdülmecid'in tahta cülûsunun hemen akabinde, 18 yaşındaki yeni

[101] Özdemir, **a.g.e.**,2001, s. 125.

[102] Ali Akyıldız, **Tanzimat Dönemi Osmanlı Merkez Teşkilatında Reform**, İstanbul, 1993, s. 22.

[103] Ali Akyıldız, **Osmanlı Bürokrasisi ve Modernleşme**, 3. bs., İstanbul, 2009, s. 46.

padişahın tecrübesizliğinden de yararlanan Hüsrev paşa, Başvekil Rauf Paşa'nın elinden padişahın mühürünü alarak kendisini eski yetkilere sahip olmak üzere sadrazam ilan ettirdi. (3 Temmuz 1839). Buna rağmen sadaretin eski durumuna oranla gene de çok şey değişmişti. Zira üstün yetkilerle donatılmış bir kişinin (sadrazam) fikriyle devleti idare etmek düşüncesi, yerini nispeten uzman vekiller ve bunlara fikir veren ve projeler sunan meclislere bırakmıştı. Sadrazamın buradaki konumu, hükümet üyeleri arasında koordinasyonu sağlamak ve onlara nezaret etmekti.[104]

Bu düzenlemelerle meclis-i meşveret'in yerine, belgelerde encümen-i mahsûs, encümen-i mahsûs-ı hass-ı vükelâ, meclis-i hass, meclis-i meşveret, meclis-i hass-ı vükelâ, meclis-i hass-ı meşveret, meclis-i vükelâ, meclis-i hass-ı âlî, meclis-i âlî-i vükelâ, meclis-i mahsus-i vükelâ veya meclis-i mahsus olarak geçen müessese ihdâs edildi.[105]

Bu meclisin ardından 1836'da Dar-ı Şura-yı Askeri ile 1838 yılında Meclis-i Vala-yı Ahkâm-ı Adliye kuruldu. Aynı yıl içerisinde ve bir sonraki dönemde nezaretlerin yapacakları reformları planlamak ve alınan kararları yürürlüğe koymak üzere nezaret meclisleri kurulmuştur.[106]

Nezaret meclisleri tam bir reform komisyonu görünümündeydi. Nezaretlerde bütün işler önce mecliste ele alınır, yapılması gerekli şeyler mecliste görüşülerek bir mazbata haline getirilerek meclis mazbatası şeklinde nazıra takdim edilirdi. Nazır bu mazbatayı bir üst yazıyla Sadaret'e iletir, Sadaret de herhangi bir görüş seyretmeden yazıyı doğrudan doğruya Meclis-i Ahkâm-ı Adliye'ye havale ederdi. Mesele burada ele alınır ve bütün yönleriyle değerlendirilirdi. Maclis-i Vala konu ile ilgili yapılması gerekenleri ayrı ayrı belirterek bir mazbatada toplar ve mazbatasını diğer evraklarla birlikte Sadaret'e sunardı. Bu defa evraklar, sadrazamın başkanlığında toplanan bu günkü bakanlar kurulu mesabesindeki Meclis-i Mahsus'da okunarak gözden geçirilip sadaret takriri şeklinde evrakın bütünüyle birlikte padişaha arz edilir ve gereken iradenin alınması yoluna gidilirdi. Bazı önemli hallerde mesele Meclis-i Hass-ı Vükela'da görüşülmek üzere buraya havale edilirdi. Bu meclis, Sadrazam,

104 **A.e.**, s. 47.
105 Akyıldız, **a.g.e.**,1993, s. 180.
106 Ali İhsan Gencer, "Nezaret Meclislerinin Osmanlı Diplomatikasındaki Yeri ve Önemi", **Tarih Boyunca Paleografya ve Diplomatik Semineri, Bildiriler 30 Nisan-2Mayıs 1986 Bildiriler**, İstanbul, İstanbul Üniversitesi Edebiyat Fakültesi Yayını, 1988, s. 141-142.

Şeyhülislam, Serasker, Kaptan Paşa, Tophane-i Amire Müşiri, Meclis-i Vala Reisi, Hariciye, Maliye, Hazine-i Hassa, Evkaf ve Ticaret Nazırları ile Zaptiye Müşiri, Sadaret Müsteşarı, Valide Kethüdası ve bazı eski Sadrazamlardan oluşmaktaydı. 1854 yılında Meclis-i Tanzimat'ın kurulmasıyla her daire ve nezaret bu tarihten itibaren bu meclise müracaat etmek zorundaydı. Yaptığı iş bakımından Meclis-i Ahkâm-ı Adliye'den pek farkı olmadığından bu iki meclis sonradan birleştirilmiş ve Meclis-i Ahkâm-ı Adliye adıyla görevine devam etmiştir. 1867 yılında bu meclis tekrar Divân-ı Ahkâm-ı Adliye ve Şura-yı Devlet diye ikiye ayrılmıştır.[107]

2.6. Taşra Teşkilatında Değişmeler

Eyaletlere Tanzimat'ta <vilayet> dendi. Bir vilayet, birkaç sancak'tan (il) oluşuyordu. Sancak kelimesi muhafaza edildi. Fakat sancak valilerine <mutasarrıf> dendi. Sancaklar gene kaza'lara ayrılıyordu. Kazaları eskiden olduğu gibi artık kadı'lar değil, mülkiye sınıfından <kaymakam> denen yöneticiler yönetiyordu. Keza nahiyelerin başında da artık <naib> denen küçük kadılar değil, <müdir> ve <nahiye müdiri> denen mülki yönetici vardı. Köy yöneticileri seçimle geliyor ve <muhtar> deniyordu. Vilayet, sancak ve kaza'ların seçimle gelen üyelerden oluşan meclisleri vardı. Nezaretlerde (bakanlıklarda) olduğu gibi vilayetlerde de <mektubcu> denen bir eyalet genel sekreteri vardı.[108]

Tanzimat sonrası devlet teşkilatında görülen diğer bir gelişme, imparatorluğun ikisi Rumeli'de, ikisi Anadolu'da, biri de Arabistan'da olmak üzere ordu bölgelerine ayrılması ve bunların başına bire "müşir" atanması, böylece vilayet yönetiminin askeri yapıdan ayrılarak yöneticilerinin "mülki amir" durumuna gelmeleridir.[109]

2.7. Osmanlı Bürokrasisinde Kul Sistemi ve Tımar Sistemi

Osmanlı bürokrasisi, eski Türk devletlerine bakarak daha güçlü bir merkezden yönetime sahipti ve bu güçlü merkezden yönetimin kaynakları, iyi kurulmuş kul, tımar ve ulema kurumlarıdır.[110]

107 **A.e.**, s. 217-218.
108 Yılmaz Öztuna, **Osmanlı Devleti Tarihi: Medeniyet Tarihi,** C.2, Ankara, 1998, s. 244.
109 İpşirli, **a.g.e.**,1994, s. 309.
110 İbrahim E. Başaran, **Yönetim**, Gül Yayınevi, Ankara, 1989, s. 50.

2.7.1. *Kul Sistemi*

Klasik Osmanlı devlet sisteminde karmaşık olmayan bir bürokrasi vardı. Bu bürokrasinin kökenini ve kaynağını kul sistemi oluşturuyordu. Osmanlı Devleti'nin askeri ve sivil bürokrasisi örgütüne kapı kulları denilirdi. [111]

Kapı kullarının kaynağı olan kul sistemi; harp esirleri, para ile satın alınan çocuklar ve devşirme yöntemi ile sağlanan çocuklar olmak üzere üç kaynaktan besleniyordu. Kul sisteminin en önemli kaynağı olan, devşirme sistemi ile küçük yaştan itibaren alınıp eğitilen Hıristiyan çocuklar, askeri ve sivil bürokrasinin kaynağını oluşturmuştur. Bu sistemde savaşlarda esir alınan çocuklar en parlak görülenleri Enderun'a gönderilirdi. Enderun'dan başarı ile mezun olanlar sivil bürokraside istihdam edilirdi. Enderun'a gönderilmeyenler ise askeri bürokrasi için yetiştirilirlerdi. Bu şekilde oluşturulan bürokrasinin üyeleri toplumla bağları ve akrabalıkları olmadığı için, kendilerini tamamen padişahın emir ve isteklerine adamışlardı. Bu düzen içerisinde elit bir bürokrasinin ortaya çıkışını sağlayan en belirgin nedenler; otoritenin geleneksel niteliği, katı merkez-kenar karşıtlığı ve padişahın ülkenin tek maliki olarak gözükmesidir. Kamu görevlilerinin kul sistemi içinde yetiştirilmelerinin nedeni, topluma dayalı olmayan bir devlete hizmet edeceklerinin toplum içinden gelmelerini önlemek içindir. Osmanlı Devleti'nde kamu yönetimi halkın dışındadır ve halktan kopuktur.[112]

Osmanlı Devleti'nde bu özelliklere sahip olan kul sistemi, modern anlamda bürokratik bir zümre oluşturmuyordu. Çünkü modern bürokrasinin gereklerinin aksine, bu sistem içinde bürokratlar devlete bağlı ve halka hizmet eden bireyler olmayıp, kul sadakatiyle, kayıtsız ve şartsız padişaha bağlıydılar. Bürokratların canları ve malları padişahın kesin tasarrufunda bulunuyordu. Kul statüsünde kişinin hiçbir güvencesi söz konusu değildi. Buna karşılık kurallara uyduğu ve padişaha sadakati devam ettiği sürece kulun önünde geniş olanaklar bulunuyordu. Ancak buradan hareketle Osmanlı sisteminde kulun kellesi koltukta bir otomat olduğu sonucuna varmak yanlıştır. Hükümdarlar kullar arasında bir dayanışma, birlik ruhu ve hizmet aşkı yaratmayı başarmışlardır. Bunu sağlayan İslam'ın hükümdara verdiği üstün otoritenin yanında, hükümdarların kendi kişisel yol ve yöntemleridir. Modern bürokrasinin aksine

[111] Heper, **a.g.e.**,1974, s. 38.
[112] Niyazi Berkes, **Türkiye İktisat Tarihi**, Gerçek Yayınevi, İstanbul, 1969, s. 39-41.

bürokrasi Tanzimat döneminin sonuna kadar kurumsal bir yapıya sahip değildi.[113]

2.7.2. Tımar Sistemi

Tımar, belli bir toprağın gelirinin "dirlik" olarak bir kişiye verilmesini ve bunun karşılığında ona mali, askeri ve idari kimi görevlerin yüklenmesini içeren bir düzendi. Pers, Sasani, Bizans ve Selçuklu toprak düzenlerinin geliştirilmiş bir devamı niteliğindeydi.[114]

Devlet görevlilerine hizmetleri karşılığı olarak belli bir bölgenin vergi toplama yetkisi devrediliyordu. Tımar yoluyla kâtipler, dini görevliler ve kadılara maaşları ödenmiştir. Tımar sistemi, para ekonomisinin gelişmediği Orta Çağ'da, büyük bir ordunun beslenmesi ihtiyacı sonucu ortaya çıkmıştır. Tımar sisteminin bu kadar etkili olması, idari sistemden başka, toprak sistemi, köylünün statüsü, vergilendirilmesi, zirai ekonominin, askeri ihtiyaçlara cevap verecek şekilde tımarın etrafında düzenlenmesinden kaynaklanıyordu.[115]

Osmanlı İmparatorluğu'nda toprağın tasarruf biçimine ilişkin düzen de merkezi otoritenin rakiplerinin yok edilmesine yönelikti. Tımarlının tımarı babadan oğula geçmez, miras bırakılmazdı. Tımar, kurumsal olarak, askeri hizmet karşılığı verilirdi. Toprağın mülkiyeti devlete aitti; tımar sahibi yalnızca tasarruf hakkına sahipti.[116]

Tımar sahibinin (sipahinin) ana görevi, savaş zamanında kendi katılımının yanında devlete belli sayıda adam, binek hayvanı ve bir miktar hayvan yemi temin etmekti. İşte bu hizmet karşılığında sipahiye bazı tarımsal ürünler üzerinden alınan vergilerin toplanması hakkı verilmiştir; bu vergiler, sipahi göreve atandığında merkezi yönetim tarafından belirlenirdi. Sipahi, aynı zamanda yönetim adına hem köylerin vergilerini toplar, hem de toprağın usulüne göre sürekli olarak işlenip işlenmediğini, tarımsal ürünün artmasında ortak çıkarı olan herkes adına gözetirdi.[117]

[113] Yusuf Pustu, "Osmanlı-Türk Devlet Geleneğinde Modernleştirici Unsur Olarak Bürokratik Elitler", **Gazi Üniversitesi İktisadi ve İdari Bilimler Fakültesi** Dergisi, 9/2, 2007, s.200.

[114] İbrahim E. Başaran, **Yönetim,** Gül Yayınevi, Ankara, 1989, s. 50.

[115] Fatma Acun, "Klasik Dönem Eyalet İdare Tarzı Olarak Tımar Sistemi ve Uygulaması", **Türkler Ansiklopedisi,** C.5, Yeni Türkiye Araştırma ve Yayın Merkezi, Ankara, 2002, s. 899.

[116] Şerif Mardin, **Türkiye'de Toplum ve Siyaset –Makaleler- 1,** Der.Mümtaz'erTürköne-Tuncay Önder, 12.bs., İletişim Yayınları, İstanbul, 2004, s.88-89.

[117] Kemal H. Karpat, **Osmanlı Modernleşmesi, Toplum, Kurumsal Değişim ve Nüfus,** Çev. Akile Zorlu Durukan-Kaan Durukan, İmge Kitapevi, İstanbul, 2002, s. 22.

Tımarlı sipahi, tarımı ve tarım kesimindeki üretimi denetlediği gibi, düzen ve asayişin de teminatı idi. Tımar sistemi sayesinde devlet, hazineden tek kuruş harcamadan çok sayıda memuruna maaş temin ettiği gibi güçlü bir taşra ordusunu da bu sayede oluşturmuştur.[118] Topraklar devlete ait olduğu için, alınıp satılmazdı. Zira kendisine tımar verilen sipahi de tımarın sahibi değildi. Bu sayede Osmanlı'da ne soy, ne de toprak aristokrasisine dayalı bir sınıfın oluşmasına imkân verilmiştir.[119]

2.8. Osmanlı Bürokrasisinde Yönetici Sınıflar

Osmanlı Devleti'nde toplum, toplum barışının ve düzeninin temeli olarak görülen ve sosyal hayatın sağlıklı işlemesi için gerekli olduğuna inanılan iki büyük sınıfa ayrılmıştı. Bunlardan biri, saltanat beratı ile padişahın kendilerine dini ya da idari yetki tanıdığı kimselerden oluşan yönetenler (askeri) sınıfı; diğeri ise, idareye hiçbir şekilde katılmayan muhtelif din ve soylara mensup zümrelerden oluşan yönetilenler (reaya) sınıfı idi. Reayanın, görevi hangi din veya soya mensup olurlarsa olsunlar, üretim yapmak ve vergi vermek suretiyle askeri sınıfı desteklemekti. Padişah başta olmak üzere askeri sınıfın görevi ise, İslam şeriatı ve örften oluşan Osmanlı hukukunu uygulayarak ülkede adaletin hüküm sürmesini ve halkın refahını sağlamaktı.[120]

Askeri sınıf yani yönetici sınıf saray halkı, seyfiye, ilmiye ve kalemiye den oluşmaktaydı ve bu grupların güç kaynakları birbirinden farklıydı.

Klasik sistemde Osmanlı askeri ve sivil bürokrasisinin kaynağını kul sistemi oluşturuyordu. Kul sistemi harp esirleri, para ile satın alınan çocuklar ve devşirme yöntemi ile sağlanan çocuklardan oluşmaktaydı. Bu çocuklar küçük yaştan itibaren alınıp eğitildikten sonra sivil ve askeri bürokraside görevlendiriliyordu.

Kul sisteminde bürokrasi kademeleri dışa kapalı bir görünüm sergilemekteydi. Bürokrat olabilmek, imparatorluğun birçok şehrinde okuma yazma oranının artmasına rağmen, uzun zaman küçük bir elit grubun tekelinde

118 Özdemir, **a.g.e.**,2001, s. 73.

119 Ziya Kazıcı, **Osmanlı'da Toplum Yapısı**, Bilge Yayınları, İstanbul, 2003, s. 84-85.

120 Halil İnalcık, "Osmanlı Toplum Yapısının Evrimi",Çev. M. Özden. F. Unan, **Türkiye Günlüğü,** Sayı 11. (Yaz 1990). s. 31.

kalmıştır. Okuma yazma koşulundan sonra devlete sadakatle hizmet ve Osmanlılığa uygunluk aranan bir başka niteliktir.[121]

2.8.1. Seyfiye Sınıfı

Seyf kelimesinin Türkçe karşılığı kılıçtır, Seyfiye Osmanlı Devletinde askeri teşkilatı ifade etmek için kullanılmıştır.

İlk devirlerde ilmiyye ile iç içe olan bu sınıf daha sonra bir nebze ondan ayrılmışsa da, günümüzdeki mesafeyi alması ancak XIX. Yüzyıl ortalarından itibaren olmuştur. Bu bakımdan Osmanlı İmparatorluğu'nun bir askeri devlet olduğunu söylemek yanlış olmaz. Çünkü hemen hemen devletin en önemli mevkileri bu sınıfın elinde olmuştur. Zaman zaman çıkardıkları huzursuzluk ve ayaklanmalarla devlete menfi veya müspet olarak onlar yön vermiş, Padişahlar hal' edip cülusları yaptıran yine onlar olmuştur. Onun için ilk ıslahat teşebbüsleri hep askeri alanda denenmiş ve ağırlık kazanmıştır. II. Mahmud devrinin yenilikleri, ancak devletin merkez askeri olan yeniçerilerin ilgasından sonra gerçekleşebilmiş, hatta Cumhuriyet'in mimarları bile bu sınıftan yetişmiştir.[122]

Seyfiye sınıfının asıl işi askerlik olmasına rağmen yürütme görevlerinde de bulunmaktaydı. Osmanlı ordusunun iki çeşit askeri vardı: Merkezde maaşlı kapıkulu askerleri, eyaletlerde ise tımarlı sipahiler.[123]

Eyalet askeri teşkilatını oluşturan tımarlı sipahilerin ise, Osmanlı toprak düzeninin oluşmasında önemi büyüktü. Toprağın işlenmesinden, çalışma düzeninin sağlanmasına ve vergilerin toplanmasından asayişin sağlanmasına kadar önemli görevler üstleniyordu. Sefer zamanı ordunun en büyük bölümünü tımarlı sipahiler oluşturmaktaydı. Tımarlı sipahilerin en önemli özelliği, bunların normal zamanlarda üretim faaliyetlerini sürdürmeleri; yeniçeriler gibi sürekli askerlik yapmamalarıydı. Tımarlı sipahiler seferden döndükten sonra tarla veya bahçelerdeki işlerinin başlarına geçmekteydi. Askeri ve mülki görevler beraber olduğu için eyaletin mülki amiri olan beylerbeyi aynı zamanda askeri komutandı. Sancakbeyi de sancağın mülki amiri ve komutanıydı.[124]

Kapıkulu askerlerinin temeli, ilk dönemde harp esirlerinin beşte birinin asker olarak yetiştirilmesi usulüne, daha sonra ise buradan hareketle geliştirilen devşirme sistemine dayanıyordu. İhtiyaca göre her üç veya beş yılda bir,

121 F. WalterWeiker," Osmanlı Bürokrasisi, Modernleşme ve Reform", Çev. Şenay Büyükdavras ve Erkan Oyal, **Amme İdaresi Dergisi**, C.6, S.1, 1973, s. 103.

122 Abdülkadir Özcan, **"Osmanlılarda Askeri Teşkilat"**, OA, İstanbul 1994, C. 4, s. 9.

123 Özdemir, **a.g.e.**, 2001, s. 106.

124 **A.e.**,s. 107.

icabında daha uzun zaman aralıklarıyla, kırk haneden bir kişi olmak üzere, 8-20 yaşındaki Hristiyan çocukları arasından sağlam ve kabiliyetli olanlar toplanıyordu.[125]

Bu çocukların aileleri ile bağları olmadığı için padişaha tam bağlı olarak görevlerini yapıyorlardı.

2.8.2. İlmiye Sınıfı

Osmanlı bürokrasisinde askeri ve dini özellikler ağır bastığından zamanla iki ayrı bürokratik örgütlenme oluşmuştur. "Devşirme kul bürokrasisi" askeri ve idari hizmetleri, ulemanın temsil ettiği "Din bürokrasisi" de hukuki, dini ve kültürel hizmetleri yürütmüştür.[126]

Bu zümre, esas itibariyle toplumun din, yargı ve eğitim öğretim sektörlerinden sorumluydu. İlmiye zümresi, hakimlik, noterlik ve mahalli yönetim işlerini yürüten kadılardan, tıp ve müneccimlik yani astronomi ve astroloji alanındaki uzmanlar ile her seviyedeki eğitim ve öğretim elemanlarından oluşuyordu. Ayrıca camilerde görev yapan imam, müezzin gibi din görevlileriyle dini tasavvufi bir bakış açısıyla yorumlayan ve değişik yorumları halkla birlikte yaşayan tarikat şeyhleri ve Hz. Muhammed'in soyundan geldiği kabul edilen seyyid ve şerifler de ilmiye zümresine dahildi.[127]

İlmiyye hizmetleri çok geniş bir alanı kapsamaktaydı. Eğitim, öğretim, yargı, dini, hukuki işler ve hatta kazaların mülki idaresinin kadılar tarafından icra edildiğini düşünürsek, gerçekten ilmiyye sınıfının geniş bir hizmet alanı olduğu görülmekteydi. Bunun sebebi ilmiyye sınıfının kamu bürokrasisinden ayrı olmayıp, kamusal alan içerisinde önemli idari işlevler görmesindendi.[128]

2.8.3. Kalemiye Sınıfı

Osmanlı Devleti'nin kuruluşundan itibaren yarım asır kadar bir süre resmi olarak örgütlenmiş kalem daireleri ve profesyonel kâtipler yoktur. Devletin kısa sürede genişlemesi ve yazılı kayıtlara gün geçtikçe ihtiyaç hissedilmesi, örgütlü kâtiplik görevlerinin oluşmasını gerekli kılmıştır. 16. Yüzyıla kadar birçok önemli görevi yerine getiren kalem personeli ortaya çıkmıştır.[129]

[125] İpşirli, **a.g.e.**, 1994, s. 452-453.

[126] Davut Dursun, **Osmanlı Devleti'nde Siyaset ve Din**, 2. bs., Bilimsel Araştırmalar Dizisi: 1, İstanbul, İşaret Yay., 1992, s. 145.

[127] İpşirli, **a.g.e.**, 1994, s. 458.

[128] **A.e.**, s. 144

[129] Carter V. Findley, **Osmanlı Devleti'nde Bürokratik Reform**, Çev: Latif Boyacı, İzzet Akyol, İstanbul, İz Yayınları, 1994, s. 45.

Kalemiyenin terfi edebileceği en yüksek makamlar, defter eminliği, reisülküttaplık ve Rumeli Defterdarlığı ile muhtelif derecelerdeki diğer defterdarlıklar ve nişancılıktı.[130]

Devşirmenin aksine genelde menşeleri Müslüman ailelere inen kalemiye mensupları, çalıştıkları bürolarda, usta-çırak ilişkisi içinde yetiştirilirdi. Mülazım denilen adaylar arasından seçilen şâkirdlere (çırak) değişik işler için kullanılan yazı çeşitleri, yazışma biçimleri ve kâtiplik mesleğinin diğer unsurları öğretilirdi. Çıraklar sabahları söz konusu kalemlerde mesleki eğitimlerini görür, öğleden sonra İslami bilgilerini ve genel kültürlerini artırmak için medreselerde veya büyük camilerde bazı hocaların derslerine devam ederlerdi. İster çıraklık, ister eğitimini tamamlamış kâtipler, bunların hepsi de kalem şefinin emrinde bulunurdu. Bunlar yetenek ve başarı durumlarına göre kalfalığa ve üstadlığa (ustalığa) yükseltilirlerdi. Bu sistem sayesinde kalemiyeden son derece kültürlü insanlar yetişmiş, bunlar arasından bir hayli şair, yazar ve düşünür çıkmıştır.[131]

Meşg usulü ile kalemdeki bilgileri öğrenen bu şagirdler, ilk memuriyete girdiklerinde maaş almazlar, 3-5 sene sonra ayda 1 kuruştan 8-10 kuruşa kadar maaş tahsis edilerek mülazım olurlardı. Zamanla kıdemiyle orantılı bir şekilde kalem gelirlerinden payları da artardı. Üst kademelere yükselebilmek için bu kadar uzun ve mali açıdan zorlu yılların geçmesi, çoğu kere şagirdlerin bunu göze alamamalarına ve memuriyetten ayrılmalarına neden olmaktaydı. Bu şekilde küçük yaşta kalemlerde görevlendirilen kâtip adayları, zamanla dairenin gördüğü işlerin bütün inceliklerini öğrenir, bilgi ve kıdemi arttıkça da bürokrasinin üst kademelerine doğru terfi ederlerdi. Bu sistem, maliye, Babıâli ve serasker kalemlerinde, yani bütün devlet dairelerinde aynen uygulanırdı.[132]

Osmanlı Devleti eski gücünü kaybettikten sonra, hem klasik sistemle bürolarda yetişen memurların zamanla doğan ihtiyaçlara cevap verememesinden hem de yeni reformların eğitilmiş bir kadroyla hayata geçirileceği öngörüldüğünden memur yetiştirmek için okullar kurulmuştur.

Ma'arif-i Adliye mektebinin kuruluşuna dair olan belgede, eski usulde yetişmekte olan kâtiplerin yalnız kalemdeki yazışma şekillerini öğrendikleri, Arapça ve Farsçaya dair bir şey bilmedikleri, dâhili ve harici işlerde istihdam olunacak kâtipler için gerekli olan riyazi ilimler ve coğrafya gibi ilimlerin belki

130 İpşirli, **a.g.e.**, 1994, s. 464.
131 **A.e.**, s. 463.
132 Akyıldız, **a.g.e.**, 1993, s. 53.

adlarını bile işitmedikleri ve bu yüzden ihtiyaç duyulduğunda gerekli olan yetişmiş elemanların bulunamadığı ifade edilerek bu duruma bir çare olmak üzere Babıali civarında bir mektebin inşasına karar verilir. Mektebe devlet dairelerinde çalışmakta olan memurların çocukları öncelikli olarak alınacaktı. Buradan mezun olan aday eğer Babıali'deki herhangi bir kaleme girmek isterse, ilgili kalemin şefi ve hariciye nazırının huzurunda imtihan edilecekti. Mekteb-i Ulum-ı Edebiye de yine aynı şekilde kalemlere memur yetiştirmek amacıyla kurulmuştur. Mektebin mezuniyet imtihanını veren bir kâtip adayının, memuriyete gitmek için ayrıca bir imtihana girmesine gerek yoktu. Aday kendi girmek istediği kalemi bir dilekçe ile bildiriyor ve genelde istekleri doğrultusunda arzuladıkları kaleme giriyorlardı.[133]

2.9. Dairelerde Evrak Düzeni

2.9.1. Klasik Dönem

Osmanlı Devleti'nin ilk devirleri hakkında elimizde diğer dönemlere oranla yok denecek kadar az vesika bulunmaktadır. Kuruluş döneminin savaşlarla geçen karışık yapısının bu durum üzerinde etkili olduğu ihtimali gözden ırak tutulmamalıdır. Bursa'nın ve Edirne'nin başkent olduğu yıllara ait vesikanın az olmasının sebebi, herhalde Timur istilâsı ve Fetret devri saltanat kavgaları sebebiyle kayıtların imha edilmiş olması ihtimalinden dolayıdır. Nitekim İstanbul'un fethinden sonra Osmanlı arşivlerinde yoğunlaşma başlamaktadır. Daha çok Kanunî döneminden itibaren ise kesif ve düzenli arşivlik malzeme bulunmaktadır. Zira bu devirde devlet istikrara kavuşmuş, müesseseleri hemen hemen gelişimini tamamlamış ve saltanat kavgaları da sona ermişti.[134]

Osmanlı Devleti'nde resmi yazışmalar defter ve evrak olmak üzere iki usul de yürütülmüştür.

Tanzimat öncesi dönemde evrak işlemleri bir belge üzerinden ilgili olduğu kalemlerden çıkarılan derkenarlar ile süratli ve sade olarak ilerlemiştir. Batı tesiri ile lef uygulaması yani bir evraka, ilgili olduğu kalemden derkenar yerine yeni bir evrak eklenerek, dolayısıyla çoğalarak ağır işleyen sisteme geçilmiştir.

Divan-ı Hümayun, merkeziyetçi yönetimin en çok belge üreten üst düzey bir kurumudur. Divan üyelerinin görüşüne çıkarılan kâğıtlar ayrı bir kâğıda

133 **A.e.**, s. 54-58.
134 Akyıldız, **a.g.e.**,2009, s. 142.

ihtiyaç duyulmadan dilekçenin sağ üst köşesinde yer alan "derkenar" sütununa düzenli bir şekilde yazılır. "Derkenar" kısmı Sadaret Kethüdasının emriyle hazırlanmaktadır. Konuyla ilgisi olan üç ana daireden yani Divan, Maliye ve Defterhane Kalemleri'nden "hakkında emr-i şerif verildiği var mıdır?", "Mukademaemr-i şerif verildiği var mıdır?" sorularıyla, Maliye'den ise "Maliye'den dahi derkenar", "Maliye'den verilen ferman derkenar" ifadesiyle, arazi tasarrufu ve uyuşmazlığı, tımar ve zeamet sahiplerinin tevcihinde defterhane Kalemleri'nden "Defterhanesi görüle" ibaresiyle bilgi istenmektedir.[135]

İstenilen bilgilerin ışığında verilen karar, müsvedde safhasında "kayıdşod" yani "kayıd edilsin" notu düşürülerek kalemin defterlerine kaydedilmemişse hüküm ifade etmemektedir. Bunun için temize çekilerek tuğralanan ferman ve beratların, ilgili makama gönderilmeden önce defterlere kaydedilmek zorunluluğu vardır. Kararlar, kalem amirinin veya kalem adının başlık olarak yazıldığı cilt formalarına kronolojik sıra içinde kaydolunur.[136]

Devlet dairelerinde işlem bir evrak üzerinden yürütülüp sonuçlandırılmıştır. Evrak konusuna göre ilgili kaleme gitmiş, bu kalemde gerekli görüş eklenerek işlem aynı evrak üzerinden sonuca bağlanmıştır. Bu sistemle işlemler yürütüldüğü için evrakın ekleri fazla olmamıştır.

Devlet muamelatının çoğalması neticesinde yıllar ilerledikçe biriken defterler için Divan-ı Hümayun Dairesinde serdefterci unvanıyla bir memur görevlendirilmiştir. Seferler dolayısıyla orduya gitmesi gereken defterlerin muhafazası ve nakil işlerinde kâtiplerin yanında serdefterci de görevli gitmekteydiler.[137]

Defterlere kaydolunan belgelerin müsvedde ve suretlerinin muhafaza sistemi ve istenildiğinde nasıl ulaşılabildiği hakkındaki bilgiler, yine defter kayıtları üzerindeki notlardan ve belge metinlerinden anlamak mümkün olmaktadır. "mektumolmağla sonradan kayd olunup battalı ile aynı torbasında hıfz olunmuştur", "iş bu emr-i alinin battalı .... takımıyla Mühimme torbasına vaz'olunmuştur" şeklinde kayıtlar üstüne düşülen notlar, bugünün dosya/klasörü yerine klasik dönemde torbaların kullanıldığına işaret etmektedir. Osmanlı arşiv

[135] Devlet Arşivleri Genel Müdürlüğü Osmanlı Arşivi Daire Başkanlığı Personeli Hizmetiçi Ders Notları, DAGM, İstanbul, 1993., s. 308.
[136] **A.e.**, s. 308.
[137] **A.e.**,s .308.

depolarında üzerine tarih yazılı torbalara, yıl tarih yazılı sandıklara halen rastlanmaktadır.[138]

2.9.2.Tanzimat Dönemi

Osmanlı Devleti'nde toprak kayıpları, klasik devlet kurumlarının fonksiyonlarını artık eskisi gibi yerine getirememesi, mali, idari, askeri alanda zaman zaman yapılan düzenlemelere rağmen problemlerin çözülememesi, tümden bir düzenlemeyi kaçınılmaz kılmış ve bu ortamda Tanzimat dönemi başlamıştır. Tanzimat kanun koyma devridir. İdare bütün işlemleri yazılı ve kanunlara göre yapmaya yönetilenlerse idareden uzak tutulmamış, aksine yönetime katılmaya başlamışlardır. Padişah idareci değil, temsili görev üstlenmeye başlamıştır.

Devlet sorunlarını çözmek için, yenilikleri yürütecek uzmanlaşmış, eğitimli, dil bilen memurlara ihtiyaç duymaktaydı. İhtiyaçların önceliğine göre okullar açılmış, Avrupa'ya eğitim almak için öğrenciler gönderilmiştir.

Telgraf ve demiryolu merkeziyetçi idarenin gerçekleşmesinde önemli rol oynamıştır.

Yönetimin kullandığı dil sadeleşiyordu. Kullanılan elkab (titülatür) meselenin özeti (narratio) herhangi bir vesikada önceki dönemlerle kıyaslanmayacak kadar kısa ve açıktı. Ofislerden eski dönemin siyakat ve divani gibi hat türleri el çekiyordu. Tamamen değilse de kaligrafideki basitleşme, alınan memurun çokluğu ve memur kadrolarının hat çeşidiyle eskisi kadar meşgul olmamalarıyla izah edilebilir. Aynı şekilde daha basit, standart bir imlanın yerleşmesi, Tanzimat asrı devlet adamları ve aydınlarının meşgul olduğu hususlardandı. Münif Paşa'dan, Şemseddin Sami'ye ve Azerbeycanlı Mirza FethaliAhundzade'ye kadar alfabe ve imla meselesi tartışılmıştır. Yönetim dili, yazışmaların üslup ve sadeliği II. Mahmud'un düsturu mesabesindedir. Ekonomi, tarih, hukuk gibi allar Tanzimat bürokratlarının üzerine eğildiği, tercüme ve telif eserler verdikleri dallardır. Takvîm-i Vekayi ve diğer gazeteler bu dallarda halka eğitim veren kurumlardı. Bu keyfiyet sadece Türkçe konuşan unsur için değil, diğer Osmanlı milletleri için de geçerlidir. Basın organı Bulgarlar, Rumlar ve Ermeniler ve nihayet Araplar için sadece haber değil; dil, tarih, coğrafya öğretilen bir açık okuldu. Bütün bu aydın faaliyet Tanzimat döneminde dünya görüşü ne olursa olsun bir aydın grubunun,

[138] **A.e.,**s. 309.

yani çevresi ile hesaplaşan bir zümrenin ortaya çıktığını gösterir. Reformlar; reformları yürütenleri aydın bir tabakanın öncüleri haline getirdi. Bu aydın tabakanın içinden de Türkiye tarihinde aydın muhalefet çıktı ve teşkilatlandı. Avrupa dillerinden tercümeler başlamıştır. Aynı zamanda da Avrupa dillerinden sözlükler ve gramer kitapları, hatta gene II. Abdülhamid devrinde Harbiye Mektebi'ne konan Rusça'nın ilk gramer ve lugatları telif edilmiştir. Lugatçılık ve ansiklopedicilik bu asrın münevverleriyle Türk kültürüne geniş ölçüde, her düzeydeki öğrenci ve münevvere hitap edecek şekilde girmeye başlar. Aynı zamanda çağdaş Avrupa'nın sosyal bilimler ve siyasi düşünce alanındaki terimlerini de başarıyla çevirirler; "vatan (patria karşılığı)", "belediye", "kanûn-ı esâsî", "hürriyet" "inkisâm-ı servet" vb. kavramlar küçük bir örnektir. [139]

Divan- Hümayun eski önemini kaybetmiş ve yerini meclisler almıştır. Nezaretler ortaya çıkmış ihtisaslaşma başlamıştır. Osmanlı bürokrasisinin merkezi kurumlarından Kâhya ve Reis Efendi'nin daireleri ayrılmış ve Dâhiliye ve Hariciye olmak üzere ayrı nazırlıklar haline gelmiştir. Bürokrasinin başı olan Reisülküttabın ve kalemiye sınıfının yükselmesi bu dönemde gerçekleşmiştir. Defterdarlık dairesi de Maliye Nezaretine dönüşmüştür. Şeyhülislam bakanlar kuruluna katılmış, merkeze karşı bağımsızlığı ortadan kaldırılmaya çalışılmış böylece yapılacak yeniliklere karşı koyma gücü zayıflatılmıştır.

II. Mahmud ve Tanzimat dönemlerinden itibaren gelişen dünya şartlarının da bir sonucu olarak bürokrasinin büyümesi ve gelişmesi üzerine, müesseseler arasında deveran eden evrak sayısı da çoğaldı. Artışa paralel olarak bürokraside başvurulacak evrakın düzenli bir şekilde saklanması ve arandığında kolaylıkla bulunması sorunu gündeme gelmeye başladı. Çünkü işlerin kısa zamanda ve süratli olarak tesviye edilebilmesi için bu husus son derece önemliydi. İşte bu gelişmeler modern bir arşiv için gerekli olan teorik altyapıyı oluşturmuş ve belgelerin yeni bir sistemle muhafaza ve tasnif edilmeleri fikrini gündeme getirmişti. [140]

Tanzimatla birlikte bürokrasinin büyümesi devlet daireleri arasındaki evrak trafiğinin artmasına neden olmuştur. Klasik dönemde işlem aynı evrak üzerinden sonuçlanırken, bu dönemde lef sisteminin sonucu olarak evrakın sayısı da artmıştır. Bu artış sonucu işlemlerin daha sağlıklı yürütülebilmesi,

139 İpşirli,**a.g.e.**, 1994, s. 287-289.
140 Akyıldız,**a.g.e.**, 2009, s. 142.

ihtiyaç duyulan evraka süratli bir şekilde ulaşılabilmesi için, belgelerin düzenlenmesi yani tasnifi gündeme gelmiştir.

Modern arşivciliğe geçişte ilk adımlar 1845 tarihinde Maliye Nazırı olan Safveti Paşa tarafından atılmıştır. Bu teşebbüsle 1837 yılında Maliye Nezareti'ne dönüştürülmüş olan Bâb-ı Defteri döneminden kalan ve Topkapı Sarayı'ndaki Enderun Hazinesinde saklanan milyonlarca belgenin günümüz tasnif anlayışına uygun olarak, kalemlerine göre ayrılıp depolara konulduğunu görüyoruz. Safveti Paşa Sadrazam Mehmed Emin Rauf Paşa'ya sunduğu tezkirede, Maliye Hazinesi'nden kâtipler görevlendirilerek Enderûn'daki defterleri tek tek incelettiğini ve her bir defteri ait olduğu kalemlere göre ayırttığını bildirmiştir. Saklanmasına lüzum görülmeyen mülgâ yeniçeri ocağına ait bir takım evrak ve eski defterler ile evrakının da saray fırınlarında imha edilmesi isteği de münasip görülerek uygulamaya konulmuştur. Defterhane ve Bâb-ı Âlî civarında bulunan mahzenlerde saklanan devletin önemli işlerine ait belgelerin, buraların rutubetli olması sebebiyle çürümekte olması ve karışıklık dolayısıyla aranıldığında istenen belgenin bulunmasının imkânsız hale gelmesi sebepleriyle 9.11.1846 tarihli bir irade ile bir arşiv binasının yapılmasına karar verilmiştir.[141]

İnşaatın yapımına paralel olarak Defterhane ve Bâb-ı Âlî civarında bulunan mahzenlerdeki evraktan, saklanmasına lüzum görülenlerin ayrılarak hazırlanması için çalışmalar başlatılmıştır. Bâb-ı Âlî kalem amirlerinden müteşekkil bir Meclis-i Muvakkat kurularak 1849 tarihinde bir nizamname yayınlanmıştır. Heyetin hazırladığı nizamname ile devletin kuruluşundan beri biriken belgelerin, üç ana kısımda ele alınarak tasnif edilmesine karar verilmiştir. Birinci ve ikinci kısımda, geçmiş asırlardan 1849 yılına kadar biriken hatt-ı hümayun ve iradeler toplanıp konularına göre tasnif edilmiştir. Üçüncü kısım ise (1265 28.11.1848) yılı başından itibaren Bâb-ı Âlî kalemlerinde, günlük muhaberat neticesinde birikecek evraktan Hazine-i Evrak'a konulmasına karar verilenler teşkil edecektir. Günlük işlere ait olup da iradeleri olan ve bir daha bürokratik açıdan kullanılmayan evrak da Hazine-i Evrak haricindeki başka depolarda korunacaktır. Nizamnamenin yayınlandığı

[141] Belgelerle Arşivcilik Tarihimiz: Osmanlı Dönemi I, Yay. haz.: Uğurhan Demirbaş v.d., Ankara, 2000, s. 11.

tarihten sonra gelecekte Hazine-i Evrak'a teslim edilecek evrakın ilk tasnifinin de ilgili dairelerin kendileri tarafından yapılması kararlaştırılmıştır.[142]

Bürokrasinin gelişmesi, yeni dairelerin kurulması ve daireleri arasında yazışma sayısının artması, klasik sistemle yazılan belgenin şekli, yazıların bölümlerinde kullanılan ayrıntılar, yeni sistemde evrakın kime geldiği, konusu, kimden geldiğinin ilk bakışta tespit edilememesi işlerin yavaşlamasına neden olmuş bu durum bir takım bürokratik değişiklikleri beraberinde getirmiştir.

Meclis-i Vâlâ, bu tür düzensizliklere bir çare olmak üzere konuyu ele alarak yazışmalarda uyulacak kuralları belirledi. Şöyle ki, yazılan evrakın konusu ve kolayca bulunabilmesi için vesikanın tarihi, gönderen şahıs veya müessese, gönderilecek belgenin başında zikredildikten sonra esas konuya girilmesi, özellikle meclis mazbatalarında inhâ (genel bilgi) ile karar kısmı aralarında bir miktar açıklık bırakılması ve birkaç konuyu ihtiva ediyorsa madde madde yazılması, yazışmalara gereksiz tafsilatın derç edilmemesi, kafiyeli ve münşiyâne yazı yazılmaması için özel bir gayretin sarfedilmeyerek mümkün mertebe günlük açık ifadeler ile Türkçe kelimelerin kullanılması ve yazılarda satır aralarının kolay okunabilecek şekilde açık olması gibi kuralların kalemlerdeki memurlara tembih edilmesine karar verildi. Divani ve nesih yazı yerini daha sade olan rik'aya bırakmıştır. Daire antetleri için damgalı kâğıtlar kullanılmaya başlanmıştır.[143]

Elkabın sadeleşmesi için, kişilere bulundukları rütbe ve makamlarla mütenasib olarak büyükten küçüğe ve küçükten büyüğe yazılacak elkabı gösterir bir liste tanzim edilerek bastırıldı.[144]

Birinci Meşrutiyetle Babıali'ye geçen siyasi ve idari otorite II. Abdülhamit'le birlikte tekrar saraya geçmiştir.

19. yüzyılın sonunda İttihat ve Terakki ile birlikte ordu, siyaset sahnesine etkili bir unsur olarak katıldı. 20. Yüzyılın başında hakim otorite, ne Babıali bürokratlarının ne de hükümdarındı; siyasi bir cemiyet olan İttihat ve Terakkinin elindeydi. Bürokrasi, İttihat ve Terakkinin ortaya çıkması ve güçlenmesiyle birlikte siyasallaştığı, teknik-uzmanlık niteliği yerine, siyasi yakınlık faktörünün öne çıktığı bir görünüm sergilemiştir. Kurtuluş Savaşının yönetici kadroları,

142 **A.e.**, s. 12-13.

143 Devlet Arşivleri Genel Müdürlüğü Osmanlı Arşivi Daire Başkanlığı Personeli Hizmetiçi Ders Notları, DAGM, İstanbul, 1993., s. 310.

144 Akyıldız, **a.g.e.**,1993, s. 60.

büyük ölçüde İttihat ve Terakki içinde yetişmiş veya en azından o gelenekten etkilenmiş kişilerdi. İttihat ve Terakki döneminde merkeziyetçi, seçkinci ve otoriter eğilimler, devletin resmi politikası haline geldi ve kamu bürokrasisi de, bu bakış açısına göre biçimlendirildi.[145]

Tanzimat döneminde egemen görüş, devletin kurtuluşu ve sorunların çözümü toplum sorunlarının tepeden, bürokrasi vasıtasıyla, yasalarla çözüleceği idi. Merkezi bürokrasi yasalarla güçlendirilmiş, bu yaklaşım Cumhuriyet bürokrasinin yapı ve işlevlerini de etkilemiştir.

Mali alanda merkezi reformlar yapılmıştır. Memurlara maaş aynîlkdennakdiliğe geçmiş, padişah otoritesi karşısında can, mal ve ırz güvenliği sağlanmıştır. Bürokratlar reformlarla birlikte güçlenmeye başlamışlardır.

Tanzimat'la beraber bürokratik elit kendisine yeni bir görev biçti, "toplumu ve devleti modernleştirmek" bu yolla devletin içinde bulunduğu çöküşü önlemek, bu amaçla her türlü aracı kullanmaktan kaçınmadı. Son dönem Osmanlı devlet adamlarının temel meşguliyeti, devleti kurtarmaktı. Bu ana amaç farklı yollardan ve vurgularla bir dizi çözüm önerisinde değişmiş olarak, çeşitli devlet adamları tarafından dile getirildi.[146] Bu dönem bürokratları klasik dönemdeki gibi kendilerini padişaha değil topluma adamışlardır.

Tanzimat döneminde yapılan reformları talep eden toplumun kendisi değildi. Reformları yapan modernleştirici bürokratik elitlere göre, bir sorun vardı ve bu sorunun giderilmesi gerekiyordu. Ancak bu sorun halkın anlayabileceği, akıl erdirebileceği çözebileceği bir sorun değildi. Haliyle bu dönemde halk sorunların tespit edilmesinde, çözüme kavuşturulmasında, halk "kulluk" vazifesini gereği olarak her zaman ilgisiz kaldı. Çünkü bunlar "kendilerinin anlayacağı ve çözeceği işler" değildi, büyükleri gereken neyse onu yapacaklardı, bu işlerle ilgili söz söylemek onların haddine değildi.[147]

Bu dönemde "halka rağmen halk için" anlayışı bürokratlar tarafından benimsenmiştir. Halktan kopuk ve halkın dışında olan bürokratik elitler, kul sisteminin bozulması ile bir oligarşi oluşturmuştur. Özellikle Abdülmecit ve İttihat Terakki devirleri bürokrasinin altın yıllarıdır. Bu devirlerde kurumsallaşan bürokrasi Cumhuriyet'e önemli bir miras olarak kalmıştır.

[145] Eryılmaz,**a.g.e.**, 2010, s.135-136.
[146] Selim Deringil, **İktidarın Sembolleri ve İdeoloji**, İstanbul, 2002, s.31.
[147] Şenol Durgun, **Türkiye'de Bürokrasi ve Siyaset Türkiye'de Kamu Yönetimi**, Ed. Burhan Aykaç, Şenol Durgun, Hüseyin Yayman, Ankara, 2003, s. 40-41.

Osmanlıların son devrindeki bürokratik kadro aynı zamanda Cumhuriyet'i de kuran kadrodur. Meşrutiyet döneminde birleşen sivil ve askeri bürokrasi, Cumhuriyet'in bürokratik elitinin önemli bir bölümünü oluşturmaktaydı.[148] Osmanlı yönetim kültürünün en önemli mirası, halka güvensizlik ve halktan gelebilecek tehlikelere karşı rejimi koruyacak katı merkeziyetçi kamu yönetimidir.[149] Bürokrasi önemli politikaları belirleme ve uygulamada rol üstlenmiş ve hızla büyümüştür. Günümüzde bürokrasinin en büyük sorunu gizlilik ve dışa kapalılıktır.

2.10. Farklı Dönemlere Ait Belgelerin Diplomatik Özelliklerinin Karşılaştırılması

Tanzimat döneminde merkez ve taşra teşkilatında yeni büroların ve birimlerin kurulması ile birlikte, bürolarda çalışan personelin sayısında artış olmuş, bürolar arasında ki yazışma trafiği artmıştır. Üretilen evrak sayısının artması, kadroların büyümesi, kalemlerde çalışan memurların klasik sitemde olduğu gibi bürolarda yetişmesi yerine, yeni açılan okullarda eğitim alıp gelmeleri, yazışmalarda standartlaşma ve sadeliğe gidilmesine neden olmuştur.

Klasik sistemde evrakın gerektirdiği işlem aynı belge üzerinden ilgili olduğu kalemden çıkarılan derkenar ile karara bağlandığından, işlem daha kısa sürede sonuçlandırılıyordu. Lef yani ekli sisteme geçilmesiyle hem evrak sayısı artmış hem de evrakın gerektirdiği işlemin sonuçlandırılma süresi uzamıştır.

Merkeziyetçi sistem taşra teşkilatına giden yazıların hızlı bir şekilde okunup sonuçlandırılmasını, taşradan gelen evraklarında merkezden aynı şekilde kontrol edilmesini gerektiriyordu. Bütün bu nedenlerden dolayı belgelerin içeriği, şekli ve dili değişikliğe uğramıştır.

Aşağıda örnek belgeler sunulmuştur. Bu belgelerle ilgili biçimsel olarak bazı tespitler yapılarak bu değişim tespit edilmeye çalışılacak ve gümüz resmi evraklarıyla karşılaştırılmaya çalışılacaktır.

Ek 1 de sunulan belgenin en üst kısmında "hüve" işareti bulunmaktadır. Klasik dönem belgelerinde olduğu gibi Allah'ın adı bu işaretle zikredilmiştir.

Başlık yazıyı gönderen kurum ve kuruluşun adının belirtildiği bölümdür, yazının üst kısmına ortalanarak yazılır. Belge de ise yazının sağ üst köşesine

[148] Metin Heper, **Modernleşme ve Bürokrasi; Karşılaştırmalı Kamu Yönetimine Giriş**, Ankara, 1973, s.58.

[149] Şükrü Karatepe, "Türkiye'nin Yönetim Sorunları", **Yeni Türkiye**, Sayı 4, 1995, s.164.

ortalanarak yazılmıştır. Evrakın hangi birimden çıktığı ilk bakışta anlaşılmaktadır. "Bâb-ı Âlî Dâhiliye Nezareti İdare-i Umûmiyye-i DahiliyyeMüdiriyeti"nden çıkmıştır.

Evrak kayıt numarası sayı kısmından sonra belgenin aldığı kayıt numarasıdır. Umumi ve hususi olarak iki ayrı kayıt numarası verilmiştir.

Tarih yazı imzalandıktan sonra verilmektedir. Yazı metninin en sonunda tarih, rakam ve yazı ile ifade edilmiş, hem hicri hem de miladi takvim birlikte kullanılmıştır. "Fi 7 Ramazan sene [1]339 Fi 16 Mayıs sene [1]337"

Gönderilen makam yazının gönderildiği kurum, kuruluş veya kişidir. Belgenin üst kısmına, ortalanarak, yazıyı gönderen kurumla aynı hizada yazılmıştır. "Hariciye Nezaret-i Celilesine"

İlgi, hazırlanan yazının önceki bir yazıya ek ya da karşılık olduğunu veya bazı belgelere başvurulması gerektiğini belirten bölümdür. Metin kısmının başlangıcında ilgi belirtilmiştir. "Umur-ı SiyasiyyeMüdiriyet-i Umumiyyesi'nden 24 Nisan sene [1]337 tarihli ve 27779/140 numaralu tezkire-i aliyyeleri cevabıdır."

Metin kısmı ise ilgiden sonra tarih kısmına kadar olan kısımdır.

İmza, yazıyı imzalayacak olan makam sahibinin adı, soyadı ve unvanından oluşur. Yazının metin kısmının sol alt tarafında unvan ve imza kullanılmıştır. "Dâhiliye Nazır Vekili namına Müsteşar bende"

Evraka ilk bakıldığında günümüz resmi evrak yazışmalarında bulunan kuralların o dönemde de kullanılmaya başlandığı görülmektedir. Yine evraka ilk bakıldığı zaman yazının tamamı okunmadan, belge ile ilgili genel bir bilginin edinebileceği görülmektedir. Bu tür yazışmalarda bazen sol üst köşeye "hulasa" yani yazının içeriği ile ilgili kısa bir özet de bulunduğu görülmektedir.

Ek 2 de sunulan belge İstanbul Tramvayına ait iki adet dinamonun muayenesi, Ek 3 de sunulan belge ise Şişli-Tünel, Ortaköy-Karaköy hatlarının geçici kabullerine aittir.

Bu belgelerde Nafia Nezareti'nden ilgili kuramlara yazılan yazılar tablo şeklinde, matbu olarak basıldığı, ihtiyaç duyulan hücrelerin doldurulduğu görülmektedir. Evrakın çıktığı birim en üstte matbu olarak yazmaktadır. Bu tür belgeler için format belirlendiği görülmektedir. Bu kısmın alt hücresinde evrakın gönderildiği birim yazılmıştır. Bir alt hücre ise yazının konusu için ayrılmıştır.

Aynı hücrenin sağ tarafında evrakın bir daireden başka bir daireye gitmesi halinde doldurulacak bölümler bulunmaktadır. "Evrak-ı varidenin dosya numarası, lefi (eki), tarihi, nevi ve mahall-i vürudu (gideceği yer)"na ait hücreler bulunmaktadır. Evrakın sol tarafında ise çıktığı birime ait bilgi hücreleri bulunmaktadır. "Tarihi tesvid (müsvedde edilme tarihi), tarihi tebyiz (müsveddeyi temize çekme tarihi), umumi ve hususi numarası ve müsevvid (paraf atan, hazırlayan kişi)" bilgileri matbu olarak basılmış, gerekli görülenler doldurulmuştur.

Elkab bulunmamaktadır ve yazının sonunda imzalara yer verilmiştir.

Belgelerin sağ tarafında derkenar için bir boşluk bırakıldığı görülmektedir. Bu bölümün üst kısmında bulunan hücrelerde de evrak-ı varideye yani başka bir daireye gitmesi halinde doldurulacak bilgiler bulunmaktadır. Klasik sistemde olduğu gibi başka bir daireye giderse, meselenin aynı belgede çözümü için yer ayrıldığı düşünülmektedir. Belgeler değişirken eski ve yeni kurallar birlikte devam etmiştir.

Ayrıca metin kısmında yazıların bir kısmının üzeri çizilmiştir. Günümüzde bir harf hatasından dolayı bile evrak yeniden hazırlanırken, o dönem de yapılan hataların ya da vazgeçilen ifadelerin üzeri çizilerek yazının metin kısımlarının devam ettiği görülmektedir. Evrakta estetik kaygı güdülmediği, meselenin hataya ya da vazgeçilen ifadelere rağmen aynı yazıda sonuçlandırıldığı görülmektedir.

Evrakın eklerinde ise Nafia Nezaretine hitaben yazılmış kurumun muayene raporları görülmektedir. Muayene raporları hem Osmanlı Türkçesi hem de Fransızca olmak üzere iki dilde hazırlanmıştır.

Yine bu belgelerden anlaşıldığı üzere standartlar oluşturulmuş, işlem hızı için belgenin nereye ait olduğu veya nerde işlem gördüğüne dair bilgiler için evrakta yer ayrılmıştır. Daireler formatlarını bazı belgelerde genel olarak belirlemiş ve boş olarak bastırıp kullanıma sundukları anlaşılmaktadır.

Osmanlı memurlarının Cumhuriyet'e bıraktıkları miras önemlidir. Cumhuriyet'in ilanı ile birlikte Ankara bürokrasisi mevcut bürokrasiyi devam ettirmiş, değişim zamanla olmuştur. Bu durumu örneklemek için 1928 yılından 1950 yılına kadarki olan süreçte kararnamelerin belli yönleri değerlendirilerek tespitlerde bulunulacaktır. Aynı yıllara ait olan kararnamelerde ifadeler standart olduğu için değişim belli aralıklarla tespit edilen birkaç kararname ile gösterilecektir. Latin alfabesinin kabulü 1928 yılı olduğu için bu dönemdeki kararnameler değerlendirme için başlangıç seçilmiştir. 1950 yılına gelindiği zaman dil sadeleşmiş, Osmanlı devlet teşkilatında kullanılan terimler terk edildiği için bu tarihten sonraki kararnameler değerlendirmeye alınmamıştır.

Ek 4 de sunulan 1928 yılına ait kararname,Çankırı'nın Caciklar, İshakca, Göneykışla ve Kazaykışla köylerinin Ankara'nın Kalecik ilçesine bağlanması hakkındadır. Kararname hem Osmanlı Türkçesi hem de Latin Alfabesi ile hazırlanmıştır. Harf inkılabına rağmen ara bir dönem yaşandığı ve her iki alfabenin birlikte kullanıldığı görülmektedir. Osmanlı Dönemi resmi evraklarında kalıplar dikkat çekmektedir. Tanzimat Dönemi ile dilde sadeleşme yaşanmasına rağmen yazıda belli kalıplar kullanılmaya devam edilmiştir. 1928 yılına ait bu kararnamenin dili anlaşılır olmasına rağmen Osmanlı Döneminin de kullanılan kalıplarının devam ettiği görülmektedir. Bakanlıkların ismi aynen kullanılmıştır.

Bu dönemde kararnameler 4 (dört) sayfadan oluşmaktadır. İlk sayfa ilgili Bakanlıktan Başvekâlete, isteğini anlatan bir yazı, ikinci sayfa ise, Başvekâletten Reisicumhura hitaben onaylanmasını istediği bir cümle ve altında Reisicumhurun Başvekile, onayladığına dair cümlesinin bulunduğu kısımlardan oluşmaktadır. Üçüncü sayfa karar kısmıdır. Karar kısmında hem Reisicumhurun hem Başvekilin hem de ilgili vekilin imzası bulunmaktadır. Dördüncü sayfa yani kapak sayfası ise Başvekilden Reisicumhur'a yine onaylamasını gösteren cümle ve altında Başvekilden ilgili Bakanlığa hitaben yazışmış cümlenin bulunduğu kısımlardan oluşmaktadır.

Dahiliye Vekilinin Başvekalete hitaben yazdığı yazının bitiş cümlesi "..... kararname leffen taktim kılındı muktezasının ifasına müsaade buyrulması arz ve istirham olunur efendim", şeklinde bitmektedir. Evrakın çıktığı birim Osmanlı Türkçes iile düzenlenmiş, amblem şeklinde matbu olarak basılmıştır, ancak metin Latin alfabesiyle yazılmıştır.

Bu yazı üzerine Başvekilin Reisicumhura yazdığı yazının hitap kısmı "Reisicumhur Hazretlerinin yüksek huzurlarına", şeklindedir. Yine metin kısmının bitiş cümlesi "arzolunur efendim" şeklinde bitmektedir. Aynı evrakın alt kısmında Reisicumhur'un Başvekâlete yazdığı karar ifadesini belirten cümlesi bulunmaktadır. İmzanın üstündeki cümle "merbut kararname imza ve iade kılındı efendim" şeklinde bitmektedir. "efendim" ifadesinin bu dönemde alt ve üst makamlarda da hitaben kullanıldığı görülmektedir.

Başvekâletin daire amblemi matbu olarak bu kez evrakın sol üst köşesinde Latin Alfabesi ile basılmıştır. Osmanlı Devleti zamanında dairelerin resmi yazı için boş olarak bastırdığı kâğıtların da kullanıldığı ve bu formatın Cumhuriyetin ik yıllarında da kullanıldığı görülmektedir.

Karar yazısının bulunduğu evrak da Dâhiliye Vekâletinin amblemi Osmanlı Türkçesi ile ve matbu olarak yazının sağ üst köşesinde gözükmektedir. Karar kısmı "işbu kararnamenin ahkâmını icraya Dâhiliye vekili memurdur" şeklinde bitmektedir.

Kapak sayfası ise Osmanlı Türkçesiile matbu olarak basılmış boşluklar Latin alfabesi ile yazılmıştır. Matbu olarak basılan kısımda Osmanlı Türkçesi ile yazılan yazılar doğal olarak sağdan sola, Latin Alfabesi ile yazılanlar ise sağdan sola yazılmıştır. Başvekâletin amblemi yine Osmanlı Türkçes iile ve matbu olarak, kayıt numarası ile birlikte evrakın sağ üst köşesinde bulunmaktadır. Üst kısımda eski evraklarda olduğu gibi "hülasa (özet)" kısmı bulunmaktadır. Her iki kısmın bitiş cümlesi sırasıyla "arz olunur efendim", "takdim olunur efendim" şeklinde bitmektedir. Makamlar alt-üst olmasına karşın "efendim" cümlesi kullanılmıştır.

Hitap kısmı yine "hazretlerine" şeklinde bitmektedir. Evrakın sağ bölümünde muayene raporlarında olduğu gibi belge ile ilgili bilgilerin kaydedileceği hücreler bulunmaktadır.

Belge Osmanlı bürokrasisinin izlerini hala içinde yoğun olarak barındırmaktadır. En dikkat çekici durum makamın yüceleştirilmesi "hazret" kelimesi kullanılarak devam edilmiştir. Osmanlı Döneminden kalan matbu evraklarda atılmamış, kullanılmaya devam edilmiştir.

Ek 5 de sunulan kararname 1930 yılına ait Hekim Hüseyin Hüsnü'nün sağlık sebebiyle emekliye sevki hakkındadır. Bu kararnamede de aynı kalıp devam etmiş ancak dairelerin kendi evraklarını matbu olarak hazırladıkları görülmektedir. Kapak sayfasında evraka ait bilgiler belgenin sağ köşesinden sol kısmına kaymıştır.

Ek 6 da sunulan 1935 yılına ait kararname PTT Fen Müşavere Heyeti Başkanlığı'na Hasan Kazım ve mühendisliğe Ali Kemal'in tayinleri hakkındadır. Bu dönem kararnamelerinde dilin biraz daha sadeleştiği ve günümüz Türkçesine yaklaştığı görülmektedir. İlgili daireden Başvekâlete gelen yazı da hitap "Yüksek Baş Vekâlete" şeklindedir. Başvekâlete yücelik verildiği görülmektedir. Belgenin sağ üst köşesinde "hulasa" kısmına yer verilmiştir. Metin kısmının bitiş cümlesi ise "efendim" şeklinde değil, "yüksek müsaadelerini istirham ederim" şeklinde bitmektedir. Sizli ifade yerine "sen" şeklinde kullanılmış ancak "yüksek" kısmı da eklenerek Başvekâlete hitap edilmiştir. Aynı tarihli Nafia Nezaretinden gelen başka bir kararname yazısında yine aynı şekilde bir bitiş ifadesi bulunmaktadır.

Reisicumhura hitap bu kez "Reisicumhur Hazretlerinin yüksek huzurlarına" şeklindedir, yazının metin kısmındaki cümle ise oldukça sade ve "... kararname yüksek onamanıza sunulmuştur" şeklinde bitmektedir. Reisicumhur ise Başvekâlete bu kez "efendim" diye hitap etmemiş "ilişik kararname imza edilerek gönderilmiştir" şeklinde ifade değişmiştir.

Karar kısmını ifade eden evrakın bitiş cümlesi ise "... bu kararnamenin hükmünü Nafia Vekili yürütür" şeklinde değişmiştir.

Kapak sayfası ise aynı matbu evrakla devam etmiş fakat ifadeler değişmiştir. Matbu olan bazı kısımların üzeri aynı Osmanlı Devleti'nde olduğu gibi çizilmiş yanına yeni kurulacak ifade yazılmıştır. Bu dönemde de kâğıt israfına gidilmediği aynı belgeden işlemin devam etme geleneğinin devam ettiği görülmektedir. Hitap kısmında Reisicumhur kısmından sonra başlayan "hazret ifadesinin üzeri çizilmiş, "Reisicumhurun Yüce Katına" şeklinde değişmiştir. Yine metin kısmında bulunan "arz olunur efendim" ifadesinin de üzeri çizilerek "yüksek onamanıza sunulmuştur" şeklinde değişikliğe gidilmiştir. Başvekilden vekâlete yazılan kısmın sonunda bulunan "takdim olunmuştur efendim" kısmının üzeri çizilmiş ve "gönderilmiştir" ifadesi yazılmıştır.

"Efendim ve hazret" kelimelerinin kalktığı ancak hitaplarda makamın "yüce katına" şeklinde değişikliğe gidildiği görülmüştür.

Ek 7 de sunulan1946 yılına ait kararname Çermik Kaymakamlığına İhsan Atakan'ın tayini hakkındadır. Dilin oldukça sadeleştiği görülmektedir. Artık Başvekâlet, Reisicumhur ve Vekil yerine Başbakanlık, Cumhurbaşkanlığı ve Bakanlık ifadelerinin kullanıldığı görülmektedir. "onama" kelimesi bitiş cümlelerinde kullanılmış ancak Cumhurbaşkanlığına hitap edilirken "Cumhurbaşkanlığı Yüce Katına" hitabı kullanılmıştır. Makamı yüceleştirme sadece Cumhurbaşkanlığı için yapılmaktadır.

Ek 8 de sunulan1950 yılına ait kararname Aydın Belediye Başkanlığına seçilen Cevat Ülkü'nün Başkanlığının onaylanması hakkındadır. Başbakanlığa hitap edilirken "yüksek" ifadesi de eklenmiş, bitiş cümlesi "saygılarımla arz ederim" şeklinde değişmiştir. Karar kısmının son cümlesi ise "... yürütür" şeklinde değişmiştir. Kapak kısmında Başbakanın Cumhurbaşkanına yazdığı bölüm kullanılmayıp üstü çizilmiştir. Belgenin formatı aynen devam etmiş, yeni evrak basmak yerine eski evrakları kullanmaya devam ettikleri görülmektedir.

Bu tarihten sonraki dönemlerde kapak sayfasının değiştiği, yeni formatta basıldığı görülmektedir. Bitiş cümleleri hem Bakandan Başbakana hem de Bakanlıktan Başbakana yazılırken "arzederim" şeklinde değişikliğe uğramıştır.

2014 yılında hazırlanan kararnamelerde Başbakan Cumhurbaşkanına hitap ederken "Cumhurbaşkanlığı Yüce Katına" hitabını kullanmaktadır. Cumhurbaşkanlığından Başbakanlığa yazılan yazının bitiş cümlesi ise "Bilgilerini rica ederim" şeklindedir.[150]

"Yüce" ifadesinin Cumhurbaşkanlığı makamına hitap edilirken hala kullanıldığı görülmektedir. Ayrıca "sen" diye hitap eden yine sadece Cumhurbaşkanı'dır.

Cumhuriyetin ilk yıllarına ait kararnamelerde Osmanlı döneminde kullanılan hitaplardan "efendim ve hazret" kelimelerinin hala kullanıldığı görülmektedir. Ayrıca Osmanlı devlet teşkilatında bulunan makamların, "Başvekâlet, Dâhiliye Nezareti" gibi aynı isimlerle devam ettiği, belki savaş yıllarının bıraktığı ekonomik sorunlardan dolayı, Osmanlı döneminde basılmış evrakların kullanılmasına devam edilmiştir.

[150] (Çevrimiçi) http://www.resmigazete.gov.tr/main.aspx?home=http://www.resmigazete.gov.tr/eskiler/2014/05/20140514.htm&main=http://www.resmigazete.gov.tr/eskiler/2014/05/20140514.htm,20.05.2014.

BÖLÜM 3:CUMHURİYET DÖNEMİ ARŞİV ÇALIŞMALARI

Osmanlı Devleti zamanında kurulan Hazine-i Evrak Cumhuriyetin kurulmasıyla birlikte bir takım değişikliklere uğramıştır.1922 senesinde İcra Vekilleri Heyeti Riyaseti Kalem-i Mahsus Müdüriyetine bağlı, İstanbul'da Mahzen-i Evrak Mümeyyizliği kurulmuş, 1923'te Hazine-i Evrak Mümeyyizliğine çevrilmiştir. 1927 yılında ise Hazine-i Evrak Müdür Muavinliği adı altında Başvekâlet müsteşarlığına bağlanmıştır. 1933 yılında ise Teşkilat Kanunu gereğince, Ankara'daki Evrak Müdürlüğü ile İstanbul'daki Hazine-i Evrak Müdürlüğü, Başvekâlet Evrak ve Hazine-i Evrak Müdürlüğü ad altında birleştirilmiştir. Hazine-i Evrak'ın adı 1937 yılında Arşiv Dairesi Müdürlüğüne dönüştürülmüştür. 1943 yılında Başvekâlet Arşiv Umum Müdürlüğü kurulmuş, 1976 yılında Başbakanlık Müsteşarlığına bağlı olarak Cumhuriyet Arşivi Daire Başkanlığı ihdas edilmiştir. Bu dairenin görevi, 3743 sayılı kanuna tabi kurum ve kuruluşlarda teşekkül eden, Milli Mücadele, Türkiye Büyük Millet Meclisi Hükümeti ve Cumhuriyet dönemlerine ait arşiv malzemesini tespit etmek, arşiv disiplini esaslarına göre tanzim edip devletin ve ilim âleminin hizmetine sunmaktı. 1984 tarihli ve 3056 sayılı Başbakanlık Teşkilat Kanunu ile Cumhuriyet Arşivi, Osmanlı Arşivi ve Dokümantasyon Daire Başkanlıklarını kapsayan Devlet Arşivleri Genel Müdürlüğü kurulmuştur.[151]

Cumhuriyetin kurulmasından sonra arşivcilikle ilgili çıkarılan kanun ve yönetmelikler ise isimleri ve yayınlanma tarihleri aşağıda verilmiştir.[152]

1-Resmi Evrak ve Defterlerden Lüzumsuz Olanların Yok Edilme Tarzı Hakkında Nizamname

Tarih: 19 Eylül 1934No:2/1282

R.G.:4 Temmuz 1934Sayı:2820

2-Resmi Dairelerde Lüzumsuz Kâğıtların Ne Suretle Yok Edileceğine Dair Olan 1282 Sayılı Nizamname'nin Tefsirine Dair Kararname

Tarih: 16 Kanun-sani 1935No:2/1863

R.G.: 16 Temmuz 1935Sayı:2913

[151] (Çevrimiçi) http://www.devletarsivleri.gov.tr/icerik/236/devlet-arsivleri-genel-mudurlugu-tarihcesi/, 18 Mayıs 2014.

[152] İsmet Binark, **Cumhuriyet Döneminde Arşiv Hizmetlerinin Geliştirilmesi Konusunda Yapılmış Çalışmalar Cumhuriyet Arşivi**, Ankara, 1991, s.36-38.

3-Resmi Evrak ve Defterlerin Lüzumsuz Olanların Yok Edilme Tarzı Hakkında 19.09.1934 Tarihli Nizamnamenin Bazı Maddelerini değiştiren Nizamname

Tarih: 30 Mart 1937No:2/6276

R.G.: 9 Nisan 1937Sayı:3576

4-Resmi Evrak ve Defterlerin Lüzumsuz Olanların Yok Edilmesini Durduran Kararname

Tarih: 21 Mayıs 1937 No:2/6651

R.G.:31 Mayıs 1937Sayı:3618

5-Muhafazasına Lüzum Kalmayan Evrak ve Vesaikin İmha Edilmesi Hakkında Kanun

Tarih: 26 Mart 1956No:6696

R.G.: 4 Nisan 1956Sayı:8276

6- Muhafazasına Lüzum Kalmayan Evrak ve Vesaikin İmha Edilmesi Hakkında Nizamname

Tarih: 13 Eylül 1957No:4/9438

R.G.: 22 Ekim 1957Sayı:9738

7- Muhafazasına Lüzum Kalmayan Evrak ve Malzemenin Yok Edilmesi Hakkında Kanun Hükmünde Kararnamenin Değiştirilerek Kabulü Hakkında Kanun

Tarih: 28 Eylül 1988No:3473

R.G.: 10 Nisan 1988Sayı:19949

Adı geçen kanunlarda ilk yıllar saklama, ayıklama ve imha işlemlerinin nasıl olacağı konusunda bilgi verilmiştir. Lüzumsuz evrak olarak tanımlanan belgelerin yok edilme şekli konusunda; evrakın yakılması, kâğıt fabrikasına gönderilmesi gibi kararlarıalınmıştır.

1937 tarihli 2/6276 sayılı nizamname de saklanacak ve yok edilecek evrakla ilgili onay makamı vilayetlerde vali olarak belirlenmiştir.

1937 tarihli 2/6651 sayılı kararname de ise lüzumsuz evrakın yok edilme işlemi durdurulmuştur. Türk Tarih Kurumu'nun diğer ülkelerde ki çalışmaları incelemesinin ardından kabul edilecek esaslara göre yapılacağı belirtilmiştir.

1956 tarihli ve 6696 sayılı kanunla arşiv malzemesi ve arşivlik malzeme tanımlanmıştır.

1957 tarih ve 9438 sayılı nizamnamede muhafazasına lüzum kalmayan evrakın imha usul ve esasları ve karar verme sorumluluğu ile ilgili Vilayet Şube Komisyonları, Vilayet Komisyonları ve Merkez Komisyonları kurulması istenmektedir.

Yürürlükte olan 3473 sayılı kanunla muhafazasına lüzum görülmeyen, yok edilecek evrak ve her türlü malzemenin, ayıklama ve imha işlemlerinin nasıl yapılacağı düzenlenmiştir. Kanuna tabi olan kurumlar belirtilmiş Cumhurbaşkanlığı, Türkiye Büyük Millet Meclisi, Genel Kurmay Başkanlığı, Milli Savunma Bakanlığı, İçişleri Bakanlığı, Milli İstihbarat Teşkilatı hariç tutulmuştur. Belgelerin imha edilmesi için son onay makamı DAGM olarak tespit edilmiş, kurumların taşra teşkilatı içinse ilgili kurumun Genel Müdürlüğü olarak belirlenmiştir. Belgelerin imha edilme şekli ise yakma değil, kıyılma suretiyle okunamayacak hale getirilmesi olarak düzenlenmiştir.

Bu düzenlemelerin dışında kamu kurum ve kuruluşlarının merkez ve taşra teşkilatlarının yer alacağı bir kodlama sistemi ile evrakın geldiği ve gittiği yerin belirlenmesini sağlamaya yönelik 13.08.1991 tarih ve 1991/17 sayılı genelge ile "Haberleşme Kod"ları Başbakanlık tarafından hazırlanarak kamu kurum ve kuruluşlarının kullanımına sunulmuştur.

Haberleşme kodları ilk olarak 8 kırılımlı olarak belirlenmiş, bunların yetmemesinden dolayı kırılım sayısı 14'e çıkmıştır. Bu kodla ilgili birimin devlet teşkilatı içerisinde (yasama, yürütme, yargı) nerde yer aldığı, sonrasında yürütme içerisinde yer aldığı birim için, ait olduğu bakanlığı, genel müdürlüğü ve daire başkanlığını göstermektedir.

Haberleşme kodları kurumların birimlerinde yapılan değişikliklere paralel olarak değişebilmektedir. e-Devlet kapsamında devlet teşkilatında hiyerarşik yapının sürekli değişmesinden dolayı, veri tabanlarında tutulacak kayıtların, değişen nitelikte numaralar ile eşleştirilmesi sorun yaratacağından 01. 01. 2013 tarihinde haberleşme kodlarının kullanımından vazgeçilmiştir. Bunun yerine devlet teşkilatı içerisinde yer alan tüm kamu kurum ve kuruluşları ile bunların merkez, taşra ve yurtdışı teşkilatlarının ayrı ayrı tanımlanmış 8 haneli tekil ve değişmez nitelikteki kodlar kullanılmaya başlanmıştır.

Ayrıca kamu kurum ve kuruluşlarında kâğıt ortamda ve elektronik ortamda hazırlanacak resmi yazışmalarda uyulması gereken kaide ve kuralların belirlendiği Yönetmelik Başbakanlık Genelgesi olarak çeşitli dönemlerde yinelenmiş en son 02.12.2004 tarih ve 25658 sayılı Resmi Gazete 'de "Resmi Yazışmalarda Uygulanacak Esas ve Usuller Hakkında Yönetmelik" adı ile yayımlanmıştır. Yönetmeliğin ilk çıkış tarihi 1984'dür.

3.1. Standart Dosya Planı

E-Türkiye projesi kapsamında oluşturulan çalışma gruplarından biri olan ve koordinesi Devlet Arşivleri Genel Müdürlüğü'nün yürüttüğü "Digital Arşivleme ve Depolama Çalışma Grubu"nun, e-belge oluşumuna alt yapı oluşturmak suretiyle elektronik ortamlarda belgelerin belirli standartlar doğrultusunda saklanmasını sağlamak; kâğıt ortamında teşekkül eden belgelerin de aynı usul ve esaslar doğrultusunda dosyalanmasını temin etmek üzere standart bir dosya planı hazırlanması kararına varılmış ve bir çalışma başlatılmıştır.[153]

Standart Dosya Planı üç bölümden oluşmaktadır. Birinci bölüm "000-099 Genel İşler", ikinci bölüm "600-999 Danışma-Denetimle İlgili Faaliyetler ve Yardımcı Hizmetlerle İlgili Faaliyetler", üçüncü bölüm ise "100-599 Ana Hizmet Faaliyetleri"dir.

Birinci bölüm, "000-099 Genel İşler" Devlet Arşivleri Genel Müdürlüğü tarafından kamu kurum ve kuruluşlarının önerileri dedikkate alınarak hazırlanmıştır. Bu bölüm "genel işler" olarak adlandırılan ve her kurumda olabilecek muhtemel faaliyetler için düşünülmüştür. (Ek 13)

İkinci bölüm, DAGM tarafından kamu kurum ve kuruluşlarının da önerileri de dikkate alınarak, "600-999" sayısal aralığında kamu kurum ve kuruluşlarının yardımcı hizmet, danışma ve denetim birimleri olarak adlandırılan (Teftiş, Hukuk, Personel, Eğitim, İdari İşler, Mali İşler, Dış İlişkiler, Bilgi İşlem vb.) birimlerin gerçekleştirdiği faaliyetler için oluşturulmuştur. (Ek 13) Bu bölüm kendi içinde;

Danışma-Denetimle İlgili Faaliyetler:

-Araştırma ve Planlama İşleri 600-619

-Basın ve Halkla İlişkiler 620-639

-Hukuk İşleri 640-659

-Teftiş / Denetim İşleri 660-679

Yardımcı Hizmetlerle İlgili Faaliyetler:

[153] (Çevrimiçi) http://www.devletarsivleri.gov.tr/icerik/18/standart-dosya-plani, 8 Haziran 2014.

-Bilgi İşlem İşleri 700-719

-Dış İlişkiler ve Avrupa Birliği Konuları 720-749

-Emlak ve Yapım İşleri 750-769

-Eğitim İşleri 770-799

-İdari ve Sosyal İşler 800-819

-Tanıtım ve Yayın İşleri 820-839

-Mali İşler 840-869

-Özel Kalem ve Protokol İşleri 870-899

-Personel İşleri 900-929

-Satınalma ve Satış İşleri 930-949

-Topyekün Savunma Sivil Hizmetleri 950-969 olarak ayrılmaktadır.

Üçüncü bölüm ise "100-599" sayısal aralığında kamu kurum ve kuruluşlarının ana hizmet birimleri olarak ifade edilen, kurumların hizmet ve görev alanlarına giren belli hizmetlere ilişkin faaliyetlerin tanımlanması için, kurumların dosya planı hazırlamakla görevli birimleri ve Devlet Arşivleri Genel Müdürlüğü tarafından birlikte hazırlanmıştır.

Standart Dosya Planı çalışması Devlet Arşivleri Genel Müdürlüğü koordinesinde başlatılmış bir çalışma olup, Başbakanlık Personel ve Prensipler Genel Müdürlüğü 11.06.2002 tarih ve B.02.0.PPG.0.12-320-8880 sayılı genelge ile kamu kurum ve kuruluşlarını "Ana Hizmet Birimlerine İlişkin Dosya Planı"nı hazırlamaları yönünde talimatlandırmıştır.

Standart Dosya Planında kamu kurum ve kuruluşları tarafından ortaklaşa kullanılacak olan, yardımcı hizmet, danışma ve denetim birimlerine ait faaliyetler birim adı belirtilmeden, faaliyetlerin üst ve alt başlıkları isimlendirilerek kodlanmış ve 2005/7 Başbakanlık Genelgesi ile "Ortak Alanlara ait Dosya Planı"nı genelge ekinde yayınlamıştır.[154]

Aynı genelge ile "Ana Hizmet Birimlerine İlişkin Dosya Planı"nı hazırlayan kamu kurum ve kuruluşlarının, hazırladıklarıdosya planına "Ortak Alanlara Ait Dosya Planı"nı da ekleyerek 2005/7 Başbakanlık Genelgesinin yayımı itibariyle uygulamaya başlatmaları yönünde talimat verilmiştir. Ana hizmet birimlerine ilişkin dosya planlarını hazırlamamış olan kamu kurum ve kuruluşlarının bu yükümlülüklerini bir an önce yerine getirmeleri istenmiş,

[154] (Çevrimiçi) http://www.resmigazete.gov.tr/main.aspx?home=http://www.resmigazete.gov.tr/eskiler/2005/03/20050325.htm&main=http://www.resmigazete.gov.tr/eskiler/2005/03/20050325.htm, 8 Haziran 2014.

ancak ortak alanlarda belirtilen faaliyetler için "Ortak Alanlara Ait Dosya Planı"nı kullanmaları istenmiştir.

Başbakanlık Personel ve Prensipler Genel Müdürlüğü'nün 2002 tarihli yazısı ile birlikte kamu kurum ve kuruluşlarının Ana Hizmet Birimlerinin faaliyetlerine ilişkin hazırladıkları dosya planlarının, kurumların farkındalığı pek olmadan hazırladıkları düşünülmektedir.

Standart Dosya Planının uygulamaya konulmasıyla birlikte kurumlarda dosya planın uygulanmasından dolayı sıkıntılar baş göstermeye başlamıştır. Kurumların dosya planını algıladıkları şekilde hazırlamaları, Devlet Arşivleri Genel Müdürlüğü'ne, aynı faaliyete ilişkin revizyon taleplerinin birbirinden farklı olmasına neden olmuştur. Kamu kurum ve kuruluşlarınınana hizmet faaliyeti olarak Standart Dosya Planının "100-599" sayısal aralığında yer alan ancak ortak alanda zaten isimlendirilen birçok faaliyet iki ayrı bölümde de isimlendirilmişlerdir. Aynı kurum içinde aynı faaliyeti yapan benzer birimler faaliyetlerini kodlarken bazı birimler '100-599' sayısal aralığındaki ana hizmet faaliyetlerini, bazıları ise '600-999' sayısal aralığındaki ortak alanlara ait faaliyet isimlerini kullanmışlardır.

Ek 9'da Devlet Su İşleri Genel Müdürlüğü'nün Ana Hizmet Birimlerine ilişkin 2005 yılına ait dosya planı sunulmuştur. Dosya planında faaliyetlerin isimlendirilmesinden ziyade kurumun daire başkanlıklarının isimleri ve alt başlıklarda şube müdürlüklerinin isimlerinin kodlandığı görülmektedir. Dosya planında "150-195 DSİ Proje ve İnşaat Dairesi Başkanlığı", "200-230 DSİ Barajlar ve HES Dairesi Başkanlığı", "250-290 DSİ İçmesuyu ve Kanalizasyon Dairesi Başkanlığı" ve "295-296 DSİ Emlak ve Kamulaştırma Dairesi Başkanlığı" sayısal aralığında bulunan bütün faaliyetler yapılan revizyon sonunda tamamı plandan kaldırılmış, ilgili birimlere ortak alanlarda bulunan "750-769 Emlak ve Yapım İşleri" sayısal aralığında bulunan konu kodlarını kullanmaları bildirilmiştir.

Dosya planının uygulanmaya başlamasıyla birlikte ortaya çıkan sorunların gündeme gelmesi ve ana hizmet faaliyetlerini oluşturmayan kamu kurum ve kuruluşlarının faaliyetlerinin isimlendirilmesi için Devlet Arşivleri Genel Müdürlüğü kendi personelini kurumlarda bu işler için görevlendirmiştir. Kurumların dosya planından sorumlu çalışanları ve DAGM personelinin birimlerde yaptıkları çalışmalar sonucu Standart Dosya Planı tekrar güncellenmiştir. Standart Dosya Planı ilk yayımlanmasından güncellediği tarihe kadar bir kaç kez değişikliğe uğramıştır.

Standart Dosya Planının "000-099 Genel İşler" ve "600-999 Danışma-Denetim ve Yardımcı Hizmetler"e ilişkin faaliyetlere ait yeni konuların açılması veya değiştirilmesi ihtiyacı duyulduğu zaman, kamu kurum ve kuruluşların dosya planından sorumlu birimi Devlet Arşivleri Genel Müdürlüğüne bu talebi yazılı olarak bildirilmektedir.. Her yıla ait talepler senenin sonuna kadar Devlet Arşivleri Genel Müdürlüğünde biriktirilip sene sonu yaklaşırken, değişiklikler yılsonunda yapılmakta veDevlet Arşivleri Genel Müdürlüğünün web sayfasında yayınlanmaktadır.

Kamu kurum ve kuruluşlarının ana hizmet faaliyetlerine ilişkin konu başlıkları kurumların hizmet ve görev alanlarına giren hizmetleri ve bu hizmetlere ilişkin faaliyetleri yürüten uzmanlaşmış birimlerdir. Bu bölüm, bütün kurumların kendisine özgü dolayısıyla birbirinden farklı ve diğer kurumlara kapalıdır. Birimlerin yeni konu başlığı talepleri kurumun dosya planından sorumlu birim tarafından değerlendirilip planda değişiklik yapılmaktadır.. Dosya planında yapılan değişiklikler Devlet Arşivleri Genel Müdürlüğüne sadece bilgi olarak verilmektedir.

Standart Dosya Planı, 7 Ocak 1998 tarihinde Başbakanlığın merkez teşkilatının birimlerinde uygulanması için yayımlanan Başbakanlık Dosya Planı'nın güncellenmiş halidir.

3.2. Standart Dosya Planının Kullanılması

Standart Dosya Planında her faaliyete 10 luk 20 likve 30 luk bölümler ayrılmıştır. Örneğin; Basın ve Halkla İlişkiler faaliyetleri tabloda görüldüğü gibi isimlendirilmiştir.

Ana Dosya	1. Alt Konu	2. Alt Konu	3. Alt Konu	**BASIN VE HALKLA İLİŞKİLER**	Saklama Süresi	Saklama Kodu
620				**Basın ve Halkla İlişkiler (Genel)**		
621				**Basın İşleri**		
	01			Basın Toplantıları		
	02			Basına Verilen Demeçler		
	03			Tekzipler		
	04			Basında Yer Alan Haberler		
	05			Basın Özetleri		
	99			Diğer		
622				**Talep, Şikâyet, Görüşler**		
	01			Talep ve Şikâyetler		
	02			Görüş ve Teklifler		
	03			Bilgi ve Belge Talepleri		
	09			Diğer		
639				**Basın ve Halkla İlişkiler Konusunda Diğer İşler**		

Dosya planında birinci kural, faaliyetler hangi üst başlık altında yer alırsa alsın bu faaliyetlere ait kodlar sadece bu faaliyeti yürütmekle görevli birimler tarafından kullanılmayacak olmasıdır. Diğer birimlerde bu konu numaralarını kullanabilmektedir.

Her faaliyetin ilk dosya numarası “620 Basın ve Halkla İlişkiler” gibi genel bir başlık olarak tanımlanmıştır. Bu başlıklara ait alt açılımlar olmamaktadır. Standart Dosya Planının açıklamalar bölümünde bu bölümle ilgili "her faaliyet grubunun ilk dosyası konumunda bulunan ve üç karakter rakam ile kodlanan dosyalar, o faaliyet grubuna ait konu listesinden herhangi biri veya birkaçına ilişkin yapılan yazışmaların kendi konu numaraları ile dosya açılma yoğunluğuna erişmediği durumlarda dosyalanabilmesine imkân sağlamak amacıyla tanımlanmıştır" [155]denilmektedir. Yıl içerisinde bu faaliyetle ilgili çok fazla yazışma yapılmadığı taktirde açılacak genel dosyaya bu konu ile ilgili tüm evrakların konulabileceği belirtilmektedir.

Her faaliyetin en son numarası ile "9" ile bitmektedir. Örneğin "639 Basın ve Halkla İlişkiler Konusunda Diğer İşler" olarak tanımlanmıştır. Bu numaranın da alt açılımı yapılmamaktadır. "Diğer" olarak tanımlanan bu başlık, o faaliyetle ilgili başlıklardan herhangi birine ait olmayan ama bu konulara ait olan belgelerin dosyalanması için düşünülmüştür.

Ana konuların birinci alt bölünmelerinin sonunda yine diğer ifadesi vardır. "621.99 Diğer" örneğinde olduğu gibi. Bu ayrıntı, diğer alt bölünmeler içinde açılabilir. Kullanım alanı "621 Basın İşlerinin" alt başlıklarından hiçbirine ait olmayan ama "621 Basın İşlerinin" alt konusu olan belgeler için düşünülmüştür.

"Diğer" konu numarası yoğun olarak kullanılmışsa, sene sonunda değerlendirilip dosya planına eklenmesine ihtiyaç duyulan yeni konu başlıkları belirlenecektir.

Ana başlıklar altında bulunan alt başlıklar yazıyı hazırlayan kişi tarafından yazının konusu tespit edildikten sonra verilecek olan kodlardır. Yazıyı hazırlayan kişi eğer tereddüde düşerse yazıdan kopyalar oluşturup birden fazla konu numarası verip kopyaları ilgili dosyaya koyabilmektedir.

Standart Dosya Planının ekinde hem ülke kodları hem de şehir il trafik kodları verilmiştir. İhtiyaç halinde konu numarasının ardından "/" işaretinin ardından bu kodlarda kullanılabilmektedir. Bunların dışında kamu kurum ve kuruluşlarının kendine has kodları varsa köşeli parantez "[ ]" içinde bu kodların kullanılmasına da olanak sağlanmıştır.

155 (Çevrimiçi) http://www.devletarsivleri.gov.tr/icerik/18/standart-dosya-plani, 8 Haziran 2014.

Ayrıca ortak alanlarda bulunan faaliyetlere ait üst ve alt her başlığın karşısına "saklama süresi ve saklama kodu" eklenmiştir. Ancak bu bölüm boştur, süreler ve kodlar henüz belirlenmemiştir.

3.3. Standart Dosya Planının Değerlendirilmesi

Kamu kurum ve kuruluşları faaliyetlerini yürütürken ürettikleri bilgi ve belgeleri belli kurallara göre hazırlamak, kayıt altına almak, ilgili yerlere havale etmek, dosyalamak, arşivlemek, istenildiği zaman ulaşılabilir halde muhafaza etmekle sorumludurlar. Belge yönetimi ile ilgili bu süreç hem kanuni bir zorunluluk hem de kamu görevidir. Bunun gerçekleşebilmesi için belgelerini bir dosya planına göre dosyalamaları gerekmektedir. Devlet Arşiv Hizmetleri Hakkında Yönetmelik 'in "dosya planları ve dosya yönergeleri" başlıklı 44. Maddesi "(Değişik: 22.2.2005/25735 RG) Mükellefler, gördükleri hizmetler, yaptıkları haberleşme ve işlemlere ait belgelerin bir arada bulunmasını sağlamak amacıyla dosya planları ile dosya yönergelerini hazırlamakla yükümlüdürler" hükmüne haizdir.

Kamu kurum ve kuruluşlarına dosya planı hazırlamaları her ne kadar zorunlu tutulmuş olsa da, dosya planı hazırlamayan veya hazırlamış olsa bile, dosya planını bir köşeye atmış ve belgelerini bu plan dâhilinde dosyalamayan birçok kurum Standart Dosya Planı ile Devlet Arşiv Hizmetleri Hakkında Yönetmelik'in 44. Maddesi uygulama alanı bulmuştur.

Standart Dosya Planı 2005 yılında kamu kurum ve kuruluşlarının kullanımına sunulmuştur. Standart Dosya Planının kullanılmaya başlamasıyla birlikte ortaya çıkan sorunlar ve DAGM'ne gelen öneri ve tekliflerden sonra dosya planının yeniden şekillenmesi ihtiyacı hasıl olmuştur. 2009 yılında başlayan bir çalışma ile Devlet Arşivleri Genel Müdürlüğü personeli tüm kamu kurum ve kuruluşlarını dolaşmış, kurumların dosya planından sorumlu birimlerin personeli ile birlikte ana hizmet birimlerine ait faaliyetleri yeniden gözden geçirilmiştir. Bu çalışma yapılırken birimlerle tek tek görüşülmüş, veriler toplanıp değerlendirilmiş, taslak bir plan geliştirildikten sonra ilgili kurumun merkez ve taşra teşkilatının görüşüne sunulmuştur. Taslak plan ile ilgili kurumun görüşlerinin değerlendirilmesinden sonra dosya planının ana hizmet faaliyetleri yeniden hazırlanmıştır. Kurumlarda yapılan çalışmalar neticesinde Devlet Arşivleri Genel Müdürlüğü farklı kamu kurum ve kuruluşlara giden personeli ile toplantılar yapmış ve Standart Dosya Planının ortak alanlara ait faaliyetlerini yeniden değerlendirmiştir. Böylece her kurumun ana hizmet birimlerine ait faaliyetler hem de ortak alanlarda bulunan faaliyetler yeniden düzenlenmiştir. Kurumlarınana hizmet faaliyetlerinin farklı mesleki uzmanlık ve ayrıntı isteyen işler olduğu düşünülürse Standart Dosya Planı çalışmasınıntüm kamu kurum ve kuruluşlarını kapsayan kolektif ve çok zorlu bir çalışma olduğu kabul edilmelidir. Bu çalışma hazırlanırken çok uzun bir mesai harcanmış, zorlu bir beyin jimnastiği yapılmış ve çok büyük emek verilmiştir.

Kamu kurum ve kuruluşlarının kuruluş amaçlarını yine kurumların ana hizmet birimlerinin faaliyetlerinde bulabiliriz. Bütün kamu kurum ve kuruluşları için kendileri ve yaptıkları iş çok önemlidir. Ancak belgenin aktif olduğu dönem sona erince, belgenin üreticisi için belge, eski değerini kaybetmektedir. Dolayısıyla belgelerin dosyalanması, tasnif edilmesi, ayıklama ve imha çalışması ve Devlet Arşivleri Genel Müdürlüğüne devri işlemlerinde gerekli hassasiyet gösterilmemektedir. Standart Dosya Planı çalışması ile kurumlara belgelerini düzenli dosyalamaları konusunda ciddi bir baskı oluşturulmuştur. Üstelik herhangi bir kurumun dosya planını uygulayıp uygulamadığı dosyalarına ilk bakışta hemen anlaşıldığından Standart Dosya Planı kurumlar için önceki dosya planlarına göre çok daha zorlayıcı olmuştur.

Standart Dosya Planı çalışması ile kamu kurum ve kuruluşlarının ne tür bilgi ürettiği kontrol altına almıştır. Standart Dosya Planı öncesinde kurumların kendi dosya planları olması, kamu kurum ve kuruluşlarının hangi konularda bilgi ve belge ürettiği tam olarak bilenmemesine neden olmuştur. Bilgi ve belge kurumların kendi kontrolünde iken, Standart Dosya Planı çalışması ile hangi kurumun hangi konuda ne tarz belge ürettiği ayrıntılarıyla tespit edilmiştir. Devletin bilgi politikasının oluşturulması için gerekli alt yapı Standart Dosya Planı ile sağlanmıştır.

Dosya Planında ortak alanlarda bazı faaliyetlerin ismi kurumlardaki belli birimlerle özdeştirilse de birimler değil faaliyetler ön plana çıkartılmıştır. Ana hizmet birimlerine ait faaliyetler ise diğer kurumlara kapalı olduğundan hepsini kapsayan bir değerlendirme yapmak yanlış olacaktır.

Devlet Arşivleri Genel Müdürlüğü, Standart Dosya Planının hedeflenen amaçlar doğrultusunda kullanımını gerçekleştirebilmek, dosya planının uygulanmasını takip etmek ve denetlemek üzere kamu kurum ve kuruluşlarının Strateji Geliştirme Birimlerini sorumlu tutmuştur. Dosya Planının 2010 yılında güncellenen halinin açıklamalar bölümünde resmi olarak da bunu ilan etmiştir. Ancak kamu kurum ve kuruluşlarının arşiv ve dosya planları ile ilgili görevli birim bütün kurumlarda Strateji Geliştirme Birimleri değildir. Kamu kurum ve kuruluşlarında danışma-denetim ve yardımcı hizmetlerle ilgili faaliyetleri yürütecek birimlerin görev yetki ve sorumlulukları tanımlanmış olsa da uygulamada farklılıklar görülmektedir. Dosya planından sorumlu birimlerin her kurumda farklı olması aynı zamanda göstermektedir ki, kurumlarda birimlerin ne iş yapacakları bazen kurumların kendi inisiyatifinde olabilmektedir. Yani aynı isimle anılan birimler her kurumda aynı işi yapmayıp aralarında görev farklılıkları olabilmektedir.

Standart Dosya Planını en basit anlamda standart bir tişört olarak düşünüp farklı kilolardaki kişilere aynı tişörtü giydirmeye çalışmak gibi düşünebiliriz. Standart büyüklükte olan tişört kimine uygun, kimine bol, kimine ise dar olacaktır. Standart Dosya Planının amaçlarından biri ortak alanları kullanan tüm kurum ve kuruluşların bu alanlarla ilgili açacakları dosyaları aynı ad ve numara ile adlandırması tüm kamu kurum ve kuruluşlarında ortak kullanılabilecek bir dosya planı ile benzer hizmet ve faaliyeti yürüten birimlerde birliktelik sağlamaktır. Kurumlarda aynı isimle anılan birimlerin görev farklılıkları olabiliyorken Standart Dosya Planının benzer birimlerin aynı dosya planını kullanması hedeflenmiştir.

Örneğin "X" faaliyetini yapan birim kimi kurumda ana hizmet birimi kimi kurumda ise yardımcı hizmet birimi olabilmektedir. Standart Dosya Planının genel açıklamalar bölümünde bu durum "kurum ve kuruluşların ana hizmet faaliyeti konumunda olmasına rağmen 000-099 veya 600-999 sayısal aralığında tanımlanmış konulara, ana hizmet faaliyetleri için hazırlanan Planlarda (100-599 sayısal aralığında) yer verilmemiş; bu faaliyet konuları için 000-099 veya 600-999 sayısal aralığının kullanımı önerilmiştir" şeklinde açıklanmaktadır.[156]

Birçok kurumda "emlak ve yapım işleri" faaliyeti yürütülmektedir. Okul, hastane, yol barajv.s. yapılırken kullanılacak olan başlıklar "750-769 Emlak ve Yapım İşleri"dir.

[156] (Çevrimiçi) http://www.devletarsivleri.gov.tr/icerik/18/standart-dosya-plani, 8 Haziran 2014.

Ana Dosya	1. Alt Konu	2. Alt Konu	3. Alt Konu	EMLAK VE YAPIM İŞLERİ	Saklama Süresi	Saklama Kodu
750				Emlak ve Yapım İşleri (Genel)		
751				Toplulaştırma İşlemleri		
752				Kamulaştırma ve İrtifak Hakkı		
	01			Kamulaştırma		
		01		Kamu Yararı Kararı ve Onay İşleri		
		02		Teknik Çalışmalar		
		03		Bedel Takdir ve Uzlaşma		
		04		Sorunlar		
		05		Zarar ve Ziyan		
		06		Ödeme İşleri		
	02			İrtifak Hakkı İşlemleri		
	99			Diğer		
753				Kadastro Çalışmaları		
754				İmar İşleri		
755				Yapım (İnşaat) İşleri		
	01			Etüd-Proje ve Fizibilite işleri		
	02			İhale İşleri		
		01		İzin ve Onay İşleri		
		02		Yaklaşık Maliyet Hesabı		
		03		İhale İlan İşleri		
		04		Şartnameler		
		05		Başvuru İşlemleri ve Tutanaklar		
		06		Komisyon İşlemleri		
		07		İtirazlar		

		08		Sözleşme		
		09		Kesin Teminat		
	03			Uygulama işleri		
		01		İş Programı		
		02		Ruhsatlandırma		
		03		Hammadde Temini/Malzeme Seçimi		
		04		Keşif Artışı		
		05		Süre Uzatımı ve Ödenek Dilim Değişikliği		
		06		Birim Fiyat ve Yeni Fiyat		
	04			İnceleme ve Kontrol İşleri		
	05			Hakedişler ve Ödemeler		
	06			Geçici ve Kesin Kabuller		
		01		Geçici ve Kesin Kabuller		
		02		Fesih, Tasfiye ve Devir İşlemleri		
	07			Kesin Hesap İşlemleri		
		01		Kesin Hesap		
		02		SSK İlişkisizlik Belgesi		
		03		İş Deneyim Belgesi Verilmesi		
		04		Teminatların İadesi		
	99			Diğer		
Her farklı yapım için ayrı dosya açılacak olup, yapım sürecine ilişkin belgeler kendi dosyasından takip edilebilecektir. Aynı konu numarasını alan yapım dosyaların birbirinden ayrımını sağlamak amacıyla özel kodlar dosya numarasının ardından köşeli parantez ile kullanılabilecektir.						
756				Taşınmaz İşlemleri		
	01			Tahsis, Devir ve Takas		
	02			Satış ve Kiralama		
	03			Envanter		
	90			Diğer		
Gayrimenkul Alımları için bkz. "Satınalma ve Satış İşleri, Satınalma"						

757				Harita ve Fotoğraf İşleri		
	01			Talepler		
	02			Yapım ve Güncelleme		
	03			Sayısallaştırma		
	04			Kayıt ve Envanter		
	99			Diğer		
769				Emlak ve Yapımla ilgili Diğer İşler		

Standart Dosya Planında "Emlak ve Yapım İşleri" faaliyetinin saklama kodu kısmı boş bırakılmıştır. Bu faaliyet okul, baraj, kamu binası v.b. gibi tüm yapım işlerini kapsamaktadır. Oysa yapım faaliyeti altında yapılan bütün işlere ait belgeler aynı değerde değildir. "Muhafazasına Lüzum Kalmayan Evrak ve Malzemenin Yok Edilmesi Hakkında Kanun Hükmünde Kararnamenin Değiştirilerek Kabulü Hakkında Kanun"da geçen "arşiv malzemesi", "arşivlik malzeme" ve "imha edilecek malzeme" belge gruplarından herhangi birine standart bir biçimde bu faaliyete ait belgeler girmemektedir. Örneğin baraj ve okul yapımına ait belgeler değerlendirilirken saklama kriterleri aynı olmayacaktır. Dolayısıyla Standart Dosya Planında bu faaliyet için ortak bir süre belirlemek neredeyse imkânsızdır. Bu durumda kurumlar belgelerinin ömrü ile ilgili karar verirken arşiv malzemesi tespit formlarına[157] göre değerlendirme yapacaklardır.

Yapım işleri en genel ifadesiyle sırasıyla etüd, proje ve inşaat işlerini kapsayan bir süreçtir. "750-769 Emlak ve Yapım İşleri"nde bu sıralamanın yanı sıra kamulaştırma ve ihale işleri de sıralanmıştır. Bazı kurumlarda bütün bu süreci takip eden aynı birim olmasına rağmen bazı kurumlarda ise birden fazla birim tarafından takip edilmektedir. Bu faaliyet Devlet Su İşleri Genel Müdürlüğü, Karayolları Genel Müdürlüğü, İller Bankası gibi ana hizmet faaliyeti yapım olan kurumlarda ayrıntılı bir şekilde yapılırken, Milli Eğitim Bakanlığı, Adalet Bakanlığı gibi ana faaliyeti başka alanlarda olan kurumlarda daha genel olarak yapılmaktadır. Benzer durum her faaliyet için ilgili kuruma

[157] (Çevrimiçi) http://www.devletarsivleri.gov.tr/assets/content/MicroSiteler/Arsiv_Uzmanlari/Mevzuat/saklama_planlari.pdf,8 Haziran 2014.

göre genel veya özel olma durumunu göstermektedir. Benzer faaliyeti yapan kurumların iş süreçleri ve dosya planında faaliyetlerini yansıtma şekillerinde birbirinden farklı olabilmektedir.

Bu ifadeleri örneklemek için bundan sonraki bölümde Devlet Su İşleri Genel Müdürlüğü'nün ana hizmet faaliyetleri ve birimleri ayrıntılı olarak anlatılmaya çalışılacak, Karayolları Genel Müdürlüğü ve İller Bankası ile karşılaştırma yapılacaktır.

Devlet Su İşleri Genel Müdürlüğü ülkemiz su ve toprak kaynaklarının geliştirilmesine yönelik içme-kullanma ve endüstri suyu temini, sulama, hidroelektrik enerji üretimi ve taşkın kontrolünden sorumlu yatırımcı bir kamu kuruluşudur. İlgili Genel Müdürlüğün 11 adet ana hizmet birimi vardır. Bu birimlerin 7'si ortak alanlardaki faaliyetleri kullanmaktadır. Genel Müdürlük bünyesinde bir işin başlangıcından sonuçlanmasına kadarki olan süreç, farklı Daire Başkanlıklar ile bu Başkanlıkların Bölge Teşkilatındaki uzantıları olan Şube Müdürlükleri ile birlikte yürütülmektedir. Bu sürecin hangi aşamalarda nasıl olduğu aşağıda örnek verilerek anlatılmaya çalışılacaktır.

3.3.1. Planlama

Planlama çalışmaları esnasında 6200 sayılı Devlet Su İşleri Genel Müdürlüğünün Teşkilat ve Görevleri Hakkında Kanun, 167 sayılı Yeraltı Suları Hakkında Kanun (kuyu açma, açtırma ve devretme, yer altı sularının korunması ve geliştirilmesi) ve 1053 sayılı İçmesuyu Temini Hakkında Kanun hükümlerine göre geliştirilen projelerin, 26 adet Bölge Müdürlüğü planlama birimlerince ön inceleme, master plan ve teknik ekonomik yönden yapılabilirliğinin ortaya konulduğu planlama çalışmaları yapılmaktadır. Planlama faaliyeti Etüd ve Plan Dairesi Başkanlığı ve Jeoteknik Hizmetler ve YAS Dairesi Başkanlıkları ve bölge uzantıları olan Şube Müdürlükleri tarafından yürütülmektedir. DSİ 1954 yılında ilk kuruluşundan itibaren Türkiye 26 havzaya ayrılmıştır. Havza ayrımında esas olan su kaynaklarıdır.Her iki daire ana hizmet birimlerine ayrılan bölümlerdeki "100-149 Etüd, Ana Done Toplama ve Planlama" faaliyetlerin kodlarını kullanmaktadır.(Ek 10)

Planlama aşamasındaki gözlem değerleri ne kadar uzun süreli olursa projenin o derece sağlıklı planlanması mümkün olduğundan, eski yıllarda yapılan planlama çalışmalarının yeni hidrolik verilere göre gözden geçirilerek revize edilmesine ihtiyaç duyulmaktadır.

3.3.2 Proje

Planlama raporları bütçeye, ihtiyaca, önceliğe göre bazen hemen değerlendirilir, bazen de yıllarca rafta kalabilir. Strateji Dairesi Başkanlığı aracılığıyla Kalkınma Bakanlığına gönderilmesi ve yatırım programına alınmasından sonra "proje" kısmı başlar. Yatırım programına alınan işin projesi özelliğine göre Proje ve İnşaat Dairesi Başkanlığı, Barajlar ve HES Dairesi Başkanlığı, İçmesuyu Dairesi Başkanlığı veya Atısu Dairesi Başkanlıklarınca hazırlanır.

Proje aşamasında arazinin topografyası, jeolojisi, toplulaştırma veya kamulaştırma ihtiyaçlarına göre Emlak ve Kamulaştırma Dairesi Başkanlığı ve Jeoteknik Hizmetler ve YAS Dairesi Başkanlığı sürece katkıda bulunur. Çoğu zaman proje hazırlama safhası ihale edilmektedir. Standart Dosya Planında "Emlak ve İnşaat İşleri"nde proje hazırlanması için "755.01 Etüd-Proje ve Fizibilite İşleri" başlığı bulunmaktadır. Bu süreç sanki kurumların kendileri tarafından yapılıyormuş gibi değerlendirilse de, "proje" kısmı çoğu zaman ihale edilmektedir. Dolayısıyla ihale edildiği süreçte "755,02-ihale işlerinin" alt başlıkları kullanılmaktadır. İhale sonrasında yüklenici ile kurum arasında sözleşme imzalanmakta ve kabul aşamasına kadar yeni bir süreç başlamaktadır. DSİ'nin bu noktada sorumluluğu kontrolörlüktür. "755.03 ve alt başlıkları, 755.04, 755.05, 755.06 ve 755.07 alt başlıkları kullanılmaktadır. Oysa bu başlıkları dosya planında "755.01-etüd-proje ve fizibilite işlerinin" alt başlığı değildir.

Ana hizmet birimi olan bu 7 (yedi) Daire Başkanlığı ortak alanlardaki faaliyet kodlarını, danışma-denetim birimi olan Strateji Geliştirme Dairesi Başkanlığı' da ortakalanlardaki faaliyetlerin kodlarını kullanmaktadır. (Ek 13)

3.3.3. İnşaat

Proje tamamlanınca işin inşaat yani yapım kısmına geçilir. Yapım aşamasında tekrar ihale süreci başlar ve "755.02" başlıkları kullanılır. İlgili dairenin tatbikat şube müdürlükleri Bölge Müdürlükleri ile koordinasyonlu olarak bu faaliyeti yürütür. Kontrol ilgili daire başkanlığındadır. Jeoteknik Hizmetler ve YAS Dairesi Başkanlığı dışında 5 (beş) yatırımcı daire "750-769 Emlak ve Yapım İşleri" başlığını kullanırken, Jeoteknik Hizmetler ve YAS Dairesi Başkanlığı ana hizmet faaliyetlerinde kendisine ayrılan konu başlıklarını kullanmaktadır.(Ek 10)

3.3.4. İşletme

İnşaatı biten ve kabulü yapılan sulama, taşkından korunma, kurutma, taşkın kontrolü gibi tek veya çok amaçlı tesislerin işletilmesi ve bakımını yürütmek amacıyla ilgili Dairesi tarafından ilgili Bölge ile birlikte İşletme ve Bakım Dairesine devredilir. İçmesuyu Dairesi ve Atıksu Dairesi ise tesisi Belediyelere devreder. Belediyelere veya başka bir kuruma devredilmiş ise, DSİ'nin o proje ile ilgili ilişiği kesilir. İşletme Bakım ve Onarım Dairesi Başkanlığı ana hizmet birimlerine ayrılan kısımdaki başlıkları kullanır.(Ek 10)

İller Bankası ise yerel yönetimlere, kentsel ihtiyaçlarının karşılanabilmesi amacıyla uluslararası standartlarda proje üretmek ve geliştirmek, kredi sağlamak, danışmanlık yapmak ve teknik destek vermek yoluyla sürdürülebilir bir şehirleşmeye katkıda bulunan özel hukuk hükümlerine tabi, tüzel kişiliğe sahip, özel bütçeli Anonim Şirket statüsünde bir kalkınma ve yatırım bankasıdır.

İller Bankasının dosya planında, emlak ve yapım işleri süreci için ayrıca "250-299 Yapım ve Onarım İşleri" faaliyeti bulunmaktadır.[158]

Ana Dosya	**1. Alt Konu**	**2. Alt Konu**	**3. Alt Konu**	**YAPIM VE ONARIM İŞLERİ**	**Saklama Süresi**	**Saklama Kodu**
250				**Yapım ve Onarım İşleri (Genel)**		
251				**Yapım ve Onarım İşleri (Çevre Yapıları-Altyapı-Üstyapı Uygulamaları)**		
	01			Kredi ile İlgili İşlemler		
		01		Yurtiçi	15	D
		02		Yurtdışı	15	D
	02			Kamulaştırma ve İrtifak Hakkı		
		01		Belediye Meclis kararı	15	D
		02		Teknik Çalışmalar	15	D
		03		Bedel takdir ve Uzlaşma	15	D
		04		Zarar ve ziyan	15	D
		05		Ödeme İşleri	15	D
	03			İhale İşleri		

[158] Tamamını görmek için Ek 11'de dosya planı sunulmuştur.

		01		İzin ve Onay İşleri	15	D
		02		Yaklaşık Maliyet Hesabı	15	D
		03		İhale İlan İşleri	15	D
		04		Şartnameler	15	D
		05		Yeterlik Başvuruları ve / veya teklifler	15	D
		06		İhale Komisyonu Tutanak veya Kararları	15	D
		07		Kesinleşen İhale Kararı İşleri	15	D
		08		İtirazlar	15	D
		09		Sözleşme İşlemleri	15	D
		10		Geçici ve Kesin teminat İşlemleri	15	D
	04			Uygulama İşleri		
		01		Yer Teslimi	15	D
		02		İş Programı	15	D
		03		Sigorta	15	D
		04		Malzeme Kabulü	15	D
		05		Hakediş ve Ödemeler	15	D
		06		Sözleşme Bedel Artışı	15	D
		07		Süre Uzatımı	15	D
		08		Zemin Etüdü	15	D
		09		İlave veya Revize Projeler	15	D
		10		Revize Birim Fiyat ve Yeni Birim fiyat	15	D
		11		Adres veya Unvan Değişikliği	15	D
		12		İş ve İşçi İşlemleri	15	D
		13		Haciz veya Temlik	15	D
		14		İhbar, Şikayet veya Suç Duyuruları	15	D
		15		Geçici ve Kesin Kabuller	15	D
		16		Fesih, Tasfiye ve Devir İşleri	15	D
	05			Kesin Hesap İşlemleri	15	B
		01		Kesin Hesap SGK İlişizlik Belgesi	15	D
		02		SGK İlişizlik Belgesi	15	D
		03		Teminat İadesi	15	D
		04		İş Deneyim Belgeleri	15	D
		05		İşletme Planları ve as Built Projeler	30	C
	99			Diğer	15	D

252				**Banka Yapım ve Onarım İşleri İçin Birim Fiyatı Rayiç ve Birim Fiyat İşlemleri**		
	01			Malzemelere Ait Piyasa Rayiçlerinin Tespiti	15	D
	02			Birim Fiyat Analizleri ve Birim Fiyatların Düzenlenmesi ve Tasdiki	15	D
	03			Birim Fiyatların Yayımlanması	15	D
	99			Diğer	15	D
255				**Banka Yapım ve Onarım İşleri İçin Danışmanlık ve Kontrollük Hizmetleri**		
299				**Banka Yapım ve Onarım ile İlgili Diğer İşler**		

Her farklı iş için dosya açılacak olup, işin bütün aşamalarına ilişkin belgeler kendi dosyasından takip edilecektir. Aynı konu numarasını alan dosyaların birbirinden ayrımını sağlamak amacıyla dosya numarasının ardından köşeli parantez açılarak kısaltılmış tesis ismi veya belediye kodu yazılarak kullanılabilecektir.
Sayı: B.09.2.İBG.0.09.00.05-102.01/006011-541
Sayı: B.09.2.İBG.0.09.00.05-102.01 / [işin kısaltılmış adı] -541

İller Bankası Standart Dosya Planında ana hizmet faaliyetlerine ayrılan "251.02, 251.03, 251.04, 251.05 Yapım ve Onarım İşleri (Genel)" ait kodlar ve ortak alanlardaki "750-769 Emlak ve Yapım İşleri" ne ait kodlar aynı amaca hizmet etmektedir. Ancak bu faaliyetler ortak alanlarda isimlendirilmiş olsa da bazı kurumlar aynı faaliyetleri diğer kurumlara kapalı olan ana hizmet faaliyetlerine ayrılan bölümde de bu faaliyetlere yer verdikleri görülmektedir. İlgili kurumun ana hizmet faaliyetindeki kodların alt açılımlarının ortak alana göre çok daha fazla ayrıntılı olduğu görülmektedir.

Karayolları Genel Müdürlüğü ise genel olarak otoyol, devlet ve il yolları ağını tespit etmek ve bu ağdaki değişiklikleri hazırlamak, yol ağı üzerindeki yol ve köprüleri inşa ve ıslah etmek, onarmak ve emniyetle kullanmalarını sağlayacak şekilde sürekli bakım altında bulundurmak ve bu konularda gerekli eğitim yapmakla görevli bir kamu kuruluşudur. Karayolları Genel Müdürlüğünün dosya planının ana hizmet birimlerine ayrılan bölümlerinde ise bu faaliyetlerdeki sürecin hiçbir kısmı yansıtılmamıştır.[159]

[159] Tamamını görmek için Ek 12'de dosya planı sunulmuştur.

Ana Dosya	1. Alt Konu	2. Alt Konu	3. Alt Konu	KARAYOLLARI İŞLERİ	Saklama Süresi	Saklama Kodu
100				**Karayolları İşleri (Genel)**		
Etüt, Proje, Araştırma, Yapım, Onarım, İşletme ve Restorasyon İşlemleri için bkz. 755.01-755.99						
Kamulaştırma İşlemleri için bkz. 752.01-752.99; Çevre işleri için bkz. 611.01-611.99						
Her bir iş için (yol, sanat yapısı, tarihi köprü vb.), etüt, proje, araştırma, yapım, bakım ve onarım süreçleri bir bütün olarak değerlendirilmeli; işlemler aynı veya farklı birimlerde yürütülse de iş olarak ortak tanımlanabilmelidir.						
Her bir Etüt, Proje, Yapım, Restorasyon, Kamulaştırma, Çevre vb. işlem için ayrı tanımlama yapılması halinde, özel tanımlamayı ifade edecek kodlar "[ ]" işareti içerisinde kullanılabilecektir.						
Soru Önergeleri için bkz. 610; Araştırma ve Geliştirme Projeleri için bkz. 604.01-604.99, Araştırma İşleri için ayrıca bkz. 605.01-605.99						
Satınalma İşlemleri için bkz. 934.01-934.02						
Taşınmaz İşlemler (satış, kiralama, tahsis ve envanterleri) için bkz. 756.01-756.99						
Taşıt ve İş Makineleri için bkz. 801.01-801.99; İş Makineleri Bakım ve Onarım İşleri için bkz. 807.05						
105				**Sınır ve Ağ Değişikliği**	10	C
155				**Analizler / Deneyler**	10	C
160				**Tasarım (Dizayn) Raporu Hazırlanması / Kontrolü**	B	A3
Analiz ve Deney Raporları için ayrı ayrı ortak deney dosyası açılabileceği gibi, ihtiyaç duyulması halinde farklı analiz ve deneyler aynı iş kapsamında ortak değerlendirilebilecektir.						
165				**Kalibrasyon Hizmetleri**		
	01			Kalibrasyon / Ara Kontrol	10	D
	02			Nükleer Alet	20	D
	99			Diğer	10	C
Cihazlar ile ilgili kalibrasyon ve ara kontrol sertifikaları / formları ve nükleer alet ile ilgili kayıtlar cihaz kullanımında olduğu sürece saklanır.						
Kalite Yönetim Sistemi İşlemleri için ayrıca bkz. 060.01-060.99						
170				**Bakım, Onarım ve İşletme İşleri**		
	01			Yol / Sanat Yapıları / Tarihi Köprüler	15	C

Etüt, Proje, Araştırma ve İhale kapsamında yapılacak (yol, otoyol, sanat yapısı, tarihi köprü vs.) Bakım ve Onarım İşlemleri için bkz. 755.01-755.99					
	02		Yol Durumları	10	D
	03		Bakımevleri ve Plentler		
		01	Bakımevleri	10	D
		02	Plentler	10	D
	04		Kar Mücadelesi	10	D
	05		Tuzlama ve Kurulama	10	D
	06		İsim Seçme (Yol, Viyadük, Tünel vb.)	15	C
	07		Yerleşim Yeri / Köy Adı Değişikliği	10	D
	08		İzin İşlemleri (Hat Geçiş Protokolleri)	10	C
	09		Geçiş Ücretleri	10	C
	10		Envanter	15	A3
	99		Diğer	15	C
Üst Yapı Malzemeleri (bitüm, asfalt vb.) Satınalma İşleri için bkz. 934.01; Satış İşlemleri için bkz. 942.02; Stok kontrolü işlemleri için bkz.947.01-947.99					
Karayolları Merkez Ve Taşra Teşkilatı tesislerinin Bakım ve Onarım işleri için bkz. 807.01-807.99					
Geçiş Ücretleri tahsil ve geri ödeme taleplerinin değerlendirilmesi için bkz. 855.01-855.99; Fiyat Belirleme ve Tarife İşlemleri için bkz. 940					
Ağaçlandırma İşleri için bkz. 812 ayrıca bkz. 611.01; Harita İşleri için bkz. 757.01- 757.99					
Envanter Bilgileri için bkz. 042, ayrıca bkz. 605.01-605.99					
Makibe Ekipman İşleri için bkz. 801.01-801.99, ayrıca bkz. 934.01.01- 934.01.99; ayrıca bkz. 807.05					
175			Trafik İşleri		
	01		Trafik Güvenliği	10	A3
	02		Yaya Güvenliği ve Yaya Alt Üst Geçitleri	10	D
	03		İşaretleme	10	D
	04		Levhalar	10	D
	05		Levhalar, Işıklar vb. Diğer Yapı ve Tesisler	10	D
Karayolları Trafik Kanunun 16. maddesine göre yapılacak işlemler için bkz. ...05					
	06		Işıklandırma	10	D
	07		Ses Perdeleri	10	D
	08		Tazminat	10	D
	09		Yolboyu Tesisleri	10	D

	10			İzin Belgesi	10	D
		01		Gabari Dışı ve özel Yük Taşıma	5	D
		02		Geçiş Yolu İzni	10	C
	11			Otokorkuluk	10	D
	12			Trafik Kazaları		
		01		Kaza Raporları	10	C
		02		Hasar Tespit	10	C
	13			Alternatif Güzergâh Çalışmaları	10	A3
	14			Elektronik Sistemler	10	C
	15			Diğer	10	C
Borç ve Alacak İşlemleri için bkz. 855.01-855.99; İdari Yaptırımlar için ayrıca bkz. 858						
Elektronik Geçiş Sistemleri için bkz. 700-719; Bakım ve Onarım için ayrıca bkz. 807.01-807.04						
İş Deneyim Belgesi İşlemleri için bkz. 755.07.03						
599				**Karayolları ile İlgili Diğer İşler**	15	C

Karayolları Genel Müdürlüğünde etüt ve proje birlikte değerlendirilmiş, kullanıcılar ortak alanlarda bulunan 755.01 başlığına yönlendirilmişlerdir. Oysa Ek 10 da sunulan Devlet Su İşleri Genel Müdürlüğünün ana hizmet birimlerine ayrılan dosya planı incelendiğinde etüt için "100-149 Etüt, Ana Done Toplama ve Planlama ve 150-159 Yeraltı Suları" faaliyetlerine yer verilmiştir. 755.01 başlığı yapım işinin projelendirilmesi kısmında kullanılan bir başlıktır. İller Bankasında ise Ek-11 de sunulan, ana hizmet birimlerine ayrılan bölümde etüt işlemleri "300-349 Yeraltı Etüt İşleri ve 350-399 Etüt ve Proje İşleri" olarak ifade edilmiştir.

Harita ve Fotoğraf işleri için DSİ ve Karayolları Genel Müdürlüğü ortak alanlara yönlendirilirken İller Bankasında bu faaliyet ana hizmet birimlerinde yer alan "200-249 Harita ve İmar Planı İşleri (Şehircilik)" olarak tekrar ifade edilmiştir. İller Bankasının ana hizmet faaliyetleri incelediğinde benzer örnekleri çoğaltmak mümkün görünmektedir.

Karayolları Genel Müdürlüğünde "etüd" faaliyeti Devlet Su İşleri Genel Müdürlüğü ve İller Bankası olduğu gibi önemli bir kısım olsa da ayrıca değerlendirilmemiştir. Ancak bu diğer iki kurum etüt faaliyetlerini ayrıntılı olarak ifade etmişlerdir.

Standart Dosya Planın genel açıklamalar bölümünde "aynı konuya ait belgelerin aynı "ad" ve "numara" ile açılacak dosyalarda toplanması amaçlanmış, böylece kurum içi birliktelik sağlamanın yanında, özellikle yardımcı hizmet, danışma ve denetim konularında tüm kurum ve kuruluşlarda birliktelik sağlanması hedeflenmiştir. Planda, faaliyetin adı altında ana konular; ana konuyla ilgili tali konular ve tali konularla ilgili daha alt konular birbirleri ile olan il ilişkileri dikkate alınarak, bir araya getirilmiş ve numaralandırılmıştır" denilmektedir.[160] Ama 3 (üç) ayrı kurumun benzer faaliyetlerini kodlaması için ayrılan konuların dosya planları incelendiğinde, faaliyetlerin değerlendirilmesinin birbirinden farklı olduğu görülmektedir.

Dosya planı kurumlarda DAGM çalışanları ile tekrar değerlendirilirken, kurumların öncesinde ana hizmet faaliyetlerinde yer verdikleri konulardan ortak alanlarda zaten isimlendirilen faaliyetlerin, bazı kurumlarda tespit edilerek kaldırıldığı görülmektedir. Dosya planı çalışması yapılırken kamu kurum ve kuruluşlarına giden ekipler birbirinden farklıdır. Kurumların dosya planına bakış açısı da birbirinden farklıdır. Farklı kişilerin algılaması birbirinden ayrı olabileceği için dosya planında faaliyetlerin ifade edilmesi de farklı olmuştur. Dosya planı çalışması yapılırken alt birimlerin kendi faaliyetlerini öne çıkarma eğilimleri de başka bir sebep olarak gösterilebilir. Benzer faaliyeti yapan kurumlarda tüm çalışmayı aynı ekip yapmış olsa idi, ortak sorunları görüp değerlendirmesi ve benzer çözümler üretmesi belki daha kolay olabilirdi.

Standart Dosya Planının bir sonraki adımı belki de kurumların birbirlerine kapalı olan, ana hizmet faaliyetleri "100-599" sayısal aralığının ortadan kaldırılarak, bu kısımda da benzer faaliyetleri yapan kurumlar için ortak başlıklar oluşturmak olacaktır. Böyle bir durumda kurumların ana hizmet faaliyetleri açık olmalı, bütün kamu kurum ve kuruluşları bu başlıkları kullanabilmelidir. Bu çalışmanın yapılabilmesi içinde dosya planlarının tekrar değerlendirilmesi ve tekrar değiştirilmesi gerekecektir.

Kamu kurum ve kuruluşlarında her bir işin süreçleri farlı birimler tarafından yürütülse de süreç bir bütün olarak değerlendirilmeli ve o iş hep aynı şekilde ifade edilmelidir. Bunun için kurumlar yaptıkları işleri de isimlendirip kodlamalı ve dosya planı ile birlikte kullanmalıdırlar.

[160] Çevrimiçi)http://www.devletarsivleri.gov.tr/icerik/18/standart-dosya-plani, 8 Haziran 2014.

Bir diğer konu personelin dosya planını kullanmada gösterdiği hassasiyettir. Yazıyı hazırlayan ve konu numarasını tespit eden kişiler birbirinden farklıdır. Çalışanlar için önemli olan yazıyı doğru bir şekilde hazırlamaktır, konu numarası vermek ise bir ayrıntıdır. Aynı şekilde kuruma farklı konularda gelen bütün belgeler genel evrak servislerinde çalışanlar tarafından kaydedilip konu numarası verilmektedir. Her iki durumda evraka doğru konu numarasının verilmeme durumu vardır. Oysa bu sistemde belgenin tüm kaderi konu numarası ile belirlenecektir.

Standart Dosya Planı çalışması 2002 tarihinde Devlet Arşivleri Genel Müdürlüğü koordinesinde başlatılmıştır. Kamu kurum ve kuruluşları ana hizmet birimlerine ait 100-599 sayısal aralığını kendileri hazırlamışlardır. 2005/7 Başbakanlık Genelgesi ile kamu kurum ve kuruluşlarına planı uygulama zorunluluğu getirilmiştir. Uygulamaya başlanmasıyla birlikte planla ilgili revizyon ihtiyacı doğmuştur. 2010 yılında Devlet Arşivleri Genel Müdürlüğü personelinin kurumlarda yaptığı çalışmasıyla birlikte dosya planı en büyük değişikliğe uğramıştır. 2012 yılında da yine az da olsa değişiklikler olmuştur. Bu süreçte yani 2005 den beri planı uygulayan kurumlar eski dosya planlarını kullanmaya bırakmışlardır. Ancak 2005 yılındaki genelgeye rağmen kamu kurumların bir kısmı ellerindeki mevcut dosya planlarını uygulamış bazı kurumlarda ise, hem eski dosya planlarını hem de Standart Dosya Planı birlikte kullanmışlardır. Yani aynı faaliyet hem aynı kurum içinde hem de farklı kurumlarda, farklı faaliyet isimleri ile farklı kodlarla ifade edilmiştir. Standart Dosya Planı her revize edildiği dönemde yeniden bir uygulama başlamıştır. Yani aynı konulu evrak farklı zamanlarda farklı konu numaraları ile kodlanmıştır. Dosya Planı her güncellendiği özellikle büyük değişimlere uğradığı zaman bu durum her defasında yinelenecektir.

Standart Dosya Planının iyileştirilmesi ve geliştirilmesi kullanılması ile birlikte olacaktır ve değişim kaçınılmazdı. 9 yıllık bir süreçte planı kullanan iyi memur yani genelgeyi dikkate alan farklı numaralar kullanmış, kötü memur yani planı kullanmayan ise, evrakına hep aynı numarayı vermiştir. Bu süreçte geriye dönük evrak aradığımız zaman farklı dosyalarda özellikle tümleşik dosyalarda belgelere erişimde sıkıntılar yaşanır hale gelmiştir. Yani aynı konulu evraklar farklı zamanlarda farklı numaralarla ifade edilmiştir. Dosyalara erişim, imha, devir gibi işlemler yapılırken dosya numarasına bakmak yeterli olmayacak, dosyanın içeriği incelenerek bir değerlendirme yapılması zorunlu hale gelecektir.

Standart Dosya Planının uygulanması için kamu kurum ve kuruluşlarında karar verici olan üst idarecilerin dosya planına inanmaları, farkındalıklarının artarak planı desteklemeleri gerekmektedir. Aynı şekilde dosya planını uygulayacak olan personele de eğitim verilmesi ve personelinde bu plana inanması ve benimsemesi gerektiği düşünülmektedir.

3.4. Belgelerin Ayıklama ve İmha İşlemleri

Belgenin yaşam döngüsü, en genel anlamda belgenin doğum, yaşam ve ölüm evrelerini kapsayan bir süreçtir. Belgenin yaşam döngüsü üretimle başlamaktadır. Bu safhada belge belli kurallara göre oluşturulur, kayıt altına alınır ve sınıflandırılır. Üretim aşamasında belge ile ilgili doğru tespitlerin yapılması belgenin bundan sonraki süreçte çok daha kolay yönetilmesine olanak verecektir. Belge üretildikten sonra dağıtımı yapılır ve dosyalama işlemi başlar. Daha sonra belge arşive devredilir ve düzenlenir.

Bu bölümde Standart Dosya Planı ile birlikte belgelerin hem klasik ortamda hem de elektronik ortamda ayıklama imha, DAGM devir konuları örneklerle incelenecektir.

3.4.1.Kamu Kurumlarında Klasik Ortamda Ayıklama ve İmha

Kamu kurum ve kuruluşlarının bugüne kadar ayıklama imha ve devir işlemlerinde pek de başarılı oldukları söylenemez. Uzmanlık gerektiren başka alanlarda görev yapan kişiler için belge yönetimi süreci ile ilgili işler külfet olarak görüldüğünden ayıklama ve imha, DAGM'ne devir ve belgelerin Kurum Arşivinde tasnif gibi işlemleri devamlı ertelenmiş, kurum çalışanları bu konuda sorumluluk almak istememişlerdir.

Kurumlarda oluşturulan ayıklama ve imha komisyonu üyeleri, resmi evrakı imha etme, belgenin ömrü ile ilgili karar verme konusunda tereddütler yaşamış ve kurumlar risk almak istemediklerinden bu konularda pasif davranmış ve başka yöntemlere başvurmuşlardır.

Kamu kurumlarının kurum arşivlerinde yapılacak ayıklama ve imha işlemleri için, arşiv hizmet ve faaliyetlerinin düzenlenmesi ve yürütülmesinden sorumlu birim amirinin veya kurum arşiv sorumlusunun başkanlığında, kurum arşivinden görevlendirilecek iki memur ile, belgeleri ayıklanıp imha edilecek olan dairenin amirinin görevlendirdiği, bağlı olduğu birimin verdiği hizmetlerde bilgi ve tecrübesi olan aynı zamanda evrak yönetimi konusunda da bilgili iki temsilciden oluşacak beş kişilik bir "Kurum Arşivi Ayıklama ve İmha Komisyonu" kurulmaktadır.

Taşra, bölge ve yurt dışı arşivlerinde yapılacak ayıklama ve imha işlemleri için, arşiv hizmetlerinin yürütülmesinden sorumlu birimin başkanlığında birim arşiv sorumlusu ve birim arşivinden görevlendirilecek bir memur ile belgeleri ayıklanıp imha edilecek ilgili birimin amiri tarafından görevlendirilecek evrak yönetimi ve birimin verdiği hizmetlerde bilgi ve tecrübe sahibi iki temsilciden oluşturulacak beş veya dört kişilik bir "Ayıklama ve İmha Komisyonu" kurulmaktadır. Yeterli personel bulunamaması durumunda, komisyon en az üç kişiden oluşmaktadır.

Merkezde ve taşrada arşiv işlerinden sorumlu birim ilgili birimlere, üyelerin belirlenmesini resmi bir yazı ile bildirir. Birimler asil ve yedek üyelerini belirleyip, resmi yazı ile arşiv işlerinden sorumlu birime gönderir. Belirlenen üyeler için arşivden sorumlu birim "makam olur"u alır ve üyeler resmi olarak bu işlerde yetki ve sorumluluk almış olur. Makam olur'u yine resmi yazı ile birimlere gönderilir.

Birimlerin üst amirleri üyeleri görevlendirirken üyelere bu konuda yetki vermiş olur, makam ise olur ile bu yetkiyi onaylar.

Komisyonların arşivlerde yaptıkları ayıklama imha işlemi sonucunda hazırlanan imha listeleri, DAGM'ne onay için resmi yazı ile gönderilir. Devlet Arşivleri Genel Müdürlüğü uzaman personelinin onayladığı listeler, resmi yazı ile kurumlara gönderilir. DAGM tarafından onaylanan listeler son olarak, ilgili kurumun en üst amirinin onayına sunulduktan sonra kesinlik kazanır.

Taşra, bölge ve yurtdışı arşivlerinde hazırlanan imha listeleri için yine aynı süreç işler, ancak onay için DAGM değil, Genel Müdürlüğe gönderilir. Genel Müdürlükte arşiv hizmetlerinden sorumlu birimin uzaman personelinin onayladığı listeler resmi yazı ile geri gönderilir. Bu kez taşradaki en üst amirin onayına sunulur ve listeler kesinlik kazanır.

İmha edilecek malzeme okunamayacak hale getirildikten sonra istenilen yok etme tarzıyla ortadan kaldırılabilir.

Komisyon üyeleri arşivlerde ayıklama ve imha işlemini yapmaya çok istekli olmamalarının yanı sıra, hangi belgenin imha edileceği, hangisinin saklanacağı konusunda karar vermede tereddütler yaşadığından bu işlemler yapılmamakta, belgeler depolarda bekletilmektedir.

Bunu üzerine DAGM 1990 lı yıllarda kamu kurum ve kuruluşlarında bulunan arşiv malzemesinin yok edilmesini önlemek, arşiv malzemesini tespit etmek, saklanmasına gerek görülmeyen malzemenin ayrılması, saklama sürelerinin belirlenmesi ve arşiv malzemesinin Devlet Arşivleri Genel Müdürlüğüne devrinin sağlanması için bir çalışma başlatmıştır. Kurumların birimlerinde çalışan kişilerle birebir görüşerek "Arşiv Malzemesi Tespit Çalışması"nı başlatmıştır. Arşiv Malzemesi Tespit Çalışmasına Devlet Arşivleri Genel Müdürlüğü web sayfasından ulaşılabilmektedir. [161] Arşiv Malzemesi Tespit Çalışmaları süreci sonlanmış ve kesin sonuca bağlanmış değildir, ihtiyaç duyuldukça DAGM tarafından güncellenmektedir.

Belgelerin ömrü ile ilgili son karar ve sorumluluk komisyonlara bırakılmıştır. Belgeler konusunda Devlet Arşivleri Genel Müdürlüğünce tespit edilen süre haricinde mevzuatta o konu ile ilgili geçerli başka bir süre varsa dikkate mevzuattaki süre alınacaktır. Eğer mevzuatta belirtilen süre Devlet Arşivleri Genel Müdürlüğünün yaptığı tespitlerdeki sürelerden daha az ise komisyon inisiyatif kullanarak belgeyi biraz daha bekletebilecektir

Arşiv Malzemesi Tespit Çalışmasının kurumlarda kurulan ayıklama ve imha komisyonlarına rehberlik etmektedir. Devlet Arşiv Hizmetleri Hakkında Yönetmelikte Değişiklik Yapılmasına dair Yönetmelik de kurumlarda oluşturulan ayıklama ve imha komisyonlarına, belgeyi değerlendirme konusunda tam yetki verilmiştir. Ayıklama ve İmha Komisyonlarının uygun bulduğu imha listeleri, Devlet Arşivleri Genel Müdürlüğü'nün de uygun görüşü alındıktan sonra ilgili kurumun en üst amiri tarafından onaylanmaktadır. Bu işlemden sonra imha listeleri kesinlik kazanmaktadır. Komisyon üyeleri, DAGM ve yetkili amir arasında imha listeleri ile ilgili sorumluluk paylaşılmaktadır.Yönetmelik de komisyona verilen yetkinin Arşiv Malzemesi Tespit Çalışmaları ile komisyona tavsiyede bulunması, bir diğer ifade ile uygulamada hangi belgelerini imha edeceğini söylemesi ise komisyona verilen tam yetki konusunda ironi oluşturmaktadır.

[161] (Çevrimiçi) http://www.devletarsivleri.gov.tr/assets/content/MicroSiteler/Arsiv_Uzmanlari/Mevzuat/saklama_planlari.pdf, 8 Haziran 2014.

3.4.2.3473 Sayılı Kanun ile Devlet Arşiv Hizmetleri Hakkında Yönetmelikte Değişiklik Yapılmasına Dair Yönetmelik Çerçevesinde Ayıklama ve İmha

3473 sayılı Muhafazasına Lüzum Kalmayan Evrak ve Malzemenin Yok Edilmesi Hakkında Kanun Hükmünde Kararnamenin Değiştirilerek Kabulü Hakkında Kanunun ikinci maddesinde "arşiv malzemesi, arşivlik malzeme, ayıklama ve imhanın tanımı yapılmıştır Buna göre;

"Arşiv malzemesi: Türk Devlet ve Millet hayatını ilgilendiren ve en son işlem tarihi üzerinden otuz yıl geçmiş veya üzerinden onbeş yıl geçtikten sonra kesin sonuca bağlanmış olup, birinci maddede belirtilen kuruluşların işlemleri sonucunda teşekkül eden ve onlar tarafından muhafazası gereken, Türk Milletinin geleceğine tarihî, siyasî, sosyal, kültürel, hukukî ve teknik değer olarak intikal etmesi gereken belgeler ve Devlet hakları ile milletlerarası hakları belgelemeye, korumaya, bunlarla ilgili işlem ve münasebetler bakımından tarihî, hukukî, idarî, askerî, iktisadî, dinî, ilmî, edebî, estetik, kültürel, biyografik, jeneolojik ve teknik herhangi bir konuyu aydınlatmaya, düzenlemeye, tespite yarayan, ayrıca ait olduğu devrin ahlâk, örf ve âdetlerini veya çeşitli sosyal özelliklerini belirten her türlü yazılı evrak, defter, resim, plân, harita, proje, mühür, damga, fotoğraf, film, plâk, ses ve görüntü bandı, baskı ve benzeri belgeleri ve malzemeyi,

Arşivlik malzeme: Yukarıdaki bentte sayılan her türlü belge ve malzemeden zaman bakımından henüz arşiv malzemesi vasfını kazanmayanlarla, son işlem tarihi üzerinden yüzbir yıl geçmemiş memuriyet sicil dosyaları, Devletin gerçek ve tüzel kişilerle veya yabancı devlet ve milletlerarası kuruluşlarla akdettiği ikili ve çok taraflı milletlerarası andlaşmalar, tapu tahrir defterleri, tapu ve nüfus kayıtları, aynı özellikteki vakfiyelerden ait oldukları kamu kurum ve kuruluşları ile il, ilçe, köy ve belediyelere ait sınır kâğıtları gibi belgeleri,

Ayıklama: Arşiv malzemesi ile, cari işlemleri devresinde bir değere sahip olduğu hâlde, hukukî kıymetini ve bir delil olma vasfını kaybetmiş, ileride kullanılmasına ve muhafazasına lüzum görülmeyen her türlü malzemenin birbirinden ayırımı ile ileride arşiv malzemesi vasfını kazanacak olan arşivlik malzemenin tespiti işlemini,

İmha: İleride kullanılmasına ve muhafazasına lüzum görülmeyen, arşiv malzemesi ve arşivlik malzeme dışında kalan, hukukî kıymetini ve bir delil olma vasfını kaybetmiş malzemenin ayrılarak, yönetmelikte belirtilecek usul ve esaslara göre imhası işlemini, ifade eder."

Devlet Arşiv Hizmetleri Hakkında Yönetmelikte Değişiklik Yapılmasına Dair Yönetmelik'de ise arşivlik malzemenin Birim Arşivine devredilmek üzere nasıl hazırlanacağı, Kurum Arşivine devredilme işlemleri, Kurum Arşivinde ayıklama ve imha işlemleri, tasnif ve yerleştirme, Devlet Arşivleri Genel Müdürlüğü'ne devredilecek malzemenin ayrılması ve teslimi, imha edilecek malzeme, ayıklama ve imha komisyonlarının teşkili ve imha işlemlerinin safhalarının nasıl olacağı tarif edilmiştir.

Devlet Arşiv Hizmetleri Hakkında Yönetmelikte Değişiklik Yapılmasına Dair Yönetmelik'in 31. Maddesinde de imha edilecek malzeme;

"Madde 31- İmha edilecek malzeme, aşağıda gösterilmiştir.

1.Şekli ne olursa olsun, her çeşit tekit yazıları,

2.Elle, daktilo ile veya bir başka teknikle yazılmış her çeşit müsveddeler,

3.Resmî veya özel her çeşit zarflar (Tarihî değeri olanlar hariç),

4.Adlî ve idari yargı organları ile PTT ve diğer resmî kuruluşlardan gelen ve genellikle bir ihbar mahiyetinde bulunan alındı, tebliğ ve benzeri her çeşit kâğıtlar, PTT'ye zimmet karşılığında verilen evrakın (koli, tel, adî ve taahhütlü zarf ve benzeri) kayıt edildiği zimmet defterleri ve havale fişleri,

5.Bilgi toplamak amacıyla yapılan ve kesin sonucu alınan yazışmalardan geriye kalanlar (anket soru kâğıtları, istatistik formları, çeşitli cetvel ve listeler, bunlara ait yazışmalar ve benzeri gibi hazırlık dokümanları),

6.Aynı konuda bir defa yazılan yazıların her çeşit kopyaları ve çoğaltılmış örnekleri,

7.Esasa taalluk etmeyip, sadece daha önce belirlenmiş bir sonucun alınmasına yarayan her türlü ara yazışmalar,

8.Bir örneği takip veya saklanılmak üzere, ilgili ünite, daire, kurum ve kuruluşlara verilmiş her çeşit rapor ve benzerlerinin fazla kopyaları,

9.Ünite, daire, kurum ve kuruluşlar arasında yapılan yazışmalardan, ilgili ünite, daire, kurum ve kuruluşta bulunan asılları dışındakilerin tamamı,

10.Bir ünite, daire, kurum ve kuruluş tarafından yazılan ve diğer ünite, daire, kurum ve kuruluşlara sadece bilgi maksadı ile gönderilen tamim, genelge ve benzerlerinin fazla kopyaları, aslı ilgili ünite, daire ve kuruluşlarda bulunan raporlar ile ilgili mütalâaların, diğer ünite ve kuruluşlarda bulunan kopya ve benzerleri,

11.Dış kuruluşlardan bilgi için gelen rapor, bülten, sirküler, broşür, kitap ve benzeri basılı evrak ve malzeme ile her türlü süreli yayından ve basılı olmayan malzemeden, kütüphane ve dokümantasyon ünitelerine mal edilenler dışında kalanlar, kullanılmasına ve muhafazasına lüzum görülmeyen kitap, broşür, sirküler, form ve benzerleri ile mevzuat veya form değişikliği sebebiyle kullanılmayan basılı evrak ve defterlerden elde tutulacak örnekler dışındakilerin tamamı,

12.Demirbaş, mefruşat ve benzeri talepler ile ilgili olarak yapılan yazışmalardan sonucu alınan ve işlemi tamamlanmış yazışmaların fazla kopyaları,

13.İşlemi tamamlanmış bütçe teklif yazılarının fazla kopyaları,

14.Çalışma raporlarının fazla kopyaları,

15.Yanlış havale ve sevk sebebiyle, ilgili evrak için yapılan her türlü yazışmalar,

16.Kanun, tüzük ve yönetmelik icabı, belli bir süre sonra imhası gereken şifre, gizli emir, yazı ve benzerleri, ilgili mevzuat hükümlerine göre belli saklanma sürelerini doldurmuş bulunan yazışmalar,

17.İsimsiz, imzasız ve adresi bulunmayan dilekçe, ihbar ve şikâyetler,

18.Bilgi için gönderilmiş yazılar, müteferrik işler meyanında, kesin bir sonuç doğurmayan her türlü yazışmalar,

19.Personel devam defter ve çizelgeleri, izin onayları, izin dönüşü bilgi verme yazıları, hasta sevk formları,

20.İmtihan duyuruları, başvurular, imtihan tutanakları, imtihan yazılı kâğıtları, imtihan sonuç yazıları ve duyuru cetvelleri,

21.Görev talepleri ve cevap yazıları, işleme konmamış (hıfzedilmiş) başvurular ve yazılar,

22.Daireler arası müteferrik yazışmalar, vatandaşlarla olan müteferrik yazışmalar,

23.Vatandaşlardan gelen istek, teklif, teşekkür yazıları ve cevapları,

24.Davetiyeler, bayram tebrikleri ve benzerleri,

25.İstifade edilmesi, onarılması ve yeniden yerine konması mümkün olmayan evrak ve benzerleri,

26.Her türlü cari işlemlerde aktüalitesini kaybetmiş olup, değersiz oldukları takdir edilenler ile,

27.Yukarıda, genel tarifler içerisinde sayılanlar dışında kalıp da, bürokratik gelişmeler sonucunda, zamanla kendiliğinden teşekkül eden evrak ve vesaik ile benzerlerinden delil olma vasfı taşımayan, hukuki ve ilmi kıymeti bulunmayan, muhafazasına lüzum görülmeyenlerin, İmhasına mükellefler bünyesinde kurulacak "Ayıklama ve İmha Komisyonları"nca karar verilir.

Devlet Arşiv Hizmetleri Hakkında Yönetmelik'te elektronik ortamdaki belgeler ile ıslak imzalı belgelerin yaşam döngüsü birbirinden ayrılmamıştır. Anılan yönetmeliğin "Kamu Kurum ve Kuruluşları ile Genel Müdürlüğün İş Birliği ve Münasebetleri" başlıklı altıncı kısmın, "Elektronik Ortamlarda Kaydedilen Arşiv Malzemesi" maddesinde "Ek Madde 1- (Ek : 8.8.2001/24487 RG)

Elektronik ortamlarda teşekkül eden bilgi ve belgelerden arşiv malzemesi özelliği taşıyanların kaybını önlemek ve devamlılığını sağlamak amacıyla bir kopyası cd, disket veya benzeri kayıt ortamlarına aktarılmak suretiyle muhafaza edilir. Bu tür malzemelerin muhafaza, tasnif, devir vb. arşiv işlemlerinde diğer tür malzemeler için uygulanan hükümler uygulanır." hükmünü haizdir.

3.4.3.Elektronik Belge Yönetimi Sistem Kriterleri Referans Modeline Göre Ayıklama ve İmha

Elektronik ortamda üretilen belgeler, 23 Ocak 2004 tarihinde Resmi Gazetede yayımlanan ve 23 Temmuz 2004 tarihinde yürürlüğe giren "Elektronik İmza Kanunu" ile hukuken kabul görür hale gelmiştir. Bu kanunla birlikte kamu kurum ve kuruluşlarının hem kendi içinde, hem diğer kurumlarla yapacakları bilgi ve belge iletişiminde, sayısal ortamda saklanacak belgelerinde yazılı belgelerle eşdeğer nitelikte olduğu kabul edilmiştir.

Elektronik imza kanunundan sonra Türkiye'de birçok kamu kurum ve kuruluşu teknolojinin imkânlarından yararlanmak için elektronik bele yönetimi programları oluşturmak için adımlar atmıştır. Standart Dosya Planı çalışması ise kamu kurum ve kuruluşlarının hem elektronik ortamda hem evrak düzeninde oluşturulan belgelerin dosyalanması için Başbakanlık Devlet Arşivleri Genel Müdürlüğü koordinesinde başlatılan bir çalışmadır.

Başbakanlık tarafından 16 Temmuz 2008 tarihinde elektronik belge standartları konusunda yayımladığı genelge ile tüm kamu kurum ve kuruluşlarının kendi bilgi sistemlerini DAGM tarafından yayınlanan Elektronik Belge Yönetimi Sistem Kriterleri Referans Modeline (Türk Standartları Enstitüsü tarafından TS 13298 numara ile yayımlanmıştır) uyumlu hale getirmeleri zorunlu tutulmuştur. Adı geçen genelge ile 13298 numaralı standart ülkemizde uygulanması gereken zorunlu tek standarttır.

Elektronik Belge Yönetimi Sistem Kriterleri Referans Modeline göre elektronik belgelere ait saklama kriterleri diğer belge yöntemleri ile aynı alan idari, mali, hukuki ve tarihi kriterdir. Saklama süreleri ise bir ay ile 100 yıl arasında değişebilir. Saklama süresinin başlangıcı, elektronik belge yöneticisi tarafından belirlenecek bir aksiyona göre başlatılır. Bu aksiyonlar; elektronik belgenin üretim tarihi, klasörlerin açılış veya kapanış tarihleri, klasör içerisinde yerleştirilen ilk veya son belgenin üretim tarihleridir. Elektronik Belge Yönetim Sistemi bünyesinde her eleman için tasfiye işlem tanımları; sürekli saklama, değerlendirme, imha ve transferdir. EBYS, sistemde tanımlı her bir eleman ait saklama planının otomatik olarak takip etmeli ve saklama süresi dolanların tasfiye işlemlerini yapılabilmesi için elektronik belge yöneticisini uyarmalıdır.[162]Buna göre;

"SK2.5 Tasfiye İşlem Tanımları

SK2.5.1 EBYS bünyesindeki her eleman için tasfiye işlem tanımları aşağıdaki şekilde olmalıdır.

• Sürekli Saklama: Sistem içerisinde tanımlanan herhangi bir elemanın saklama kriterlerinden bir veya birkaçı nedeniyle sürekli saklanacağını ve hiçbir şekilde imha edilmemesi gerektiğini ifade eder.

• Değerlendirme: Elektronik belgenin ileri bir tarihte değerlendirmeye tabi tutulacağını ve tasfiye kararının bu değerlendirme sonucuna göre alınacağını ifade eder.

• İmha: Elektronik belgenin saklama süresinin bitiminde imha edileceğini gösterir.

•Transfer: Elektronik belgenin üretildiği kurumdaki saklama süresinin bitiminde başka bir kuruma transfer edileceğini gösterir.

162 Hamza Kandur , **Elektronik Belge Yönetimi Sistem Kriterleri Referans Modeli** ,2. bs., Ankara, 2006 , s. 26-27

Not: Sürekli saklama seçeneği, elektronik belgenin üretildiği kurumda sürekli saklanacağı durumlar için geçerlidir. Ayrıca transfer yolu ile Devlet Arşivlerinin sorumluluğuna geçen elektronik belgeler de burada sürekli saklanacaktır."

Sürekli saklama kurumda süresiz saklanacak belge grupları için, transfer ise Devlet Arşivleri Genel Müdürlüğüne gönderilecek elektronik belgeler için geçerlidir. Elektronik Belge Yönetim Sistemi bünyesinde elemanlar için tasfiye işlem tanımlarında sadece bir tanesi atanabilmelidir.

3.4.4. Standart Dosya Planı ve Ayıklama ve İmha

Standart Dosya Planı ise daha öncede belirttiğimiz gibi kamu kurum ve kuruluşlarınca elektronik ortamda veya evrak düzeninde oluşturulan belgelerin dosyalanmasında kullanılacak olan dosya planıdır.

Standart Dosya Planı çalışması ile birlikte belgelerin saklama süresi yeniden değerlendirilmiştir. Planda kodların karşısında saklama süresi ve saklama kodu olmak üzere ayrıca iki kolon daha bulunmaktadır. Ancak bu kolonlar ortak alanlara ait olanlar için boştur. Bu bölüm; "saklama kodu" planın kurum ve kuruluşlar nezdinde doğru uygulamaya bulmasının ardından dosyaların arşivlerde saklama sürelerinin tespiti amacıyla plan üzerinden ikinci bir çalışma başlatılacaktır. Böylece, açılan dosyaların yaşam süresi diğer bir ifade ile de belgenin daha oluşumu safhasında akıbeti tespit edilmiş olacaktır" denmektedir.[163]

Kurumlarda Standart Dosya Planı çalışması yapılırken ana hizmet birimlerine ait faaliyetlerin saklama süreleri yeniden değerlendirilmiş ve güncellenmiştir. Ancak birim ve kurum arşivinde saklama süreleri her zaman rakamla ifade edilmemiştir. Saklama süresi rakam olarak ifade edilemeyenler A, B, C, D harfleri ile ifade edilmiştir. Bu harflerle ifade edilmek istenen ise;

A: Devlet Arşivine Gönderilir (Arşiv malzemesi özelliğini taşıyan malzemenin ayıklama ve imha komisyonlarınca imha edilmemesi gerektiğini, kurumlarda bekleme süresini doldurduktan sonra Devlet Arşivleri Genel Müdürlüğü'ne devredilecek arşiv malzemesi için kullanılmıştır.)

A1: Örnek Yıllar Gönderilir

A2: Örnek Seçilenler Gönderilir

A3: Özellikli Olanlar DAGM 'ne Gönderilir

163 A.e., s. 70.

B: Kurumda Saklanır(Günlük iş akımı içerisinde kurumda sürekli ihtiyaç duyulan malzemeler için kullanılmıştır. Bu belgelerde imha edilmeyecek kurumda sürekli saklanacaktır. Kurumda muhafazasına gerek duyulmaz ise Devlet Arşivleri Genel Müdürlüğünün tekrar görüşü alınacaktır.

C: Ayıklama İmha Komisyonunca Değerlendirilir (Ayıklama ve İmha Komisyonları bu dosyalardan arşiv malzemesi özelliği görülenler saklama süresinin sonunda Devlet Arşivleri Genel Müdürlüğüne gönderilecektir.)

D: Devlet Arşivlerine Gönderilmez (Arşiv malzemesi özelliğini taşımayan bu malzeme ihtiyaç duyulduğu ve varsa mevzuatların belirlediği saklama süresini doldurduktan sonra Ayıklama ve imha Komisyonlarının kararı ile imha edilecektir.)

Devlet Su İşleri Genel Müdürlüğü dosya planında "Yeraltı Suları ve İşletme, Bakım ve Onarım İşleri "ne ait faaliyetlerin bir kısmının konu numaraları ve saklama süreleri aşağıdaki şekilde ifade edilmiştir.

Ana Dosya	**1. Alt Konu**	**2. Alt Konu**	**3. Alt Konu**	**YERALTI SULARI**	**Saklama Süresi**	**Saklama Kodu**
150				**Yeraltı Suları**		
151				**Yeraltı Suyu Etütleri**		
	01			Hidrojeolojik Etüdler	B	A
		01		İncelemeler	B	A
		02		Rasat-Hidroloji	B	A
		03		Su Kimyası	B	A
	02			Fotojeoloji	B	A
	03			Karstik	B	A
	04			Jeofizik		
	99			Diğer	B	C
152				**Yeraltı Suyu Planlaması**		
	01			Sulama Kooparatifleri		
		01		Fizibilite	B	A
		02		Kuyu Karakteristikleri	B	A
		03		Devir		
	02			Rezerv Kontrol	B	A
			01	Yeraltısuyu Potansiyeli	B	A

			02	Yeraltısuyu Belgesi	B	A
	99			Diğer	B	A

Ana Dosya	1. Alt Konu	2. Alt Konu	3. Alt Konu	İŞLETME, BAKIM VE ONARIM İŞLERİ	Saklama Süresi	Saklama Kodu
160				**İşletme ve Bakım İşleri**		
161				**Tesis Envanterleri ve Bilgileri**		
	01			Tesis Kesin Kabulü	B	D
	02			Tesis Tanıtma Föyleri	B	A3
	04			Yatırım ve Kamulaştırma Harcamaları	B	D
	05			İşletme ve Bakım Onarım Talimatları	B	A2
	06			Tesis Hizmet Hisseleri	B	A3
	07			İşletme Haritaları	B	A3
	08			İşlevini Kaybeden ve İptal edilen Tesisler	B	A3
	09			Devir		
		01		Sulama Tesisleri	B	A3
		02		Taşkın Koruma Tessisleri	B	A3
		03		Enerji Tesisleri	B	A3
	99			Diğer	15	C
162				**İşletme**		
	01			Sulama Yönetimi		
		01		Planlı Su Dağıtımı	10	C
		02		Pompajlı Sulama Tesisleri	10	C
		03		Ölçü Tesisleri	15	D
	02			Tabansuyu ve Drenaj	10	A3
	03			Müdahale ve Kirlenme	10	A3
	03			Su Hakları	B	A
	04			Çeltik Tarımı	10	D
	05			Sulayıcı Grupları	10	C
	99			Diğer	10	C

Faaliyetlerin kaç yıl saklanacağı genel olarak rakamlarla ifade edilmemiştir. Uygulamada DSİ'de yeraltı suları ile ilgili yapılan bu etütlerin değerlendirilmeleri için bir süre başlangıcı yoktur. Yani hazırlanan etüdün işlemini tamamlaması ve kesin sonuca bağlanıp dosyanın kapanması gerçekleşmeyecektir. Gözlem proje planlamasında mühendislik yapılarının boyutlandırılmasına doğrudan etki etmekte ve gözlem değerleri ne kadar uzun süreli olursa projenin o derece sağlıklı planlanması mümkün olmaktadır. Çoğu zaman eski yıllarda yapılan planlama çalışmalarının yeni hidrolik verilere göre gözden geçirilerek revize edilmesine ihtiyaç duyulmaktadır. Dolayısıyla bu tarz belgeler için belli bir süre öngörüp birim arşivine gönderilme tarihi veya DAGM'ne gönderilme tarihi belirlenememektedir.

İşletme Bakım ve Onarım faaliyetlerinden "162.02-İşletme, Tabansuyu ve Drenaj" kodu kesin sonuca bağlandıktan sonra 10 yıl kurumunda saklandıktan sonra özellikli olanlar DAGM'ne gönderilecektir.

İller Bankası Standart Dosya Planından farklı bir faaliyetinde ise;

Ana Dosya	1. Alt Konu	2. Alt Konu	3. Alt Konu	TRANSFER VE KREDİ TAKİP İŞLERİ	Saklama Süresi	Saklama Kodu
103				**Pay Dağıtımı İle İlgili İşlemler**		
	01			Belediyeler	15	D
	02			İl Özel İdareleri	15	D
	03			Büyükşehir Belediyeleri	15	D
	04			Su ve Kanalizasyon İdareleri	15	D
	05			Banka Şube Değişikliği ve Havale Teyitleri	15	D
	06			Belediyelerin Muhtelif Kesintileri	15	D
	07			Belediye Paylarından İcra	15	D
	08			Temlik	15	D
	09			Denkleştirme Ödeneği	15	D
	10			Nüfus Değişiklikleri	15	D
	99			Diğer	10	C

şeklinde faaliyet alt bölümlere ayrılmış ve saklama kodları belirlenmiştir. "103.01-Pay Dağıtımı İle İlgili İşlemler" koduna ait dosyanın kesin sonuca bağlandıktan sonra kurumunda saklama süresi 15 yıldır. 15 yılın sonunda bu dosya imha edilecektir. "103.10- Pay Dağıtımı İle İlgili İşlemler, Nüfus Değişiklikleri" koduna ait dosya ise, kesin sonuca bağlandıktan sonra 15 yıl kurumunda saklanacak bu sürenin sonunda DAGM'ne gönderilecektir. "103.99-Pay Dağıtımı İle İlgili İşlemler, Diğer" kodunun karşılık geldiği dosya ise, kesin sonuca bağlandıktan sonra 10 yıl saklanacak bu sürenin sonunda, kurum ayıklama ve imha komisyonu bu dosyalardan arşiv malzemesi özelliği görülenleri Devlet Arşivleri Genel Müdürlüğü'ne göndereceklerdir. Yani 10 yıl sonra bu dosyalarla ilgili tekrar bir incelenme yapılıp değerlendirmenin sonunda nihai karar verilecektir.

3.4.5.E-İmzaya Göre Ayıklama ve İmha

E-imza ıslak imzanın elektronik ortamdaki karşılığıdır. Klasik ortamda ıslak imza ile faaliyetlerini yürüten kurumlar, elektronik ortamda belgelerini e-imza ile imzalayarak ve kâğıdı kaldırarak faaliyetlerini elektronik ortamda yürütmektedir.

E-imza, elektronik sertifika aracılığıyla doğrulanabilmektedir. Elektronik sertifikanın nitelikli olması sertifikaya hukuki geçerlilik yüklendiğinin bir ifadesidir ve yetkilendirilmiş sertifika hizmet sağlayıcılar tarafından, mevzuatta belirtilen şartlar altında, güvenli ortamlarda üretilmiş olması ve kişinin kimliğini mahkeme karşısında geçerli olacak düzeyde tanımlıyor olması anlamına gelmektedir.[164]

E-imzanın güvenilirliği imzada kullanılan NES'in geçerlilik süresi kadardır. Türkiye'de Kurulu ESHS'ler genel olarak 1 (bir) yıl için geçerli NES vermektedirler. KSM ise 3 (üç) yıl için geçerli NES dağıtmaktadır. NES geçerlilik süresinden daha uzun süre saklanması gereken e-imzalı belgelerin sertifika geçerlilik süresi dolmadan önce uzun dönemli imza doğrulama için e-arşiv formatına çevrilerek saklanması gerekmektedir.[165]

E-imzalı belgelerin arşivlenmesi için dünyada kabul görmüş ortak standart yöntemlerin kullanılması gerekmektedir. Türkiye'deki mevzuatta e-imzalı belgelerin arşivlenmesi için izlenecek yöntemlere doğrudan değinilmemesine

[164] Türksel Kaya Bensghir, Ferda Topcan,**E-imza Türkiye'de Kamu Kurumlarında Uygulanması,** Ankara, 2010, s. 19

[165] A.e., s. 96

rağmen 1 Haziran 2006 tarihinde Bilgi Teknolojileri ve İletişim Kurumu tarafından çıkarılan Kurul Kararı'nda güvenli e-imzaların ETSI TS 101 733 veya ETSI TS 101 903 standardına uygun olarak oluşturulması tavsiye edilmiştir. Uzun dönem saklanacak olan imzalı dosyaların doğrulamalarının güvenilir biçimde yapılabilmesi için zaman damgası eklenmiş BES imzalarının arşiv formatına çevrilerek saklanması gerekmektedir.[166]

NES geçerlilik süresi dolduğunda e-imzalı belgenin geçerliliği de kalkmış olacaktır. KSM ise 3 (üç) yıl için geçerli NES dağıttığından, 3 yıldan daha uzun süre saklanması gereken e-imzalı belgelerin sertifika süresi dolmadan önce uzun dönemli imza doğrulama için arşivlenmesine geçmemişse belge hukuksal geçerliliğini kaybetmiş olacaktır. Uzun dönem saklanması gereken e-imzalı belgeler ile ilgili yapılması gereken çalışmalar konusunda eğer kurumlar bilinçli değilse veya gereken çalışma yapılmamışsa, NES süresi dolan ve hukuksal geçerliliğini kaybeden bir yığın resmi evrak bulunmaktadır.

Elektronik Belge Yönetimi Sistem Kriterleri Referans Modeline göre saklama süresine başlangıç teşkil edebilecek aksiyonlar; elektronik belgenin üretim tarihi, klasörlerin açılış veya kapanış tarihi ve klasör içinde yerleştirilen ilk veya son belgenin üretim tarihleridir. Elektronik imza ile zaman damgası almış belgenin saklama süresi başlatılabilmektedir. Standart Dosya Planında belgelerin saklama süreleri ile ilgili mevcut belirsizlik dikkate alındığında, kurum uzun dönem saklanması gereken e-imzalı belgeler ile ilgili bir çalışma yapmak istese bile, uzun süreli arşivleyecekleri belgeleri nasıl seçecekleri çok ciddi bir sorun olarak karşısında durmaktadır.

3.5.Ayıklama ve İmha İşlemlerinin Değerlendirilmesi

Standart Dosya Planında "750-769 Emlak ve İnşaat Faaliyetleri" ile ilgili "Her farklı yapım işi için dosya açılacak olup, yapım sürecine ilişkin belgeler kendi dosyasında takip edilebilecektir. Aynı konu numarasını alan yapım dosyaların birbirinden ayrımını sağlamak amacıyla özel kodlar dosya numarasının ardından köşeli parantez ile kullanılabilecektir" denilmektedir. Yani kurumlar ürettikleri projelere dosya planından bağımsız başka bir numara verecek, bu numara da birinci bölünme olacaktır. Proje isimlerinin altında ise konu numaraları değerlendirilmiştir. Ana hizmet birimlerine ayrılan bölümde

166 A.e., s.103

bulunan konu kodlarının çoğunluğu için de bu kural geçerlidir. Böylece bir "X" işinin altında seriler oluşturulacaktır.

Devlet Arşivleri Genel Müdürlüğü arşiv malzemesi niteliğindeki belgeleri, kurumdan bir bütün olarak istemektedir. Yani "X" konulu bir işe ait belgeler hangi birim tarafından üretilirse üretilsin bir seri oluşturulup DAGM'ne gönderilecektir. Klasik sistemde uyulması gereken bu kural, elektronik ortamda yönetilen belgelerin transfer işlemi sırasında da geçerlidir.

Klasik sistemde belgelerin birim arşivindeki saklama süreleri işlemi tamamlanıp, kesin sonuca bağlandıktan yani dosya kapandıktan sonra başlar. Bazı belge grupları için dosyanın kapanma tarihi öngörülebilirken, bazı belge grupları ise, özellikle kurumların ana hizmet birimlerine ait olan dosyaların kapanma tarihi önceden öngörülememektedir. Sulama, baraj, içmesuyu, yol v.b. projelere ait dosyalarının kapanma tarihi bazen senelerce sürebilmektedir.

Klasik sistemde dosya kapanma eylemini fiili olarak yaşar. Belge yönetimine ait süreç bir kurumda ister uygun olsun, ister olmasın, belge ihtiyaç duyulduğu sürece aktiftir. İşlemi bittikten sonra, ihtiyaç duyulmadığından arşive kaldırılır. Dosyanın arşive kaldırılması bazen 1 (bir) bazen 10 (on) bazen de senelerce sürebilmektedir.

Oysa elektronik ortamda evrakın gereği yapıldıktan veya bilgi alındıktan sonra sistemde arşive kaldırılma süreci başlamaktadır. Sistem tek tek evrak bazında arşive kaldırmaya imkân vermektedir. Klasik sistemdeki gibi dosya olarak arşive kaldırılamaz. Elektronik ortamda arşive kaldırılan bütün evraklar aynı havuzdadır. Evraka tekrar ulaşmak için sistemde bugüne kadar kayıtlı tüm evrakların arasından arama yaparak ulaşabilirsiniz.

Devlet Su İşleri Genel Müdürlüğünün yukarıda örnek verilen "152.02.01-Yeraltı Suyu Planlaması-Rezerv Kontrol- Yeraltı Suyu Potansiyeli" konu kodunun saklama süresi "A", saklama kodu ise "B" olarak belirlenmiştir. Bu konu numaralı dosyaların aslı Devlet Arşivleri Genel Müdürlüğüne gönderilecektir hem de kurumunda sürekli ihtiyaç duyulacağı için imha edilmeyecek sürekli saklanacaktır. Dosyaların özelliğinden dolayı DAGM'ne gönderilme süresi belirlenememiştir. Zamanla kurum bunu kendisi değerlendirip DAGM'ne devir işlemini gerçekleştirecektir.

Elektronik ortamda bu örneğin birinci sorunu DAGM'ne gönderilme tarihidir. 152.02.01 sistemde konu numarasına ait dosya, kurum açısından kapanma tarihi öngörülemediği için süre verilememiştir. Elektronik Belge Yönetimi Sistem Kriterleri Referans Modeline göre her eleman için bir tasfiye tanımı yapılabilmektedir. Standart Dosya Planında ise bu kodun hem sürekli saklama hem de transfer işlemi yapılabilmesini öngörmektedir.

Standart Dosya Planı çalışması ve Elektronik Belge Yönetimi Sistem Kriterleri Referans Modeli çalışmaları günceldir ve birbiri ile uyumlu olması gerekmektedir. Ancak dosya planında ortak alanlara ait faaliyetlerin saklama süresi kodu boş bırakılmıştır. Ana hizmet faaliyetlerine ait dosyaların hem kapanma süresi önceden öngörülemediği hem de ne zaman sonlanacağı bilinemediğinden çoğu zaman harflerle ifade edilmiştir. Elektronik ortam olmadan klasik sistemde arşiv depolarında düzenli saklanan dosyalar için ayıklama ve imha komisyonları harflerle ifade edilen değerlendirmeleri daha rahat uygulayabileceklerdir. Klasik sistemde dosyaları takip etmek daha kolayken, elektronik ortamda evraklarını oluşturan kurumlar, aynı havuzda bulunan evraklarını Elektronik Belge Yönetimi Sistem Kriterleri Referans Modeline göre tasfiye kararını hepsi için veremeyecek gibi görünmektedir. Eğer belgelerini sistem içinde, proje adı altında seriler halinde oluşturmamışsa, evrakları tek tek bulup geriye dönük bir değerlendirme yapmak durumunda kalacaklardır.

Elektronik Belge Yönetimi Sistem Kriterleri Referans Modeline göre belgelere ait tasfiye tanımlarını ilk oluşumundan itibaren verilecektir.Devlet Su İşleri Genel Müdürlüğü ve İller Bankası dosya planlarının bir kısmından verilen örneklere göre tasfiye kararının otomatik olarak verilmesi imkânsız gibi görünmektedir.

3.6. E-İmzadan Sonra Kurumlarda Süreç

Kurumların doğal faaliyetleri sonucu ürettikleri bilgiyi denetim altına alabilmesi ve etkin biçimde kullanabilmesi için önceden tanımlanmış bilgi yönetim sistemlerini gerektirir. Bu noktada kurumlarda iyi bir bilgi yönetim süreci için:[167]

[167] Fahrettin Özdemirci, "Belge Üretimi ve Kurumsal Bilgi Yönetimi". Yay. Haz.: T. Fenerci ve O. Gürdal "**21. Yüzyıla Girerken Enformasyon Olgusu**" : Ulusal Sempozyum Bildirileri: 19-20 Nisan 2001 Hatay içinde (ss. 179-186). Ankara, Türk Kütüphanecileri Derneği, s.8. (çevrimiçi) http://80.251.40.59/humanity.ankara.edu.tr/odemirci/diger_sayfa_metinleri/fo/belge_uretimi_kurumsal_bilgi_yon.pdf, 8 Haziran 2014

Kurum ve kuruluşlarda bir bilgi ağının kurulması,

Kurum ve kuruluşlarda teknolojik ve elektronik ortamda haberleşme, yazışmalar, resmi belge işlemleri ve arşiv ilişkisi,

Bilgi ve belgelerin güvenlik, gizlilik ve paylaşılabilirlik sınırlarının belirlenmesi,

Bilgi teknolojilerine ve bilgi güvenliğine ilişkin hukuki düzenlemelerin yapılması,

Bilgi ve belge depolama konusunda standartların belirlenmesi,

Elektronik ortamdaki belgelerin işlemlerde kullanımı ve yasal geçerlilikleri konusunda düzenlemeler yapılması,

Bu alanlarda çalışacak nitelikli insan gücünün istihdamını sağlayacak yapının oluşturulması, gerekmektedir.

Elektronik belge yönetim sistemleri bilginin elektronik ortamda, merkezi ve kolay erişilebilir bir şekilde kullanılmasını amaçlamaktadır. Kurumlarda iyi bir bilgi sistemi kurulduğu takdirde, klasik sistemde kâğıda dayalı hantal yapı yerini, kullanışlı, hızlı ve çağa uygun sistemlere bırakacaktır. EBYS kurumlarda kullanıldığı takdirde aşağıda belirtilen katkıların sağlanacağı düşünülmektedir.[168]

Sürat: Fiziksel ortamda yapılması sırasında harcanan zaman ile karşılaştırıldığında oldukça kısa sürede gerçekleştirilmesini sağlayarak, belgeye işlem yapma sürecini hem iyileştirir, hem de hızlandırır.

Güvenlik: Fiziki ortamdaki belgenin güvenliğinin, personel insiyatifi, dikkati, özeni ve bilgisine bağlı olarak sağlanmasına rağmen EBYS sayesinde birçok işlemin standart kurallara uygun bir şekilde otomatik olarak gerçekleştirmesi, tüm süreçlerin güvenliği sağlanan bir ağa bağlı, kontrollü bilgisayarlar üzerinden ve sadece yetki verilen kullanıcılar tarafından yapılması, sisteme erişimin, elektronik sertifikalar (e-imza gibi) kullanılarak gerçekleştirilebilmesi sistemin güvenliğini artırmaktadır.

Maliyet: EBYS kullanımı ile kâğıt tasarrufu, kurye ve posta maliyetlerinden tasarruf, personel tasarrufu, fiziki ortamda belgelerin korunması ve depolanması maliyetlerinin azalmasıyla sağlanan tasarruf, belge dosyalama, arşivleme ve depolama giderlerinin minimum seviyelere inmesi, belgelerin

[168] Mehmet Bilge, Kağan Önaçanv.d., "Elektronik Belge Yönetim Sistemi (EBYS)'nin Faydaları ve Kurum Bünyesinde EBYS Yapılandırmaya Yönelik Bir Yol Haritası", **Sayıştay Dergisi**, Sayı 85, 2012, s. 15-17.

farklı birimlerde mükerrer depolanmasından kaynaklanan tasarruf gibi birçok mali fayda elde edilebilir.

Verimlilik: EBYS ile personelin fiziksel belge işleri içinde zaman kaybetmesi engellenerek, kolay erişim imkânlarıyla motivasyonunun ve iş verimliliğinin artması sağlanır. Mekândan bağımsız bir şekilde kurum içi, kullanıcılar ve kurumlar arası iletişim gerçekleştirilebilir.

Bilgi yönetimine katkı: EBYS'ler kurumsal hafızanın korunması, bilginin karar verme, sürecinde doğru ve zamanında erişilmesi, kâğıtsız verimli bir kurum ortamı sağlanması, bilgi/belgenin kullanıcılara kolay, ekonomik ve güvenli olarak ulaştırılması, bilginin belli bir formatta ve standartta oluşturulması, gruplanarak belli bir güvenlik derecesinde saklanması, hızlı ve kolay bir şekilde erişilmesi, onaya hazır olma aşamasına kadar üzerinde düzenlemeler yapılabilmesi, uluslararası düzeyde kabul edilmiş standartlara ve formatta arşivlenmesi ve yaşam süresi dolan bilginin tamamen ve kesin olarak sistemden silinerek ortadan kaldırılması sürçleriyle kurumlarda bilgi yönetimine katkı sağlar.

E-devletin sunacağı hizmetlerin birinci yönü, devletten-devlete olan yöndür. Kurumlar arasında bilgi alışverişinin sağlanıp, iş ve veri yinelemesini önleyip maliyeti düşürebilmek için ilk önce kurumların birbirleri ile neyi paylaşacakları belirlenmeli sonrasında yasal düzenlemeye gidilmelidir. Oysa Osmanlı Devletinden Cumhuriyete bürokrasinin en büyük sorunu gizlilik ve dışa kapalılıktır. Bilgi Edinme Hakkı Kanunu bile tam olarak anlaşılıp uygulanmamaktadır.

EBYS'ne geçiş çalışmalarını kurumlarda yapılırken bir yandan gerekli yazılım ve donanım altyapısını kurulmuş, bir yandan da kendi iç mevzuatlarında değişikliklere gitmişlerdir. EBYS'nin kullanılması için bundan sonraki yazışmaların elektronik ortamda yapılacağındanıslak imza ile işlem yapılmaması yönünde talimat vermişlerdir. Geçiş aşamasında kullanıcılar belgelerini hem elektronik ortamda hem de klasik ortamda hazırlamışlar, aynı işin iki kez tekrarlanmasına yol açmıştır. Bu durum aynı yazıya elektronik ortamda farklı bir işlem, klasik ortamda daha farklı bir işlem yapılmasına neden olmuştur. Yahut elektronik ortamla klasik ortamda işlemi yürüten farklı kişi olmuştur.

Aynı kurum içinde bazı birimler işlemlerini elektronik ortamda yürütmüş, bazı birimler ise klasik ortamda yürütmeye devam etmiştir. Kurum içinde bazı evraklar EBYS'nden bazıları ise klasik ortamdaki gelen-giden evrak kayıt numarasından numara almıştır.

Klasik ortam tamamen terk eden bazı birimler yeni iş akışını benimsememe, evraklarını aradığında bulamama, güvensizlik v.b. nedenlerden dolayı, iş akışı elektronik ortamda yürütmesine rağmen, resmi yazılarından bir kopya alarakkâğıt ortamda da belgelerini arşivlemeye devam etmektedir.

Klasik ortamda evrakların yer kaplamasını istemeyen ama evrakların bir kopyasını EDYS dışında başka bir ortamda da olmasını isteyenbazı birimler ise, hem gelen hem de giden evrakların nüshalarını bilgisayarlarına veya hard disklere kaydederek arşivleme yolunu seçmişlerdir.

Her iki yöntemde de belgeler, kurumun kullandığı EBYS'nde arşivlenirken, kopyaları da başka ortamlarda saklanmaya başlamıştır. Klasik sistemde dosyalar çalışma ortamından olağanüstü bir durum olmadığı sürece çıkarılamamaktadır. EBYS ile belgelerin çok daha kolay bir şekilde kopyalanıp dağıtılmasına ortam sağlanmıştır.

Yıldırım Akbulut'la ilgili arşiv konusunda artık fıkralaşmış bir olay anlatılmaktadır. Şöyle ki; "Yıldırım Akbulut Erzincan'da hal müdürlüğü yaparken, yardımcısı gelmiş, bir sürü matbu evrak biriktiğini, artık koyacak yer kalmadığını söylemiş. Sayın müdürüm demiş, isterseniz bir kısmını imha edelim. Yıldırım Akbulut'un cevabı ise;-Tamam imha edin ama bunlar resmi evraktır. Birer fotokopisini çekin de öyle imha edin." Tıpkı bu olayda ki gibi resmi evrakların birer kopyası alınarak yedeklenirken, EBYS içinde belge arşivlenmektedir. Resmi evrakların kopyaları kontrolsüz şekilde çoğaltılmaktadır. Kopyalama işlemi evraka tekrar ulaşamama kaygısıyla yedekleme amacı gütse de sonrasında ne amaçla kullanılacağı öngörülememektedir. Klasik sistemde bir amir, dairenin bütün dosyalarını evine götüremezken bu sistemle birlikte, yedeklediği ortamlar aracılığıyla bütün evrakları istediği yere götürmektedir. Kontrol ve engelleme yapılmasını sistem imkânsız hale getirmiştir.

Elektronik Belge Yönetim Sistemlerinin en büyük sorunu güvenliktir. Kullanıcılara birer profil tanımlaması yapılmış, çalıştıkları birimlere ve görevlerine göre sistemde yetki verilmiştir. Kullanıcılar yetkisi dâhilinde sistemde işlem yapabilmekte, sadece bağlı olduğu birimin evrakını görebilmektedir. İşlem yapılması için başka birimden evrak geldiği zaman, elektronik ortamda da tıpkı klasik ortamda olduğu gibi gelen yazının ilgi tutulması gerekmektedir. EBYS'nde yetkili olmadığınız evrakları, başka birimlerden gelebilecek evraklara cevap verileceği için, yazınıza ekleme seçeneği bulunmaktadır. Bu yöntemle biriminiz dışındaki, yetkili olmadığınız kuruma gelen bütün evrakları veya arasından arama seçenekleri ile belirlediklerinizi ilgi tutarak içeriklerini görebilir, kopyalarını oluşturabilirsiniz. Görüldüğü gibi iş akışı elektronik bilgi yönetim sistemlerinde doğru tanımlanmamıştır. Bu durum kötü niyetli kullanıcılar tarafından başka amaçlarla kullanılarak suiistimal edilmeye açıktır. Bu durum sistemin güvenlik zafiyetidir.

Elektronik Belge Yönetim Sistemlerinde kullanıcılara görevlerine ve yaptıkları işlere göre sorumluluk verilmektedir. Ancak bazı yöneticilerin yaptıkları işlerde dolayı yoğun olması veya teknolojiyi kullanmaya yabancı olmalarından dolayı, belgelerini elektronik ortamdan takip etme işlemini, birlikte çalıştıkları alt personeline verebilmektedir. Adalet Bakanlığı'nın ödü almış bilgisayar ağı Ulusal Yargı Ağı Bilişim Sistemi'ne giren kimliği belirsiz bir kişi Kocaeli İnfaz Savcılığı'nda 5 (beş) yıllık hapis cezası bulunan bir kişinin infazını sistemden sildikleri basında haber olmuştur.[169] Bu örnekte olduğu gibi başka bir kullanıcının "kullanıcı adı" ve şifre"si ile sisteme girdiğinizde sistemde yetkili olmadığınız evrakları görüp işlem yapılabilmektedir.

e-Devletin amaçlarından biri de maliyeti azaltmaktır. EBYS kullanımı ile kâğıt tasarrufu, kurye ve posta maliyetlerinden tasarruf, personel tasarrufu, fiziki ortamda belgelerin korunması ve depolanması maliyetlerin azalmasıyla sağlanan tasarruf, belge dosyalama, arşivleme ve depolama giderlerinin minimum seviyelere inmesi, belgelerin farklı birimlerde mükerrer depolanmasından kaynaklanan tasarruf gibi birçok mali fayda elde etmeyi amaçlamaktadır. E-imzanın güvenilirliği imzada kullanılan NES'in geçerlilik süresi kadardır. Türkiye'de Kurulu ESHS'ler genel olarak 1 (bir) yıl için geçerli NES vermektedirler. KSM ise 3 (üç) yıl için geçerli NES dağıtmaktadır. NES geçerlilik süresinden daha uzun süre saklanması gereken e-imzalı belgelerin sertifika geçerlilik süresi dolmadan önce uzun dönemli imza doğrulama için e-arşiv formatına çevrilerek saklanması gerekmektedir. 1000 kişinin çalıştığı bir kurumda NES lerin 3 yılda bir her personel için yenilenme masrafı,uzun süreli saklanacak belgeler için uzun dönemli imza doğrulama masrafı (uzun dönemli

169 (Çevrimiçi) http://www.hurriyet.com.tr/gundem/25225711.asp, 22 Mayıs 2014.

saklanacak belgeler için örnek personel özlük dosyaları 45+45 yıl) ve EBYS için kurumlardaki donanım ve yazılım masrafı kurumlara toplamda sanki daha büyük maliyet getirmektedir. Posta masrafından kaçarken yeni maliyetlerin eklendiği görülmektedir.

E-imza kanununun yayınlanmasından sonra kamu kurum ve kuruluşları, hem ıslak imzalı belgelerini sayısallaştırma, hem de belgelerini elektronik ortamda yönetmek için sistemler geliştirmeye başlamıştır. TSE 13298 no'lu standart 2008/16 Başbakanlık Genelgesi ile kamu kurum ve kuruluşlarının kullanacakları elektronik belge yönetim sistemlerini bu standarda göre yapması gerektiği ve bu tarihten önce kurulan sistemlerin gözden geçirilerek iki yıl içinde standarda uyumlu hale getirilmesi zorunlu tutulmuştur. Standarttan önce kurumlar tarafından geliştirilen veya satın alınan bütün yazılımlar çöpe atılmıştır. Önceki bölümlerde standartla ilgili saklama süreleri, dosya planları, imha ve transfer gibi bir takım sorunlar ifade edilmiştir. Standardın uygulanıp uygulanmadığı konusunda denetimin DAGM'nce yapılacaktır. DAGM'nün kurumlarda yaptırım gücü çok fazla olmasa da denetimlerle, uygun olmayanlar tespit edilmeli ve DAGM'ne yaptırım için bu konuda daha fazla yetki verilmelidir

Klasik ortamda oluşturulmuş belgeler ile elektronik ortamda oluşturulmuş belgeler arasında kopukluk olmaması, sürecin takip edilebilmesi için gerekli bağın kurulması gerekmektedir. Özellikle farklı dönemlerde kullanılan dosya planlarının eşleştirilmesi belgeye erişim için mutlaka gereklidir. Bu yapılmadığı takdirde aynı konulu fakat farklı numaralı sistemde evraklar olacaktır.

Son olarak NES geçerlilik süresi dolduğunda e-imzalı belgenin geçerliliği de kalkmış olacaktır. KSM ise 3 (üç) yıl için geçerli NES dağıttığından, 3 yıldan daha uzun süre saklanması gereken e-imzalı belgelerin sertifika süresi dolmadan önce uzun dönemli imza doğrulama için arşivlenmesine geçilmesine gerekmektedir. Geçilmediği takdirde belge hukuksal geçerliliğini kaybetmektedir.

Standart Dosya Planında kodların saklama süresi ile ilgili bölümde bazı belgelere neden süre verilemediği anlatılmıştır. Uzun dönem saklanması gereken e-imzalı belgeler ile ilgili yapılması gereken çalışmalar konusunda kurumlar hangi belgeyi ne kadar süre saklaması gerektiğini bilmediğinden belgelerin süresi uzatılmamıştır. Kamu Sertifikasyon Merkezinden bu konuda net bir bilgi alınamamıştır. EBYS'ni kullanan bazı kurumlara bu soru sorulduğunda belgelerin süresinin uzatılmadığı anlaşılmaktadır. Sonuç olarak devletin resmi kurumlarının NES süresi dolan ve hukuksal geçerliliğini kaybeden bir yığın resmi evrakı bulunmaktadır.

SONUÇ

Tanzimat Döneminde merkez ve taşra teşkilatında uygulanan reformların neticesinde yeni müesseselerin kurulmuş, bürokratik işlemler çoğalmış, yazışmalar artmıştır. Merkezden taşranın en ücra noktasına giden yazıların hem doğru anlaşılması, hem de hızlı bir şekilde işleminin yapılması için yazı dili sadeleşmiştir. Belgelere tarih atma, imza ve mührün yazıya eklenmesi zorunlu kılınmıştır. Merkeziyetçi sistem kayıtları kontrol altına almak, işlemleri süratli ve doğru yapabilmek için belge oluşturma konusunda standartlaşmaya gidilmiş, Hazine-i Evrakı ve Bab-ı Ali Evrak Odası kurulmuştur. Günümüzde kullandığımız resmi yazışma formatı o dönemlerde birkaç eksiği ile oluşturulmuştur. Cumhuriyet döneminde resmi yazışmalarla ilgili standart olan "Resmi Yazışmalarda Uygulanacak Esas ve Usuller Hakkında Yönetmelik" 1984 yılında yayımlanmıştır. Bu yönetmelikten önce kurumlar kendi içlerinde resmi yazışmalarda standardı sağlamak için bir takım genelgeler çıkarmışlardır. Kararnamelerde ki değişimler incelendiğinde, ilk dönem Osmanlı geleneğinin devam ettiği bazı ifadelerin zamanla değiştiği görülmektedir.

Tanzimat döneminde yazışmalarla ilgili yapılan bütün çalışmalar üretilen belgelerin ve bilginin kontrol altına alınabilmesi içindir. Aradan geçen onca zamanın sonunda Standart Dosya Planı, devletin ülkenin bilgi politikasını üretebilmesi için, hangi kurumda ne tarz bilgi üretildiğini tespit için hazırlanmıştır. Aynı şekilde evrakların elektronik ortamda yönetilmesi, merkezden bütün bilgi ve belgenin kontrolü içindir.

Türkiye'de arşiv faaliyetlerine ilişkin kanunun adı "Muhafazasına Lüzum Kalmayan Evrak ve Malzemeni Yok Edilmesi Hakkında Kanun" dur. Kanunun adından da anlaşılacağı üzere ana tema, artık ihtiyaç duyulmayan evrakın imha edilme yöntemidir. Cumhuriyet döneminde arşiv malzemesi ve zamanla arşiv malzemesi haline gelecek arşivlik malzemenin bir çatı altında toplanması, korunması ve tasnif edilmesi için kurulan Cumhuriyet Arşivi Daire Başkanlığı 1976 yılında Başbakanlık merkez teşkilatı içerisinde kurulmuştur. Cumhuriyet döneminde arşiv konusunda çıkarılan ilk nizamname 1934 yılında 2/1282 sayılı Resmi Evrak ve Defterlerden Lüzumsuz Olanların Yok Edilme Tarzı Hakkında Nizamname'dir. Bu nizamnamede saklama sürelerini tayin eden bir çizelge hazırlanmış, merkez ve taşra kuruluşlarında ayıklama, yok etme ve saklama işlerini gerçekleştirmek üzere Ankara'da bir merkez komisyonu ve bakanlıklar, iller bünyesinde ayıklama kurallarının oluşturulması öngörülmüştür. Belgelerin yok etme tarzı açıklanmamıştır. Bir yıl sonra 1935'de 2/1863 sayılı bir kararname önceki nizamnameye ek olarak çıkartılmış, yok etme işleminin nasıl gerçekleşeceği açıklanmıştır. Yok, etme tarzı, kâğıtları yakma ve kâğıt fabrikasına ham madde olarak verilme olarak tespit edilmiştir. 2 yıl sonra 1937 de çıkan 2/6276 sayılı nizamnamede komisyon üyelerinin kimlerde oluşacağı ve imhasına karar verilen evrakın vali onayından geçmesi öngörülmüştür.

Tanzimat dönemi ile başlayan bürokratların imparatorluğun çöküşüne çare olmak için hem kendilerini hem de toplumu modernleştirme çalışmaları Cumhuriyet döneminde de hızla devam etmiş, batılı tarzda modern kurumlar kurulmuştur. Arşiv konusunda yapılan hukuki düzenlemelerde süreç takip edildiğinde bürokrasinin hızla büyüdüğü, buna paralel olarak evrak sayısının da arttığı görülmektedir. Hızla çoğalan evrakları kontrol etmek için bir kısmının imha edilmesine karar verildiği(ilk nizamnamede belgelerin 19 maddelik saklama süreleri tayin edilmiştir) bir takım yasal düzenlemelere ihtiyaç duyulduğu görülmektedir. Evrakların imha sürecini kontrol için daha sonra valiye yetki verilmiştir. Valiye böyle bir sorumluluğun verilme nedeni, süreci takip etme ve imha işleminin kontrollü yapılmasını sağlamak kaygısı olduğu düşünülebilir.

Belgelerin imha edilme süreci kaygı yaratmış olacak ki 1937 yılında 2/6651 sayılı kararname ile resmi evrak ve defterlerin lüzumsuz olanların yok edilmesi durdurulmuştur. Türk Tarih Kurumu'nun diğer ülkelerde inceleme yapması, neticesinde kabul edilecek esaslara göre işlemlerin yerine getirilmesi belirtilmiştir.

1956 yılına gelindiğinde çıkarılan 1956 tarih ve 6696 sayılı kanunla öncelikle arşiv malzemesi ve arşivlik malzeme tanımlarına yer verilmiştir. Hukuki ve ilmi değerini kaybetmiş her türlü evrakın gerekli örnekleri alınmak şartıyla imhası mümkün kılınmıştır. Yani belgelere artık işlemi bitmiş ve depolarda boş yere yer kaplayan malzeme gözüyle bakılması son bulmuştur.

Geldiğimiz nokta itibariyle Devlet Arşivleri Genel Müdürlüğü'ne arşiv malzemesi devreden kurum sayısı ve devredilen evraklar fazla bir yekûn tutmamaktadır. Kanunda gerekli ifadelere yer verilse de her nedense uygulamaya pek geçilememiştir. Bu durumun nedenlerinden biri kurum çalışanlarının önemli ve önemsiz belgeleri birbirinden ayırt etme konusunda kararı bir türlü karar verememesi ve sorumluluk almamasından kaynaklanmaktadır. Devlet Arşivleri Genel Müdürlüğü kurumlara bu konuda rehberlik etmek amacıyla "Arşiv Malzemesi Tespit Çalışması"nı hazırlamıştır. İhtiyaç halinde uzaman personel kurumlara giderek bu konuda yardımcı olmaktadır. Ancak kurum içinde kurumun kendi personeli olan uzman arşivciler olmamasından dolayı bu süreç işlerlik kazanamamıştır.

Tanzimat döneminde gerçekleştirilen reformlarla idare merkezileştirilmiştir. Yeni büroların ve birimlerin kurulması neticesinde yönetim kadroları kalabalıklaşmış, daireler arası yazışmaların da sayısı artmıştır. Klasik sitemde işlem aynı belge üzerinde sonuçlandırılırken, bu dönem de lef sistemine geçilmiştir. Artan yazışma trafiğinden sonra süreci kontrol edebilmek amacıyla belgelerin şekli, dil ve muhtevasında değişikliklere gidilmiştir. Evrak sayısının artması ile birlikte bu evrakları koyacak yeni mekânlara ihtiyaç duyulmuştur. Devlete ait resmi evrakın mevcut depolarda yer sıkıntısından, rutubetten çürümesi, ihtiyaç duyulduğunda eski bir evraka ulaşmanın imkânsız hale gelmesinden dolayı Hazine-i Evrak kurulmuştur. Hazine-i Evrak yapılırken mahzenlerdeki belgelerin ayıklama ve imha çalışmaları da başlatılmıştır. Keza bu dönemde yeniçerilere ait kayıtlar artık ihtiyaç duyulmadığından ilk imha edilecek evrak grubu olarak tespit edilmiştir. Komisyonlar kurulup belgeler ayrılmıştır. Hazine-i Evrak'ın kurulmasına paralel Bâbıâli Evrak Odası da kurulmuştur.Bâbıâli Evrak Odası Hazine-i Evrak'a evrak sevkini düzenlemek ve yazışmaları kontrol altına almak için kurulmuştur.

Görüldüğü gibi Osmanlı Devleti zamanında bürokrasinin büyümesi sonucu artan evraklara çözüm bulmak için, tasnif, ayıklama ve imha gibi arşivcilik çalışmaları başlamıştır. Cumhuriyet Döneminde de büyüyen bürokrasi ve artan yazışmalar, depolarda artık evrakı koyacak yer bulunamaması tasnif, ayıklama ve imha çalışmalarını akıllara getirmektedir.

Depolarda yıllarca biriken, tozlu, çürümüş evrakı değerli olsa bile ayır etme işi çok da sevimli ve kolay değildir. Çözüm, evrakların depolarda birikmeden, daha evrak ilk üretildiği andan itibaren arşiv malzemesi mi yoksa arşivlik malzeme ya da imhalık malzeme olup olmadığının tespitidir. Ayırma işlemi her sene düzenli ve sistemli yapıldığı takdirde böyle sorunlarla karşılaşılmayacaktır. 3473 sayılı kanunda bu sürecin işlemesi için yapılması gerekenler tarif edildiği halde kamu kurumlarında süreç işletilememektedir.

İdarenin bu konuya bakışı, kurumlarda arşiv konusundan sorumlu yaptırım gücü birimlerin ve uzman arşivcilerin olmaması buna gerekçe olarak gösterilebilir. Ancak bir diğer neden Tanzimat'tan Cumhuriyete devrolunan bürokrasinin en büyük sorunu gizlilik ve dışa kapalılıktır. Kamu adına hizmet eden kurumlar belgelerini başka kullanıcılara açma, yaptıkları işlerin denetlenmesi ve sorgulanması fikrine sıcak değildir. Belgeler imha edilmeyerek sorumluluk alınmamaktadır, ancak depolarda da düzenlenmeyerek, belgeye erişim engellenmektedir.

Arşivler devletin ve fertlerin haklarını, milletler arası ilişkileri belgeler ve korur. Osmanlı Devleti'nden Cumhuriyet'e devrolunan 150 milyonun üzerindeki arşiv belgesi Osmanlılarda yazıla kâğıda gösterilen saygının ve idari kayıtların titizlikle saklandığını göstermektedir. Osmanlı Devleti ülkenin yönetimindeki uygulanan rejimden dolayı, devletin reaya için yaptıkları, reaya tarafından arşiv kayıtları ile birlikte sorgulanamamaktadır. Ancak Cumhuriyet rejiminde seçimle iş başına gelenlerin ve kamu hizmeti gören kurumların kamu için neyi nasıl yaptığı, kamu tarafından sorgulanabilir.

Bilgi Edinme Hakkı Kanunu tam da bu ortamda kurum ve kuruluşların ellerinde mevcut olan bilgi ve belgelerin başvurulması halinde kanundaki istisnalar dışında, kullanıcılara sunması için çıkarılmıştır. Kanunun işleyebilmesi için kurumların belgelerini tasnif etmesi, belge kayıt ve dosyalama ve arşiv düzenleriyle ilgili gerekli idari ve teknik tedbirleri almak zorundadır. Bürokrasinin gizliliği ve dışa kapalılığı devam ederken kanun da bu ortamda işleyebildiği kadar çalışmaktadır.

e-Devlet yeni teknolojik gelişmelerin kamusal alanda da çağın getirilerine de uygun olarak kullanılmasını hedeflemektedir. Devletin sunduğu hizmetlerde bilgi ve iletişim teknolojilerini kullanarak hantal devlet yapısından kurtulmaktır. Kamu hizmetlerinin şeffaflaşması, vatandaşların yönetime katılması, bilgiye dayalı karar verme süreçlerinin geliştirilerek hızlandırılması amaçlanmaktadır. Böylece maliyetler azalacak, vatandaşın yönetime katılımı sağlanacak, kırtasiye bağımlılığı azarlatılacak, insan hatası asgari düzeye indirilecektir. Vatandaşla devlet ve kurumlar arası iletişim ve bilgi alışverişi hızlanarak, çeşitli kazanımlar elde edilecektir.e-Devletle ilgili söylemler bulunduğumuz çağın bir gereğidir. Ancak bu amaçları gerçekleştirmek için gerekli alt yapının kurulması, sonrasında uygulamaya geçilmesi gerekirdi. Sunulacak hizmetlerin nasıl ve kimler tarafından hangi ihtiyaçlar için sunulacağı önceden belirlenmeli, bu doğrultuda çalışmalar yapılmalı idi.

Elektronik imza kanundan sonra kamu kurum ve kuruluşlarında Elektronik Belge Yönetim Sistemleri geliştirmek için hızlı bir şekilde adımlar atılmıştır. Standart Dosya Planı çalışması e-devlet kapsamında, kurumların elektronik ortamda ve evrak düzeninde oluşturulan belgelerinin dosyalanması için oluşturulmuştur. Standart Dosya Planı kurumların belge yönetim programlarının alt yapısını oluşturmaktadır. Dosya Planı çalışması bitmeden bile kurumlarda yazılımlar geliştirilmiş ve kullanılmaya başlanmıştır. 13298 numaralı standarttan önce kamu kurumlarında belge yönetim sistemleri kullanılmakta idi. Başbakanlık Genelgesi ile belge yönetim sistemlerine standarda uyma zorunluluğu getirildikten sonra, kurumlarda kullanılan birçok yazılım çöpe atılmıştır. Yazılımların geliştirilmesi için ne Standart Dosya Planı çalışmasının bitmesi ne de yazılım için bir standart çıkması beklenmiştir. Kurumlarda hızla yayılan bu yazılımların denetim altına alınması için çok geç davranılmıştır. Standart, Başbakanlık Genelgesi ile zorunlu olsa da, yazılımların bu standarda uygun olup olmadığı gereği gibi denetlenmemektedir. Dosya planında belirlenen saklama süreleri, standartta belge için öngörülen tasfiye işlemleri birbirleri ile henüz uyumlu değildir. Üstelik dosya planı birkaç kez değişikliğe uğramıştır, değişime de açıktır. Bu şartlar altında bu yazılımlar kurumlarda kullanılmış, ıslak imzalı belgelerin kullanılmaması yönünde talimat verilmiştir. Belgeye doğru konu numarası verilmediği takdirde belgeye ulaşmak, belge ile ilgili tasfiye kararının ne yönde olacağını belirlemek imkânsızdır. Dosya Planında değişen kodların birbirleri ile eşleştirilmemesi, aynı işe ait belgelerin diğer döneme ait belgelerle bağlanmaması konuya hâkim olunmasını engelleyecek ve sürecin yönetilmesine imkân vermeyecektir. Üstelik yazılımlarda kurumun merkez ve taşra teşkilatına ait bütün belgeler aynı havuzda bulunmaktadır.

13298 numaralı standarttan başka ülkemizde bu konuda başka bir standart daha bulunmamaktadır. Kurumlardaki belge yönetim süreçlerinin incelenerek daha fazla standart geliştirilmesi gerekmektedir.

NES'lerin süresi dolduktan sonra, hangi belgelerin süresinin uzatılacağı kurumlar için hala belirsizdir. Bunun nedenlerinden biri, kurumlarda uzman arşivcinin olmayışı ve bu yazılımlara arşivi ortadan kaldıran programlar olarak bakılmasıdır. Hukuki bir sorun çıktığında veya olağan üstü bir durumla karşı karşıya kalındığında gözardı edilen durumlar kurumların karşısına çok ciddi sorunlar olarak çıkacaktır. Sertifika süresi dolmuş, hükmünü kaybetmiş e-imzalı belgelerin durumu sesli olarak ne zaman ve nasıl söyleneceği, nasıl bir çözüm bulunacağı kurumları bekleyen çok ciddi sorunlardır. Çözülmediği takdirde resmi kurumların artık hükmümü kaybetmiş resmi olmayan evrakları olacaktır.

Bu sürecin daha sağlıklı ilerlemesi için belge yönetimi ile ilgili sorunların çok önceden çözülmesi, sistem kurulduktan sonra uygulamaya geçilmesi gerekmekteyken, bizim ülkemizde tersi olmuştur. Arşiv depolarında tasnif edilmeden bekleyen evrakları, sayısallaştırarak elektronik ortamda yönetmek, arşiv depolarında bulunan belgeleri ortadan kaldırmak bir hayaldir. Bu durum Yıldırım Akbulut'la ilgili anlatılan ve çok gülünen olayın günümüzde e-devletle ve büyük bir ciddiyetle tekrarlanmasıdır.

Osmanlı döneminde resmi yazı yazılırken eğer hata yapılırsa, kâğıt yırtılıp atılmak yerine, yanlış yazılan kısmın üzeri çizilerek, yazıya kaldığı yerden devam edilirdi. Cumhuriyetin ilk yıllarına ait kararnamelerde de bunun örneği vardır. O dönemlerde de hatalı bölümlerin üzeri çizilerek resmi yazıya devam edilmiştir. Osmanlıdan Cumhuriyete geldiğimiz nokta itibariyle resmi yazılarda biçim kaygısının daha çok güdüldüğü görülmektedir. Bugün harf hatası bile yazının yeniden hazırlanmasını gerektirmektedir.

Ayrıca resmi yazışma kurallarına göre büyük küçüğe rica eder, küçük büyüğe ve aynı makamdakilere arz eder. Rica ederim, kibarca yapılmasını emretmek için kullanılmaktadır. Arz ederim ise bildirim anlamındadır. Gereğinin yapılmasını arz etmek ise bir nevi karşı tarafa ne yapacağını söylemektir. "Mârûz-ı çâkeri kemineleridir ki", diye başlayan ve "ol bab da emr u ferman devletlü padişahımındır", sözleriyle biten bir yazışma kültüründe, devletlü padişahın, hükmüm budur ki diye kullarına emrini vermesi makuldür. Ancak demokraside, seçimle iş başına gelmiş siyasilerin ve onların göreve getirdiği bürokratların,rica ederim derken aslında emretmesi makul değildir.

"Domuzlar Nerede" (Ek 14) başlıklı Tarım ve Köy İşleri Bakanlığı'ndan bir bürokratın anlattığı yaşanmış hikâyede ki gibi sorunlar çözüldüğü takdirde kurumlar arası yazışmaların sayısı hiçbir zaman azalmayacak aksine artacaktır. Üstelik DAGM, eleştirilen bürokratik yapı içinde faaliyetlerini devam ettirmektedir.

Standart Dosya Planı Çalışması tek başına değerlendirildiğinde, ülkemizde bilgi politikasının oluşturulmasına çok ciddi bir alt yapı oluşturmuştur. Dosya planı ile hangi kurumun ne tarz bilgi ürettiği ve hangi belgelerin arşiv değerine sahip olduğu bilinmektedir. Kurumlarda kullanılan elektronik belge yönetim sistemleri, kamuda belgenin hangi aşamalardan geçtikten sonra arşiv değeri kazanacağı veya değerini kaybedeceği süreçleri dikkate alınmadan yapıldığından, kamuda elektronik evrak yönetim sürecinde çok ciddi sorunlarla karşılaşılması beklenmektedir. Belge ve arşiv konularında önce mevcut sorunlar halledilir, sonrasında bu tür sistemlere geçilirse daha yapıcı kazanımlar elde edilecektir.

EKLER

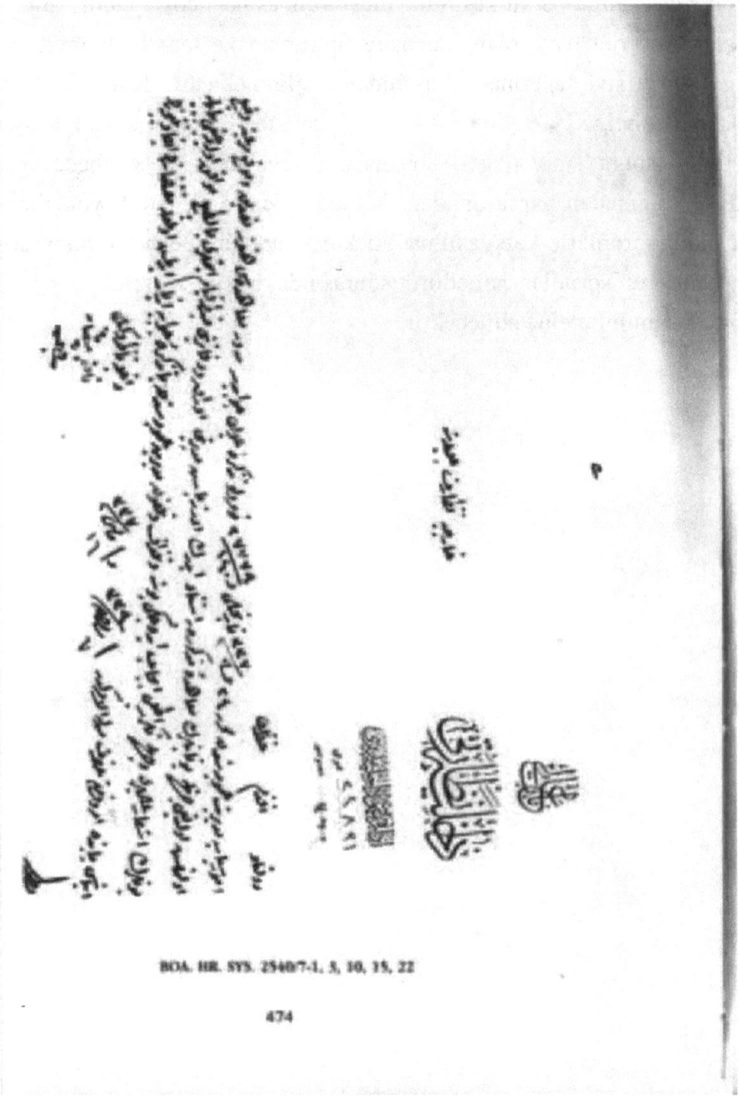

BOA. HR. SYS. 2540/7-1, 3, 10, 15, 22

474

Ek 1 (Edirne Başmüdiriyeti evrak ve defatirine Yunan işgali sırasında el konulmasıyla ilgili Dâhiliye Nezaretinin Hariciye Nezareti tezkiresine verdiği cevap)

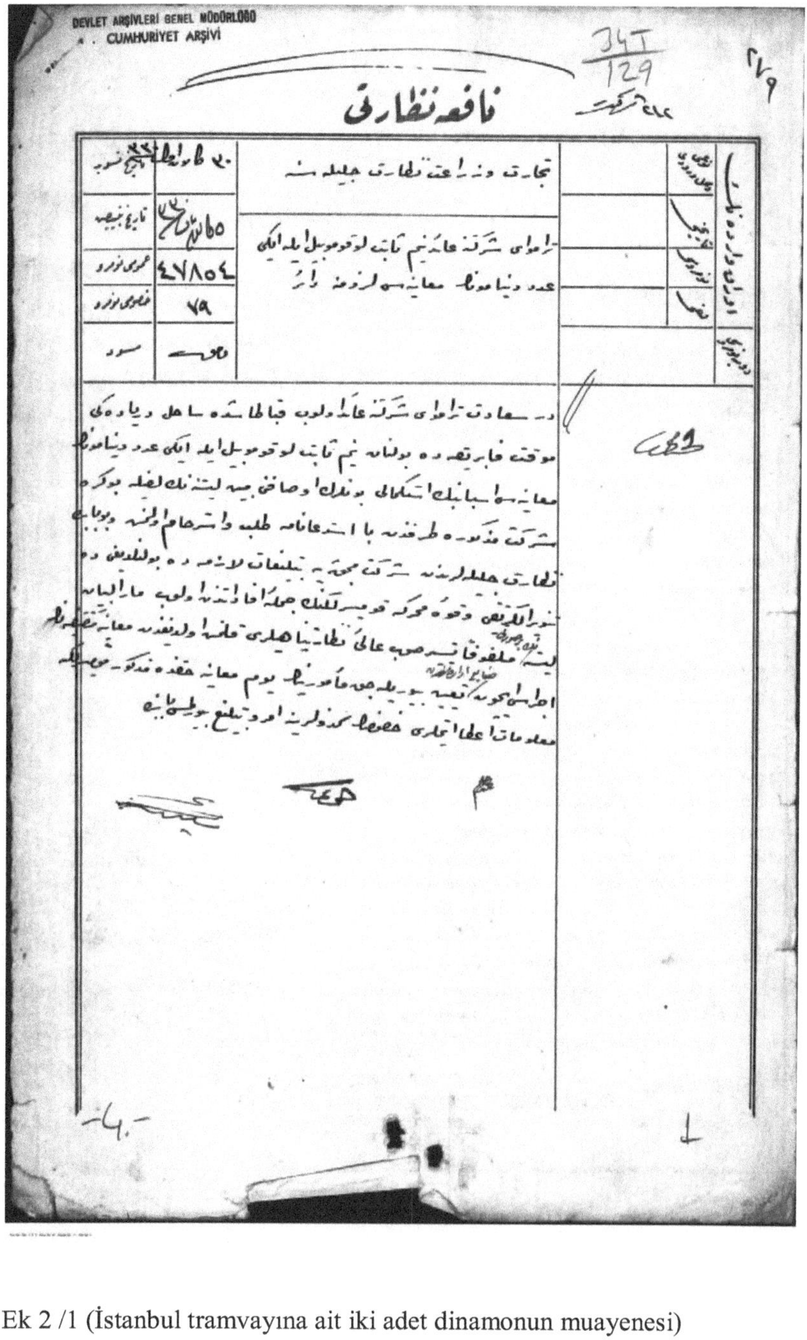

DEVLET ARŞİVLERİ GENEL MÜDÜRLÜĞÜ
CUMHURİYET ARŞİVİ

نافعه نظارتی

تجارت و زراعت نظارت جلیله سنه

Ek 2 /1 (İstanbul tramvayına ait iki adet dinamonun muayenesi)

Bl.

N° 2119

Réf.: Machines à vapeur.

درسعادت ترامواي شركتي

Excellence,

Ainsi qu'il est à la connaissance du Ministère des Travaux Publics, notre Société a installé à Cabatache, près de la mer, une usine provisoire contenant 2 locomobiles mi-fixes et 2 dynamos pour fournir le courant électrique nécessaire à l'alimentation de nos tramways pendant le laps de temps où l'usine de Silighdar de la Société Anonyme Ottomane d'Electricité n'était pas encore à même de nous fournir du courant.- Cette usine provisoire a été inspectée en son temps par la Commission formée par le Ministère des Travaux Publics et la Préfecture de la Ville pour la réception des lignes de tramways électriques.

Etant donné que la dite usine provisoire ne fonctionne pas actuellement, nous nous sommes abstenus de nous adresser au Ministère du Commerce et de l'Agriculture à l'effet de faire estampiller les chaudières des locomobiles. Nous portons ceci à la connaissance de Votre Excellence en La priant de vouloir bien en aviser le Ministère du Commerce et de l'Agriculture au cas où Elle jugerait une telle communication nécessaire et conforme à la loi, étant bien entendu que cette usine provisoire devrait être mise en marche au premier appel, c'est-à-dire dès qu'une interruption dans

دولتلو افندم حضرتلري

[illegible]

à Son Excellence

LE MINISTRE DES TRAVAUX PUBLICS,

ENVILLE.

1

2

Ek 2/ 2 (İstanbul tramvayına ait iki adet dinamonun muayenesi)

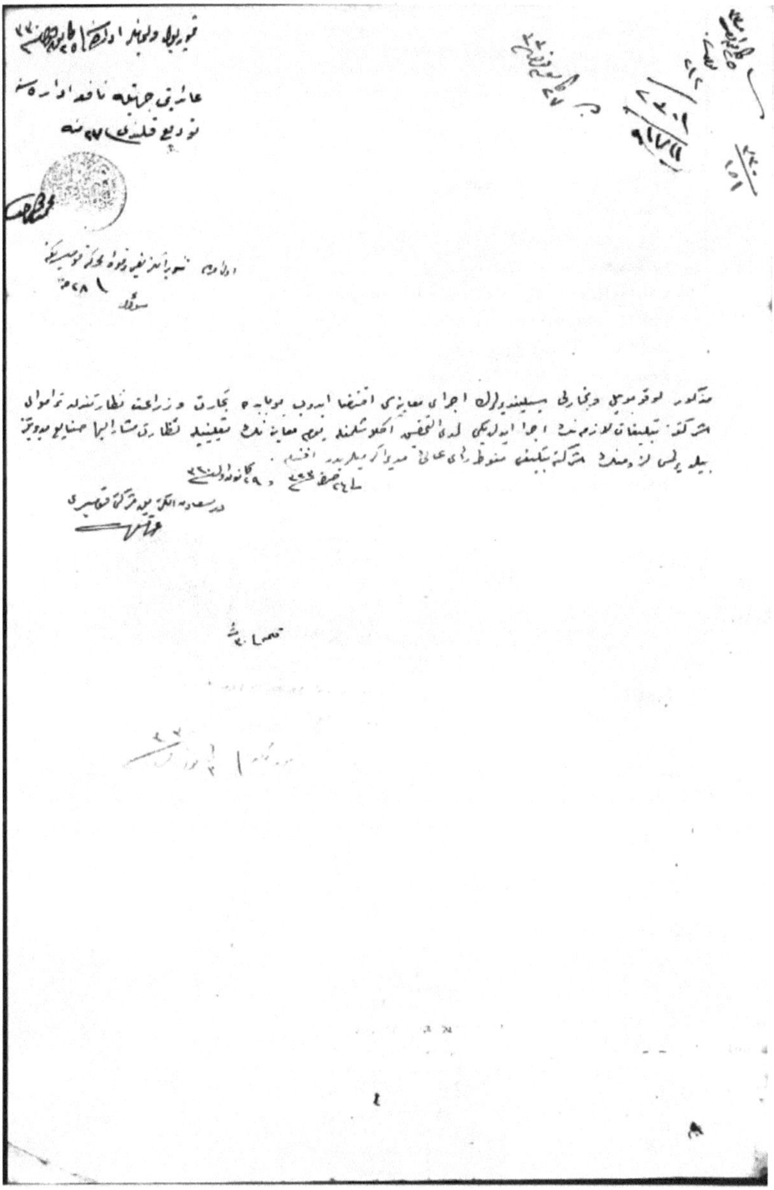

Ek 2 /3 (İstanbul tramvayına ait iki adet dinamonun muayenesi)

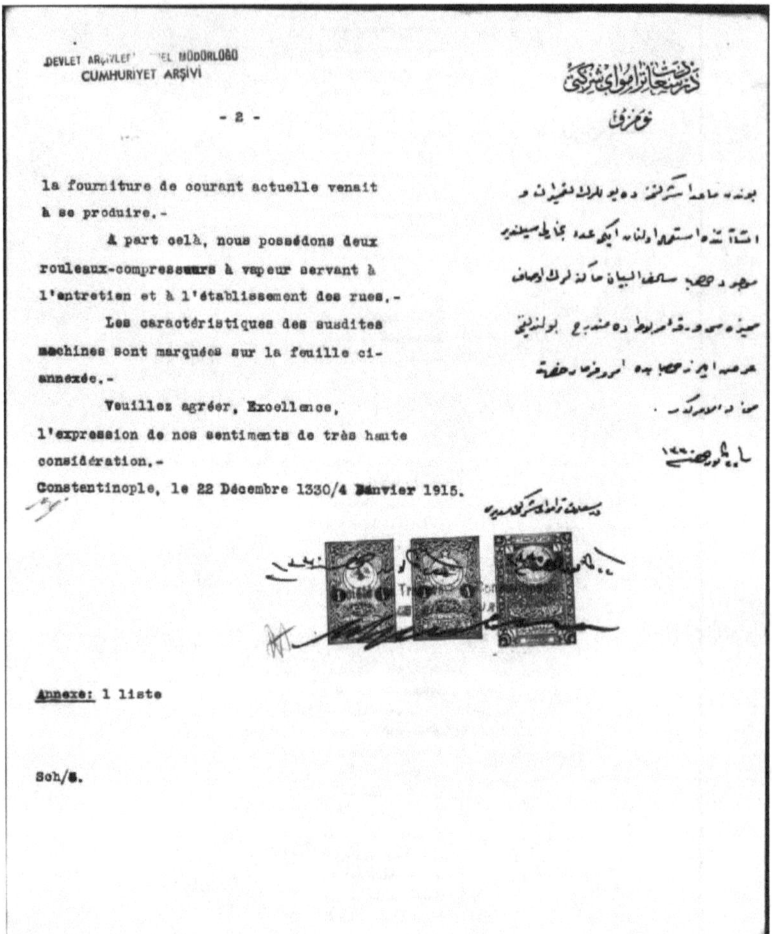
DEVLET ARŞİVLERİ ... MÜDÜRLÜĞÜ
CUMHURİYET ARŞİVİ

- 2 -

la fourniture de courant actuelle venait à se produire.-

A part celà, nous possédons deux rouleaux-compresseurs à vapeur servant à l'entretien et à l'établissement des rues.-

Les caractéristiques des susdites machines sont marquées sur la feuille ci-annexée.-

Veuillez agréer, Excellence, l'expression de nos sentiments de très haute considération.-

Constantinople, le 22 Décembre 1330/4 Janvier 1915.

Annexe: 1 liste

Sch/S.

Ek 2 /4 (İstanbul tramvayına ait iki adet dinamonun muayenesi)

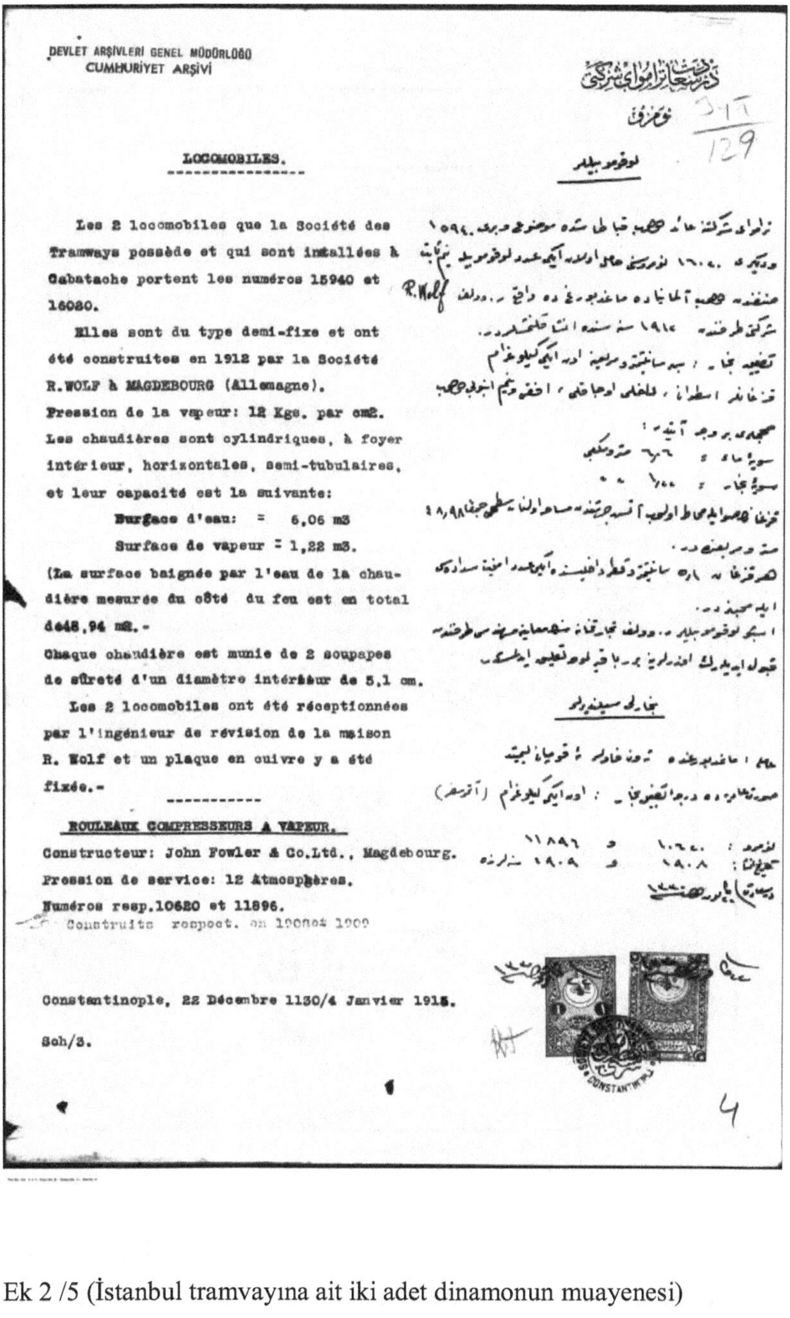

DEVLET ARŞİVLERİ GENEL MÜDÜRLÜĞÜ
CUMHURİYET ARŞİVİ

LOCOMOBILES.

Les 2 locomobiles que la Société des Tramways possède et qui sont installées à Gabatache portent les numéros 15940 et 16080.

Elles sont du type demi-fixe et ont été construites en 1912 par la Société R.WOLF à MAGDEBOURG (Allemagne).

Pression de la vapeur: 12 Kgs. par cm2.

Les chaudières sont cylindriques, à foyer intérieur, horizontales, semi-tubulaires, et leur capacité est la suivante:

Surface d'eau: = 6,06 m3

Surface de vapeur = 1,22 m3.

(La surface baignée par l'eau de la chaudière mesurée du côté du feu est en total de48,94 m2.-

Chaque chaudière est munie de 2 soupapes de sûreté d'un diamètre intérieur de 5,1 cm.

Les 2 locomobiles ont été réceptionnées par l'ingénieur de révision de la maison R. Wolf et un plaque en cuivre y a été fixée.-

----

ROULEAUX COMPRESSEURS A VAPEUR.

Constructeur: John Fowler & Co.Ltd., Magdebourg.

Pression de service: 12 Atmosphères.

Numéros resp.10620 et 11896.

Construits respect. en 1908et 1909

Constantinople, 22 Décembre 1130/4 Janvier 1915.

Sch/3.

Ek 2 /5 (İstanbul tramvayına ait iki adet dinamonun muayenesi)

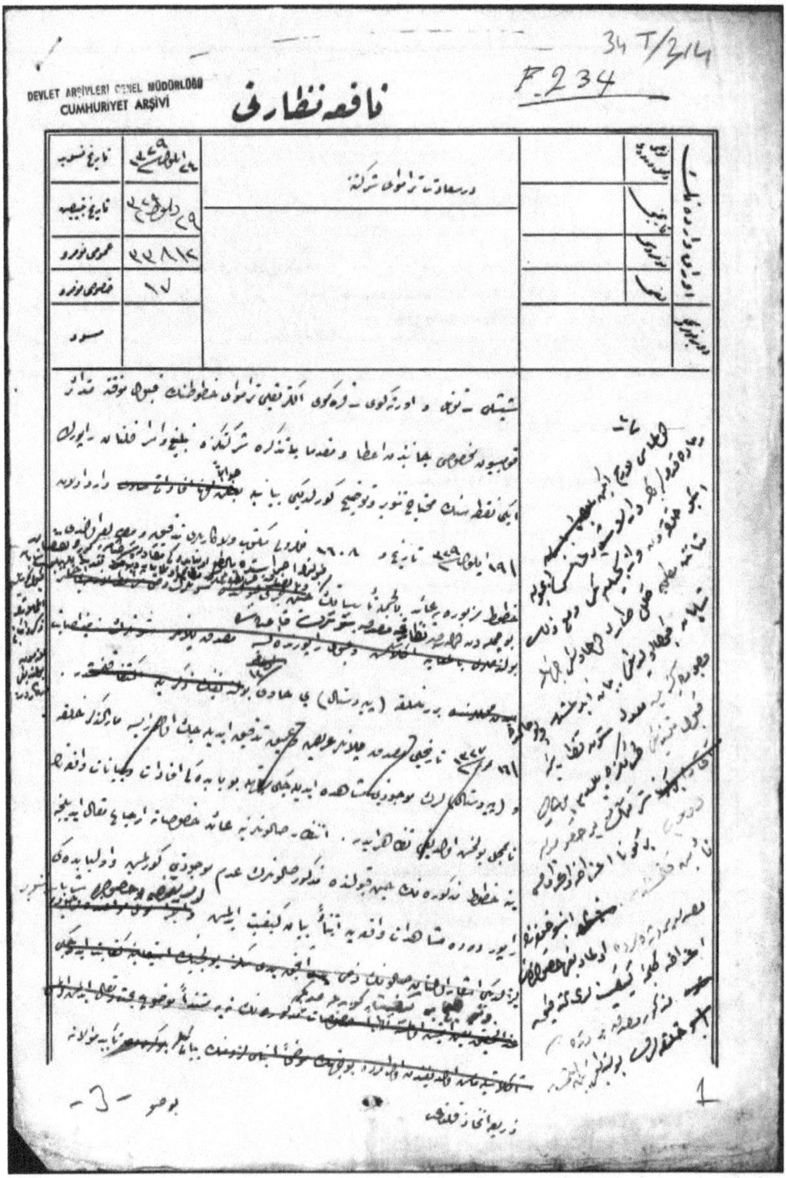
DEVLET ARŞİVLERİ GENEL MÜDÜRLÜĞÜ
CUMHURİYET ARŞİVİ
34 T/314
F.234
نافعه نظارتی

Ek 3 /1 (Şişli-Tünel, Ortaköy-Karaköy hatlarının geçici kabulü)

درسعادت ترامواي شركتي

نافعه نظارت جليله سنه

نمره
١٦٠٨

F.234

١١٨٤

VAL/

N° 1608

Réf: Réception provisoire
lignes électriques:
Karakeuy-Ortakeuy
Tunnel - Chichli.

Excellence,

دولتلو افندم حضرتلری

[illegible]

Nous avons l'honneur d'accuser réception de la lettre de Votre Excellence en date du 20 Août 1329/ 2 Septembre 1913, sub N° 12/32615, de laquelle nous avons retiré le Rapport de la Commission de Réception sur la réception provisoire des lignes de Tramways électriques:

Karakeuy - Ortakeuy
et Tunnel - Chichli,

dont nous avons pris bonne note.-

Deux points de ce rapport nous paraissant avoir besoin d'être éclaircis, nous nous permettons de fournir à Votre Excellence à leur sujet les explications suivantes:

1°) Poteaux . Le Rapport de la Commission de Réception dit que, d'après l'indication des plans certifiés par le Ministère les poteaux devraient être munis d'un anneau vers leur base.

A ce propos nous nous permettons de communiquer à Votre Excellence que les plans y relatifs approuvés par le Ministère des Travaux Publics à la date du 16/29 Juillet 1327/1911 et munis du cachet officiel du Ministère ainsi que des cachets du Directeur des Travaux Publics et du Conseiller Technique et qui nous ont été transmis par la lettre du 3/16 Août 1327/1911, sub N° 6054-13 ne font aucunement mention d'un anneau

A Son Excellence LE MINISTRE DES TRAVAUX PUBLICS

En Ville

2

Ek 3 /2 (Şişli-Tünel, Ortaköy-Karaköy hatlarının geçici kabulü)

34 T/314

درسعادت ترامواى شركتى

\- 2 -

à la base du poteau, par conséquent, il n'y avait pas lieu pour nous de prévoir de telles bagues, d'autant plus que ces bagues entraveraient fortement la circulation sur les trottoirs.

3°) Salle d'Attente.

Le Rapport constate l'absence de salles d'attente aussi bien sur la ligne de Tunnel Chichli que sur celle de Karakeuy-Ortakeuy en ajoutant que la Préfecture de la Ville n'a pas encore pris de décision concernant leur emplacement.

Or nous ferons remarquer à Votre Excellence à ce sujet que notre Société, sans attendre la décision de la Préfecture de la Ville à loué dans la gare à Péra de la Société Anonyme Ottomane du Chemin de Fer Métropolitain (station terminus des Tramways) un local qu'elle a aménagé en salle d'attente.

A l'encontre de l'indication du dit Rapport la ligne de Tunnel-Chichli possède donc une salle d'attente.-

Veuillez agréer, Excellence, l'expression de nos sentiments de très haute considération.

Constantinople, le 19 Septembre 1329 / 2 Octobre 1913

Bl/3.c.

3

Ek 3 /3 (Şişli-Tünel, Ortaköy-Karaköy hatlarının geçici kabulü)

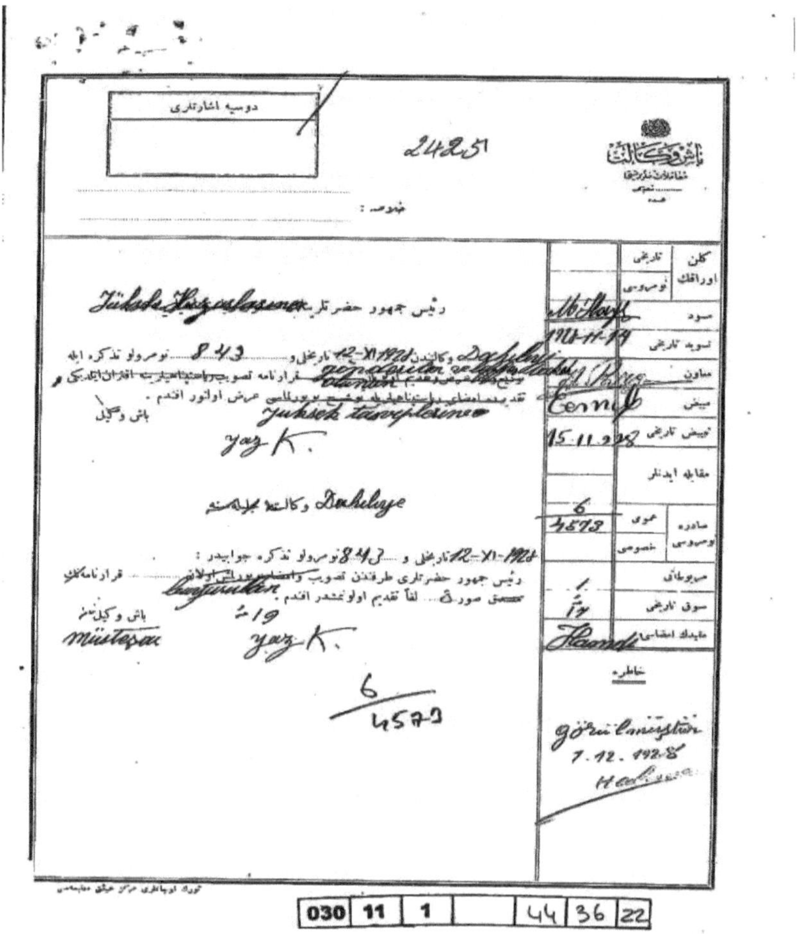

24251

030 11 1 44 36 22

Fon No: 30 11 1 0 - Kutu No: 44 - Dosya No: 36 - Sıra No: 22

Ek 4 /1 (Çankırı'nın Caciklar, İshakca, Göneykışla ve Kazaykışla köylerinin Ankara'nın Kalecik ilçesine bağlanması hakkında kararname)

Kararname

No 2425

M/I Kalecik kazasına merbut iken ahiren Çankırı vilayetine ilhak olunan Inallıballı nahiyesinin evvelki kararnameye ıdhal olunmayan Caciklar , Ishakca,Göneykışla Kozaykışla kövleri de mezkûr vilayete rapt ve ilhak edilmiştir .

M/2 Işbu Kararnamenin ahkâmını icraya Dahiliye vekili memurdur.

17/ 11 / 1928

Reisicümhur

Dahiliye vekili

Ş. Kaya

Başvekil

İsmet

| 030 | 11 | 1 | | 44 | 36 | 22 |

Ek 4 /2 (Çankırı'nın Caciklar, İshakca, Göneykışla ve Kazaykışla köylerinin Ankara'nın Kalecik ilçesine bağlanması hakkında kararname)

Türkiye Cumhuriyeti
BAŞVEKÂLET
Muamelât müdürlüğü
Şube 6
Sayı 4573 / 1

15/11/1928

Reisicumhur Hazretlerinin
yüksek huzurlarına

Dahiliye Vekâletinden 12/11/928 tarihli ve 8?? numaralı tezkere ile gönderilen ve leffen takdim olunan kararname yüksek tasviplerine arzolunur efendim.

Kemal

Başvekil
İsmet

3 / 5960

Başvekâlete :
Merbut kararname imza ve iade kılındı efendim.
17/11/1928

Reisicumhur
Gazi M. Kemal

Tahrirata
18-11-1928

030	11	1		44	36	22

Fon No: 30 11 1 0 - Kutu No: 44 - Dosya No: 36 - Sıra No: 22

Ek 4 /3 (Çankırı'nın Caciklar, İshakca, Göneykışla ve Kazaykışla köylerinin Ankara'nın Kalecik ilçesine bağlanması hakkında kararname)

13 / II / 928

Başvekâleti celileye

5886

I. U. M

853

Ankara vilayetinin Kalecik kazasına merbut iken ahiren Çankırı vilayetine rapt olunan Inallıballı nahiyesi merbutatının tadadı sırasında Ankara vilayetince sehven gösterilmeyen Dört köyünün de mezkûr vilayete rapt ve ilhakına dair ikişer nusha tanzim olunan Kararname leffen taktim kılındı muktazasının ifasına müsaade buyrulması arz ve istirham olunur efendim .

Dahiliye vekili

Ş. Kaya

tahrirata

14-11-1928

030	11	1		44	36	22

Fon No: 30 11 1 0 - Kutu No: 44 - Dosya No: 36 - Sıra No: 22

Ek 4 /4 (Çankırı'nın Caciklar, İshakca, Göneykışla ve Kazaykışla köylerinin Ankara'nın Kalecik ilçesine bağlanması hakkında kararname)

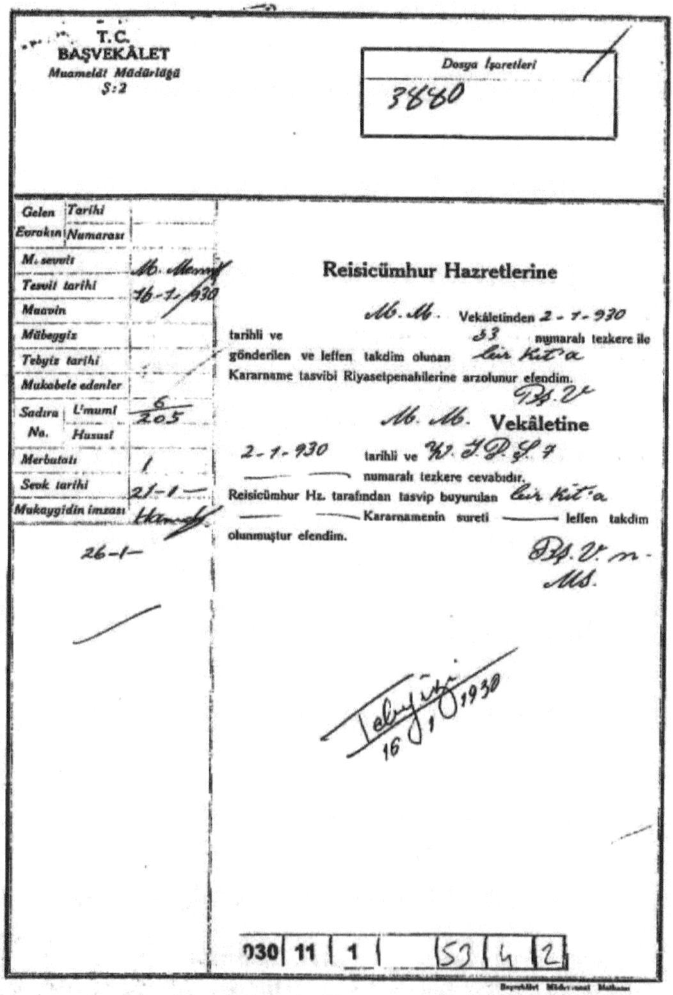
T.C.
BAŞVEKÂLET
Muamelât Müdürlüğü
Ş:2

Dosya İşaretleri
3880

Gelen Evrakın	Tarihi	
	Numarası	
M. sevvit		M. Memuf
Tesvit tarihi		16-1-930
Muavin		
Mübeyyiz		
Tebyiz tarihi		
Mukabele edenler		
Sadıra No.	Umumi	6 / 205
	Hususi	
Merbutatı		1
Sevk tarihi		21-1
Mukayyidin imzası		

26-1-

Reisicümhur Hazretlerine

M. M. Vekâletinden 2-1-930 tarihli ve 53 numaralı tezkere ile gönderilen ve leffen takdim olunan bir kıt'a Kararname tasvibi Riyasetpenahilerine arzolunur efendim.

Bş. V.

M. M. **Vekâletine**

2-1-930 tarihli ve — numaralı tezkere cevabıdır.
Reisicümhur Hz. tarafından tasvip buyurulan bir kıt'a — Kararnamenin sureti — leffen takdim olunmuştur efendim.

Bş. V. n.

Tebyizi 16/1/1930

030 | 11 | 1 | | 53 | 4 | 2

Fon No: 30 11 1 0 - Kutu No: 53 - Dosya No: 4 - Sıra No: 2

Ek 5 /1 (Hekim Hüseyin Hüsnü'nün sağlık sebebiyle emekliye sevki hakkında kararname)

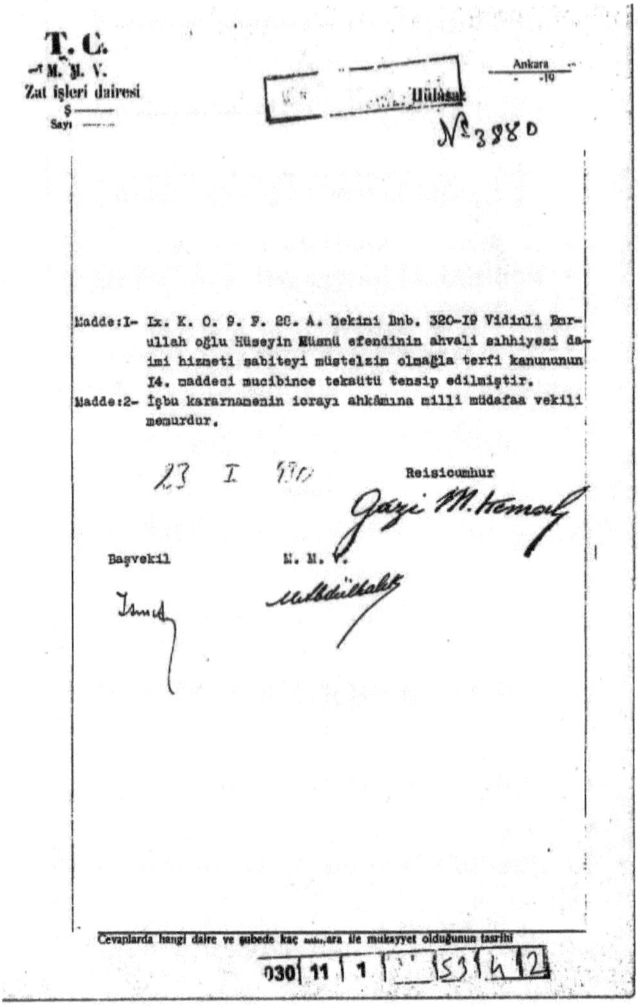

T. C.
M. M. V.
Zat işleri dairesi
Ş
Sayı

Hülâsa

Ankara - - 19

№ 3880

Madde:1- Ix. K. O. 9. F. 2C. A. hekimi Bnb. 320-19 Vidinli Emrullah oğlu Hüseyin Hüsnü efendinin ahvali sıhhiyesi daimi hizmeti sabiteyi müstelzim olmağla terfi kanununun 14. maddesi mucibince tekaütü tensip edilmiştir.
Madde:2- İşbu kararnamenin icrayı ahkâmına milli müdafaa vekili memurdur.

23 I 930

Reisicumhur
Gazi M. Kemal

Başvekil
İsmet

M. M. V.
M. Abdülhalik

Cevaplarda hangi daire ve şubede kaç numara ile mukayyet olduğunun tasrihi

030 | 11 | 1 | | 53 | 4 | 2

Fon No: 30 11 1 0 - Kutu No: 53 - Dosya No: 4 - Sıra No: 2

Ek 5 /2 (Hekim Hüseyin Hüsnü'nün sağlık sebebiyle emekliye sevki hakkında kararname)

T.C.
BAŞVEKÂLET
Muamelât Müdürlüğü
Şube : 2
Sayı : 6
205 T

16/I/930

Reisicümhur Hazretlerinin Yüksek Huzurlarına

M. M. *Vekâletinden* 2-I-930 *tarihli ve* 53 *numaralı tezkere ile gönderilen ve leffen takdim olunan* bir *kıt'a kararname yüksek tasviplerine arzolunur efendim.*

Kemal

Başvekil
İsmet

3
258

Başvekâlete:
Merbut kararname imza ve iade kılındı Efendim.
2 /I/1930 Reisicümhur
Gazi M. Kemal

030 | 11 | 1 | 153 | 4 | 2

Fon No: 30 11 1 0 - Kutu No: 53 - Dosya No: 4 - Sıra No: 2

Ek 5 /3 (Hekim Hüseyin Hüsnü'nün sağlık sebebiyle emekliye sevki hakkında kararname)

T.C.
M. M. V.
Zat işleri dairesi
Ş 7
Sayı 53

T.C. BAŞBAKANLIK CUMHURİYET ARŞİVİ

Ankara
/2.kânunu 930

Hülâsa:

Başvekâlet C.

2. K. O. 9. P. 28. A. hekimi Bnb. 320-19 Vidinli Emrullah oğlu Hüseyin Hüsnü efendinin ahvali sıhhiyesi daimi hizmeti sabiteyi müstelzim olmağla terfi kanununun 14. maddesi mucibince tekaütü hakkındaki kararnamenin leffen takdim kılındığı maruzdur efendim.

M. M. V.

Tahrirata
15-1-1930

15-1-930 124

030| 11 | 1 | 53| 4 | 2

Cevaplarda hangi daire ve şubede kaç numara ile mukayyet olduğunun tasrihi

Fon No: 30 11 1 0 - Kutu No: 53 - Dosya No: 4 - Sıra No: 2

Ek 5 /4 (Hekim Hüseyin Hüsnü'nün sağlık sebebiyle emekliye sevki hakkında kararname)

No. 11846

T. C.
BAŞVEKÂLET
Yazı İşleri Müdürlüğü
Sayı:

Dosya işaretleri

Gelen Evrakın	Tarihi	
	Numarası	
Müsevvit		
Tesvit tarihi		4.12.1935
Muavin		
Mübeyyiz		
Tebyiz tarihi		5
Mukabele edenler		
Sadıra No.	Umumi	2
	Hususi	4515
Merbutatı		1
Sevk tarihi		9-12-35
Mukayyidin imzası		

11-12-35

Reisicümhur'un Yüce Katına ~~Hazretlerinin Yüksek Huzurlarına~~

Nafıa Vekâletinden 4.12.1935 tarihli ve 2972 sayılı ~~numaralı~~ tezkere ile gönderilen ~~ve leffen takdim olunan~~ ~~.....lı'a~~ Kararname ~~tasvibi Riyasetpenahilerine arzolunur efendim.~~ Yüksek onamınıza sunulmuştur.

Başvekil

Nafıa Vekâletine

4.12.1935 tarihli ve P.T.T.U.Md: 2972 sayılı ~~numaralı~~ tezkere cevabıdır.

Reisicümhur ~~Hz.~~ tarafından ~~tasvip buyrulan~~ onaylanmış olan Kararname~~nin~~ sureti ilei~~şik~~ ~~leffen takdim olunmuştur efendim.~~ gönderilmiştir.

Başvekil N.
Müsteşar

030 | 11 | 1 | | 100 | 37 | 20

Fon No: 30 11 1 0 - Kutu No: 100 - Dosya No: 37 - Sıra No: 20

Ek 6 /1 (PTT Fen Müşavere Heyeti Başkanlığı'na Hasan Kazım ve Mühendisliğe Ali Kemal'in tayinleri hakkında kararname)

T. C.
BAŞVEKÂLET
Yazı İşleri Müdürlüğü
Sayı 2/4515

5.12.1935

T. C.
BAŞBAKANLIK
CUMHURİYET ARŞİVİ

Reisicümhurun Yüce Katına

Nafıa Vekilliğinden 4.12.1935 tarihli ve 2972 sayılı tezkere ile gönderilen Kararname Yüksek onamınıza sunulmuştur.

K.g.

Başvekil

İ. İnönü

3/8063

Başvekâlete:

İlişik kararname imza edilerek gönderilmiştir .

[illegible]vel 1935

Reisicümhur

K. Atatürk

030	11	1		100	37-20

Fon No: 30 11 1 0 - Kutu No: 100 - Dosya No: 37 - Sıra No: 20

Ek 6 /2 (PTT Fen Müşavere Heyeti Başkanlığı'na Hasan Kazım ve Mühendisliğe Ali Kemal'in tayinleri hakkında kararname)

T. C.
Posta, Telgraf Ve Telefon
Umumî Müdürlüğü
.... Müdürlüğü
.... Kalemi
No. ....

T. C.
BAŞBAKANLIK
CUMHURİYET ARŞİVİ

Kararname

Hulâsa
No. 11846
Merbutat

Boş olan 70 lira maaşlı P.T.T. Fen Müşavere Hey'eti Reisliğine aynı maaşlı Mühendis Hasan Kâzımın naklen ve onun yerine 55 lira maaşlı Mühendis Ali Kemalin terfian tayinleri tensip edilmiştir.
Bu kararnamenin hükmünü Nafia Vekili yürütür.

9 Eylül 1935

Reisi Cümhur
K. Atatürk

Baş Vekil
İ. İnönü

Nafia Vekili
A. Çetinkaya

030 | 11 | 1 | | 100 | 37 | 22

Fon No: 30 11 1 0 - Kutu No: 100 - Dosya No: 37 - Sıra No: 20

Ek 6 /3 (PTT Fen Müşavere Heyeti Başkanlığı'na Hasan Kazım ve Mühendisliğe Ali Kemal'in tayinleri hakkında kararname)

T. C.

Posta, Telgraf ve Telefon
Umumi Müdürlüğü
Muamelât Müdürlüğü
Ş.I Kalemi
No. 2972

4-12-935

Hulâsa

Merbutat 3

Yüksek Baş Vekâlete

Boş olan P.T.T. Fen Müşavere Reisliğinin doldurulması hakkındaki kararname iliştik olarak takdim kılınmıştır.

Tasdika ait icabın yapılmasına yüksek müsaadelerini istirham ederim.

Nafia Vekili
A. Çetinkaya

BAŞVEKÂLET EVRAKI

Tarih	Numara	Lef
4-12-935	7510	3

030	11	1		100	37	20

Fon No: 30 11 1 0 - Kutu No: 100 - Dosya No: 37 - Sıra No: 20

Ek 6 /4 (PTT Fen Müşavere Heyeti Başkanlığı'na Hasan Kazım ve Mühendisliğe Ali Kemal'in tayinleri hakkında kararname)

T. C.
BAŞBAKANLIK
YAZI İŞLERİ VE SİCİL
MÜDÜRLÜĞÜ

ÖZÜ:

19915

Gelen Evrakın Tarihi	4.1.1946
Gelen Evrakın No.	511-88-129
Yazan Memur	
Yazı tarihi	4.1.1946
Beyaz eden	
Beyaz tarihi	4.1.1946
Karşılaştıranlar	
Dosya No.	19915
Gidiş No.	2/12646
Ekleri	1
Sevk tarihi	
Kaydeden	

Not: 7-1-946

10-1-946

Cumhurbaşkanlığı Yüce Katına

İçişleri Bakanlığının 4.1.1946 tarihli ve 511-88/129 sayılı tezkeresiyle gönderilen karar Yüksek Onamalarına sunulur.

Başbakan

İçişleri Bakanlığına

Zatişleri Genel Müdürlüğü;

4.1.1946 tarihli ve 511-88/129 sayılı tezkereye karşılıktır:

Cumhurbaşkanı tarafından onanmış olan karar örneği ilişik olarak sunulmuştur.

Başbakan yerine
Müsteşar

5-1-946

5-1-946

030 | 11 | 1 | | 180 | 1 | 18

[No: 8]

Fon No: 30 11 1 0 - Kutu No: 180 - Dosya No: 1 - Sıra No: 18

Ek 7 /1 (Çermik Kaymakamlığına İhsan Atakan'ın tayini hakkında kararname)

T. C.
BAŞBAKANLIK
YAZI İŞLERİ VE SİCİL MÜDÜRLÜĞÜ
Genel No. 2/12646
Özel No: 19915
Eki: 1

\- 7 Ocak 1946

Cumhurbaşkanlığı Yüce Katına

Içişleri Bakanlığının 4/1/1946 tarihli ve 511-88 / 129 sayılı tezkeresiyle gönderilen karar yüksek onamalarına sunulur.

Başbakan

3/121

Başbakanlığa:
İlişik karar Cumhurbaşkanı tarafından imza buyrulduğundan geri sunuldu.

\- 8 Ocak 1946

Cumhurbaşkanı emrile
Genel Kâtip

(No.: 18)

030 | 11 | [illegible]

Fon No: 30 11 1 0 - Kutu No: 180 - Dosya No: 1 - Sıra No: 18

Ek 7 /2 (Çermik Kaymakamlığına İhsan Atakan'ın tayini hakkında kararname)

T. C.
İÇİŞLERİ BAKANLIĞI
U. M.
Ş. M.
Sayı :

Özü :

KARAR

1991/5

1) Ağrı İline bağlı Diyadin İlçesi Kaymakamlığından Bakanlık emrinde İhsan Atakan'ın Diyarbakır İline bağlı Çermik İlçesi Kaymakamlığına tayini tensip edilmiştir .

2) Bu Kararı yürütmege İçişleri Bakanı memurdur .

8 Ocak 946

CUMHURBAŞKANI

İsmet İnönü

Başbakan

Ş. Saracoğlu

İçişleri Bakanı

Hilmi Uran

030 | 11 | 1 | | 1?? | 1 | 12

Karşılık yazılacak yazıya, karşılık olduğu yazının gün ve sayısile hangi daire ve şub'den yazıldığının konulması rica olunur.

Fon No: 30 11 1 0 - Kutu No: 180 - Dosya No: 1 - Sıra No: 18

Ek 7 /3 (Çermik Kaymakamlığına İhsan Atakan'ın tayini hakkında kararname)

4/1/946

T. C.
İÇİŞLERİ BAKANLIĞI
Z.İ. G. M.
I Ş. M. Muamelat:
Sayı
511/88
129

Özü: Çermik Kaymakamlığına tayin edilen İhsan Atakan'a ait kararın sunulduğu :

Yüksek Başbakanlığa

Diyadin Kaymakamlığından Bakanlık emrinde İhsan Atakan'ın Çermik Kaymakamlığına tayinine dair düzenlenmiş olan karar iliştirilerek sunuldu.

Gereğinin yapılmasına müsaade'erini saygı ile arz ederiz.

İçişleri Bakanı
Hilmi Uran

19915

2
12646 Z

Karşılık yazılacak yazıya, karşılık olduğu yazının gün ve sayısıyle hangi daire ve şubeden yazıldığının konulması rica olunur.

4-1-946

030 | 11 | 1 | | 180 | 1 | 18

Fon No: 30 11 1 0 - Kutu No: 180 - Dosya No: 1 - Sıra No: 18

Ek 7 /4 (Çermik Kaymakamlığına İhsan Atakan'ın tayini hakkında kararname)

T. C.
BAŞBAKANLIK
YAZI İŞLERİ VE SİCİL
MÜDÜRLÜĞÜ

ÖZETİ :

Gelen evrakın Tarihi	6.10.1950
Gelen evrakın No.	627-709 / 12279
Yazan Memur	[illegible]
Yazı tarihi	9.10.1950
Beyaz eden	
Beyaz tarihi	
Karşılaştıranlar	
Dosya No.	
Gidiş No.	2/812 / 27831
Ekleri	1
Sevk tarihi	2-1-951
Kaydeden	3-1-951

Not :

Cumhurbaşkanlığı Yüce Katına

.... Bakanlığının .... tarih ve .... sayılı tezkeresiyle gönderilen karar Yüksek Onamalarına sunulur.

Başbakan

İçişleri Bakanlığına

M. İdareler 9.124.
6.10.1950 tarih ve 629-707 / 12279 sayılı tezkereye karşılıktır :
Cumhurbaşkanı tarafından onanmış olan karar örneği ilişik olarak sunulmuştur.

Başbakan yerine
Müsteşar

11.10.950

5.1.1951

030	11	1		218	39	3

[No. 9]

Başbakanlık Devlet Matbaası

Fon No: 30 11 1 0 - Kutu No: 218 - Dosya No: 39 - Sıra No: 3

Ek 8 /1 (Aydın Belediye Başkanlığına seçilen Cevat Ülkü'nün Başkanlığının onaylanması hakkında kararname)

T. C.
İÇİŞLERİ BAKANLIĞI
.... G. M.
.... Ş. M.
Sayı :

Özü: ....

T. C.
BAŞBAKANLIK
CUMHURİYET ARŞİVİ

K A R A R
2/831

1 - Aydın Belediye Başkanlığına seçilen Cevat Ülkü'nün Başkanlığı 1580 Sayılı Belediye Kanununun 89. ncu maddesine tevfikan onanmıştır,

2 - Bu karar hükmünü İçişleri Bakanı yürütür.

2. Ocak 1951

CUMHURBAŞKANI
C. Bayar

BAŞBAKAN
A. Menderes

İÇİŞLERİ BAKANI
R. Nasuhioğlu

Karşılık yazılacak yazıya, karşılık olduğu yazının gün ve sayısiyle hangi daire ve şubeden yazıldığının konulması rica olunur.

030	11	1		218	39	3

Fon No: 30 11 1 0 - Kutu No: 218 - Dosya No: 39 - Sıra No: 3

Ek 8 /2 (Aydın Belediye Başkanlığına seçilen Cevat Ülkü'nün Başkanlığının onaylanması hakkında kararname)

T. C.
İÇİŞLERİ BAKANLIĞI
M.İ. G. M.
2. Ş. M.
Sayı :
621-303
12279

6/10/950

Özü:
Aydın Belediye Başkan seçimi hakkında.

Yüksek Başbakanlığa

Aydın Belediye Başkanlığına seçilen Cevat Ülkü'nün Başkanlığına ait karar tasarısı eklenerek sunulmuştur.

1580 Sayılı Belediye Kanununun 89.uncu maddesine tevfikan gereğini yüksek müsaadelerine saygılarımla arzederim.

İçişleri Bakanı

K 23831

6/10/50

Karşılık yazılacak yazıya, karşılık olduğu yazının gün ve sayısiyle hangi daire ve şubeden yazıldığının konulması rica olunur.

030	11	1		218	39	3

Fon No: 30 11 1 0 - Kutu No: 218 - Dosya No: 39 - Sıra No: 3

Ek 8 /3 (Aydın Belediye Başkanlığına seçilen Cevat Ülkü'nün Başkanlığının onaylanması hakkında kararname)

Kurumun kodu	Ana dosya	1. Alt Konu	2. Alt Konu	3. Alt Konu		Saklama kodu
					DEVLET SU İŞLERİ GENEL MÜDÜRLÜĞÜ ETÜD VE PLAN DAİRESİ BAŞKANLIĞI	
	100				**Gözlem Çalışmaları**	
		01			Akarsu Gözlemleri	
		02			Göl Çalışmaları	
		03			Meteorolojik Gözlemler	
	105				**Harita Çalışmaları**	
		01			Harita Kontrolleri	
		02			Harita Yapım İşleri	
			01		Batimetrik Harita Yapım İşleri	
			02		Baraj-Sulama Haritaları Yapım İşleri	
			03		Aplikasyon	
			04		Kot Nakli	
		03			Arşivleme	
	110				**Toprak ve Drenaj Çalışmaları**	
		01			Arazi Sınıflandırma İşleri	
		02			Drenaj İşleri	
		03			Islah İşleri	
	115				**Tarımsal Ekonomi Çalışmaları**	
		01			Taşkın Koruma Faydası	
		02			Su Kullanma Hakları	
	116				**Hidroloji Çalışmaları**	
		01			Su Potansiyeli	
		02			İşletme Çalışmaları (Enerji ve Sulama Amaçlı)	
		03			Taşkın Hidrolojisi	
		04			Sulama Suyu İhtiyacı	
		05			Göl ve Gölet Hidrolojisi	
		06			Hidrolojik Tahmin ve Araştırmalar	
	125				**Erozyon ve Rüsubat Kontrolü Çalışmaları**	
		01			Etüd ve Genel Yazışmalar	
		02			Uygulama Çalışmaları	
		03			Ağaçlandırma İşleri	
		04			Çölleşme İle Mücadele Faaliyetleri	
	130				**Çevre Çalışmaları**	
		01			Sulak Alanlar	
		02			Çevresel Etki Değerlendirmeleri	
		03			Korunan Alanlar	
	135				**Uzaktan Algılama ve Coğrafi Bilgi Sistemi Çalışmaları**	
		01			Uzaktan Algılama Çalışmaları	
		02			Coğrafi Bilgi Sistemi Çalışmaları	
	138				**Araştırma Planlama ve Koordinasyon Çalışmaları**	
	140				**Büyük Su İşleri Proje Etüd Çalışmaları**	
		01			Havza Proje Numarası İşlemleri	
			01		Proje Numarası İşlemleri	
		02			Bölgesel Sular	
		03			Sınır Aşan Sular	
	145				**Küçük Su İşleri Çalışmaları**	
		01			Taşkın Konuları	

Ek 9/1 (Devlet Su İşleri Genel Müdürlüğü 2005 Yılı Ana Hizmet Birimlerine İlişkin Dosya Planı)

	02			Gölet Konuları	
				DEVLET SU İŞLERİ GENEL MÜDÜRLÜĞÜ PROJE VE İNŞAAT DAİRESİ BAŞKANLIĞI	
150				**Proje Çalışmaları**	
151				**Sulama-Drenaj Proje Yapım Çalışmaları**	
	01			Kredili Sulama ve Drenaj Projeleri	
	02			Öz Kaynaklı Projeler	
155				**Taşkın Koruma Proje Yapım Çalışmaları**	
160				**Gölet Proje Yapım Çalışmaları**	
165				**Makine-Elektirik Proje Yapım Çalışmaları**	
170				**Tesisler Proje Yapım Çalışmaları**	
175				**İhale İşlemleri**	
	01			İnşaat İhaleleri	
	02			Elektromekanik Teçhizat İhaleleri	
180				**Merkez İhaleleri**	
	01			Sulama-Drenaj İnşaat İhaleleri	
	02			Taşkın Koruma İnşaat İhaleleri	
	03			Gölet İnşaat İhaleleri	
	04			Tesis İnşaat İhaleleri	
	05			Proje Yapım İhaleleri	
185				**Bölge İhaleleri**	
	01			Sulama-Drenaj İnşaat İhaleleri	
	02			Taşkın Koruma İnşaat İhaleleri	
	03			Gölet İnşaat İhaleleri	
	04			Tesis İnşaat İhaleleri	
	05			Proje Yapım İhaleleri	
190				**Devam Eden İhaleli İşler**	
	01			Devam Eden Merkez İhaleli İşler	
		01		Sulama-Drenaj İnşaat İhaleleri	
		02		Taşkın Koruma İnşaat İhaleleri	
		03		Gölet İnşaat İhaleleri	
		04		Tesis İnşaat İhaleleri	
		05		Proje Yapım İhaleleri	
	02			Devam Eden Bölge İhaleli İşler	
		01		Sulama-Drenaj İnşaat İhaleleri	
		02		Taşkın Koruma İnşaat İhaleleri	
		03		Gölet İnşaat İhaleleri	
		04		Tesis İnşaat İhaleleri	
		05		Proje Yapım İhaleleri	
195				**Sonuçlandırılan İhale İşlemleri**	
	01			Sonuçlandırılan Merkez İhaleli İşler	
		01		Geçici Kabulü Yapılan İşler	
		02		Kesin Kabulü Yapılan İşler	
		03		Belge (İş Yönetme,İş Denetim)	
	02			Sonuçlandırılan Bölge İhaleli İşler	
		01		Geçici Kabulü Yapılan İşler	
		02		Kesin Kabulü Yapılan İşler	
		03		Belge (İş Yönetme,İş Denetim)	
				DEVLET SU İŞLERİ GENEL MÜDÜRLÜĞÜ BARAJLAR VE HİDROELEKTRİK SANTRALLER DAİRESİ BAŞKANLIĞI	
200				**Baraj Yapım İşleri**	

Ek 9 /2 (Devlet Su İşleri Genel Müdürlüğü 2005 Yılı Ana Hizmet Birimlerine İlişkin Dosya Planı)

		01			Kredili Projeler	
		02			Finansmanı Öz Kaynaktan Karşılanan Enerji Projeleri	
		03			Finansmanı Öz Kaynaktan Karşılanan Sulama Amaçlı Baraj Projeleri	
	215				**Hidroelektrik Santral Yapım İşleri**	
		01			Kredili Projeler	
		02			Finansmanı Öz Kaynaktan Karşılanan Enerji Projeleri	
		03			Elektromekanik Teçhizat İşleri	
	230				**Kesin Proje Hazırlanması İşleri**	
		01			Kredili Projeler	
		02			Finansmanı Öz Kaynaktan Karşılanan Enerji Projeleri	
		03			Finansmanı Öz Kaynaktan Karşılanan Sulama Amaçlı Baraj Projeleri	
					DEVLET SU İŞLERİ GENEL MÜDÜRLÜĞÜ İÇMESUYU VE KANALİZASYON DAİRESİ BAŞKANLIĞI	
	250				**İçmesuyu Temini**	
	255				**İçmesuyu Teminine Yönelik Faaliyetlerin Değerlendirilmesi**	
		01			Türkiye'deki Nüfusun İçmesuyundan Yararlanma Durumu	
		02			Merkezi Kamu Kuruluşlarının İçmesuyuna Yönelik Yatırımları	
		03			Kamu Kuruluşlarının İçmesuyuna Yönelik Yatırımları	
		04			İçmesuyu Sektöründeki Sorunlar	
	265				**İçmesuyu Temini İçin Yapılan Merkez İhaleli İşler**	
		01			Planlama, Kat'i Proje, Uygulama Projeleri ve Müşavirlik Hizmetleri	
		02			Sanat Yapıları ile İlgili Çalışmalar	
		03			Arıtma Tesisi ile İlgili Çalışmalar	
		04			Makine Elektrik ve Donanım ve Teçhizatları ile İlgili Çalışmalar	
	275				**İçmesuyu Temini İçin Yapılan Bölge İhaleli İşler**	
	285				**Kabul, Tasfiye, Fesih ve Kesin Hesap İşleri**	
	290				**Çevre Sorunları ve Suların Kirlenmesi ile İlgili Çalışmalar**	
		01			Su Kalitesi Gözlem Çalışmaları	
					DEVLET SU İŞLERİ GENEL MÜDÜRLÜĞÜ EMLAK VE KAMULAŞTIRMA DAİRESİ BAŞKANLIĞI	
	295				Kamulaştırma İşlemleri	
	296				Zarar Ziyan Ödeme ve Olurları	
					DEVLET SU İŞLERİ GENEL MÜDÜRLÜĞÜ JEOTEKNİK HİZMETLER VE YERALTISULARI DAİRESİ BAŞKANLIĞI	
	300				**Mühendislik Jeolojisi Planlama Çalışmaları**	
	303				**Mühendislik Jeolojisi Uygulama Çalışmaları**	
	306				**Doğal Yapı Gereçleri Etüt Çalışmaları**	
	309				Kaya Zemim Mekaniği Çalışmaları	
		01			Zemin Etüt Raporları	
		02			Numuneler	
		03			Sondaj Talimatları	
		04			Etüt Şartnameleri	
		05			Sözleşme veya Protokoller	
		06			Görüş Bildiren Yazılar	
	312				**Temel ve Enjeksiyon Çalışmaları**	
		01			Temel Sondaj Talimatları	
		02			Enjeksiyon Talimatları	
		03			Gezi Raporları	
	315				**Etüt Değerlendirme Çalışmaları**	
		01			Etüd Yazışmaları	
		02			Bedelli Etüt Yazışmaları	

Ek 9 / 3 (Devlet Su İşleri Genel Müdürlüğü 2005 Yılı Ana Hizmet Birimlerine İlişkin Dosya Planı)

		03			Su Kimyası Yazışmaları	
	318				**Planlama Projelendirme Çalışmaları**	
		01			Yeraltısuyu Sulamaları Çalışmaları	
		02			Rezerv Kontrol Çalışmaları	
	321				**Su Sondaj Çalışmaları**	
		01			Talimat Yazıları	
		02			Makine ve Ekipman Transferleri	
	324				**Elektrik Çalışmaları**	
		01			Proje Yazışmaları	
		02			Malzeme Tevzii Yazışmaları	
		03			Kuyu Karakteristikleri	
		04			TEDAŞ ve Muadil Kurum Yazışmaları	
		05			Bilgi Notları ve Sulama Kooperatifleri	
	327				**Karst Araştırma Çalışmaları**	
		01			Karst Hidrojeolojik Etüdleri	
		02			Karst Mühendislik Jeolojisi Etüdleri	
		03			İzleme Deneyleri	
		04			İzotop Hidrolojisi	
		05			Sondaj Kuyusu Talimatları	
	330				**Hava Fotoğrafları ve Uzaktan Algılama Çalışmaları**	
		01			Hava Fotoğrafları	
		02			Coğrafi Bilgi sistemi (Uzaktan Algılama)	
		03			Çevre Etki Değerlendirmesi Raporları	
		04			Yeraltısuyu Kirliliği	
	333				**Jeofizik Etüt ve Laboratuvar Çalışmaları**	
		01			Yeraltısuları Amaçlı Jeofizik Etütler	
		02			Mühendislik Amaçlı Jeofizik Etütler	
		03			Jeofizik Etüt Cihazlarının Laboratuvarda Bakım ve Onarımı	
		04			Jeofizik Etüt Cihazlarının Arazide Test ve Kalibrasyonu	
		05			Jeofizik Etüt Cihazlarının Laboratuvarda Araştırma Geliştirme ve Üretimleri	
	336				**İkmal, Montaj ve Maliyet Çalışmaları**	
		01			Pompa Montaj Yazışmaları	
		02			Pompa Maliyet Yazışmaları	
		03			Malzeme Yazışmaları	
	339				Su **Sondaj Kuyuları Kira ve Devir İşleri**	
					DEVLET SU İŞLERİ GENEL MÜDÜRLÜĞÜ MAKİNA, İMALAT VE DONATIM DAİRESİ BAŞKANLIĞI	
	340				İkmal Faaliyetleri	
	345				İşletme Faaliyetleri	
		01			Makine İşletme faaliyetleri	
		02			Atölye İşletme Faaliyetleri	
			01		Onarım Faaliyetleri	
			02		İmalat Faaliyetleri	
					DEVLET SU İŞLERİ GENEL MÜDÜRLÜĞÜ İŞLETME VE BAKIM DAİRESİ BAŞKANLIĞI	
	350				**Müdahale ve Kirlenme**	
	351				**Tabansuyu Rasatları**	
	352				**Drenaj Tesisleri**	
	353				**Arazi Kullanma Hakları ve Etütleri**	
	354				**Enerji Satınalma Sözleşmeleri**	
	355				**Pompaj Tesisleri**	

Ek 9 /4 (Devlet Su İşleri Genel Müdürlüğü 2005 Yılı Ana Hizmet Birimlerine İlişkin Dosya Planı)

		01			Pompaj Tesisleri Aylık Raporları	
	356				**Enerji Tesisleri**	
		01			Hidroelektirik Santrallar Nakil Hatları	
		02			Hidroelektirik Santrallar ve Enerji Nakil Hatlarının Devri	
	357				**Enerji Programları**	
	358				**Enerji İşletme Kayıt ve Raporları**	
	359				**Enerji İşletmesine Ait Aylık Raporlar**	
	360				**Arazi Kiralama, Satış ve Kiraya Verme**	
	361				**Kanallar, Sanat Yapıları ve Ölçü Tesisleri, Bitki Sulama Suyu İhtiyacı, Sulama Randımanları Etüt ve Kayıtları**	
	362				**Su Hakları**	
	363				**İşletme Haritaları**	
	364				**Bilgi Araştırma ve Anket Formları**	
	365				**Çeltik Tarımı**	
	366				**Planlı Su Dağıtımı**	
	367				**Talimatlar**	
		01			Bakım Onarım Talimatı	
		02			Taşkından Korunma Talimatı	
		03			Baraj İşletme ve Bakım Talimatı	
			01		Baraj Ölçüm Tesisleri	
	368				**Kesin Hesaplar ve Maliyet (Bakım Onarım)**	
		01			Bina Tesisleri	
		02			Sulama Tesisleri	
		03			Baraj ve HES Tesisleri	
		04			Taşkın ve Kurutma Tesisleri	
	369				**İşletmeye Açılan ve Devredilen Tesislerin Bakım ve Onarımı**	
		01			Sulama Tesisleri Bakım ve Onarımı	
		02			Taşkın ve Kurutma Tesisleri Bakım ve Onarımı	
		03			Baraj ve HES Tesisleri Bakım ve Onarımı	
		04			Bina Tesisleri Bakım ve Onarımı	
		05			Bakım Onarımlarla ilgili Yıllık Üretim Sonuçları	
	370				**Taşkın Tesisleri**	
		01			İşletmeye Açılan Taşkın Tesisleri Envanteri	
		02			Taşkın Tesislerine Yapılan Müdahaleler	
		03			4373 sayılı Taşkın Suları Kanunu Kapsamına Giren Nehirler	
	371				**DSİ'ce İşletmeye Açılan Sulama ve Kurutma Alanları**	
		01			Yeraltısuyu Sulama Kooperatiflerince İşletilen Sulama Alanları	
		02			Köy Hizmetleri'nce İşletmeye Açılan Sulama Alanları	
		03			Sanayi ve Yerleşim Alanları	
	372				**Sulanan Alanlar**	
	373				**Sulama Sonuçları Değerlendirme Raporları ve Mahsul Sayımı Çalışmaları**	
		01			Mükellef Adetleri	
		02			Gayri Safi Milli Zirai Gelir Hesapları	
	374				**DSİ'ce İşletilen Sulama ve Kurutma Tesisleri İşletme Bakım Giderleri , Yatırım ve Kamulaştırma Harcamaları**	
		01			Ücret Tarifesi	
		02			Yatırım ve Kamulaştırma Harcamalarının Geri Ödenmesi	
	375				Hizmet Hisseleri	
	376				İçme, Kullanma ve Endüstri Suyu Protokol Çalışmaları ve Verileri	
	377				Geliştirme Etütleri	
	378				GAP Sulamaları ile İlgili İstatistiki Veriler	

Ek 9 / 5 (Devlet Su İşleri Genel Müdürlüğü 2005 Yılı Ana Hizmet Birimlerine İlişkin Dosya Planı)

379				**Devir İşlemleri**	
	01			Kurutma Tesislerinin Devri	
	02			Sulama Tesislerinin Devri	
	03			Taşkın Koruma Tesislerinin Devri	
	04			Çeşitli Tesislerin Devri	
381				**Sulama Yönetimi ve Yatırımlarında Katılımcı Özelleştirme Projesi**	
382				**Yabancılarla İşbirliği**	
383				**Sulayıcı Grupları**	
384				**İşletme Bakım ve Yıllık Yatırım Ücretleri**	
	01			Tahakkuk	
	02			Tahsilat	
	03			Tecil	
	04			Terkin	
386				**Üretim Sonuçları**	
387				**Akım Ölçümleri, Sulama ve İçmesuyu**	
388				**Kayakçılık Çalışmaları**	
	01			Kavak Satış İşlemleri	
	02			Bölge İhtiyaçları	
389				**Muayene Raporları**	
391				**Ağaçlandırma-Park ve Fidanlık İşleri**	
392				**Yabancı Ot Savaşımı ve Bitkisel Kaplama İşleri**	
	01			Yabancı Ot Savaşımı İşleri	
	02			Bitkisel Kaplama İşleri	
392				**Devletin Hüküm ve Tasarrufu Altındaki Sahalarda Yetiştiricilik Tesisleri Kurulması, Kiraya Verilmesi ve Satış İşleri**	
	01			Su Ürünlerinin Avlanma Hakkının Kiraya Verilmesi İşlemleri	
	02			Projeye Dayalı Yetiştiricilik	
	03			Kafeslerde Balık Yetiştiriciliği	
393				**Su Ürünleri ile İlgili Etüt ve Araştırma İşleri**	
	01			Rezervuar Saha Etüdleri	
	02			Limnolojik Etütleri	
394				**Yavru Balık Üretimi**	
	01			Üretim ve Besleme İşleri	
	02			Balıklandırma Tutanakları	
395				**Rezervuarda Ulaşım, Taşıma, Turizm ve Su Sporları**	
396				**Su Ürünleri ve Kara Avcılığına Ait Sirküler, Kaçak Avcılık**	
397				**Gölet Avcılığı**	
				DEVLET SU İŞLERİ GENEL MÜDÜRLÜĞÜ TEKNİK ARAŞTIRMA VE KALİTE KONTROL DAİRESİ BAŞKANLIĞI	
400				**Hidrolik Model Çalışmaları**	
	01			Muline Ayarı	
	02			Barajlar	
	03			Sondaj	
405				**Teknik Hizmet Çalışmaları**	
	01			Pompa Deneyleri	
	02			İş Emirleri	
410				**İzotop Laboratuvar Çalışmaları**	
	01			Hidroloji	
	02			Atom Enerjisi	
415				**İkmal ve Taşıt İşletme Faaliyetleri**	
420				**Beton-Malzeme Laboratuvar Çalışmaları**	

		01			PVC Conta Deneyleri	
		02			Agrega Karışım Deneyleri	
		03			Jeotekstil-Jeomambran Deneyleri	
		04			Derz Dolgu Deneyleri	
	425				**Kimya Laboratuvar Çalışmaları**	
		01			Çimento Deneyleri	
		02			Boya Deneyleri	
		03			Su Analizleri	
		04			Çelik Analizi	
	430				**Kalite Kontrol ve Koordinasyon Çalışmaları**	
		01			Kalibrasyon	
	435				**Zemin Mekaniği Çalışmaları**	
		01			Zemin ve Toprak Deneyleri	

Ek 9 / 7 (Devlet Su İşleri Genel Müdürlüğü 2005 Yılı Ana Hizmet Birimlerine İlişkin Dosya Planı)

Ana Dosya	**1. Alt Konu**	**2. Alt Konu**	**3. Alt Konu**	**ETÜT, ANA DONE TOPLAMA VE PLANLAMA**	**Saklama Süresi**	**Saklama Kodu**
100				**Etüt Ana Done Toplama ve Planlama**		
110				**Planlama**	B	A
111				**Hidrolojik Etütler**		
	01			Hidro-meteorolojik Gözlemler		
		01		Akarsu ve Göl	5	D
		02		Meteorolojik	5	D
	02			Her Türlü Su Yapısının Hidrolojik Hesaplarının Yapılması ve Kontrolü	B	A
	99			Diğer	10	C
112				**Arazi Sınıflandırma ve Drenaj**		
	01			Sınıflandırma	B	A
	02			Drenaj	B	A
	99			Diğer	B	C
113				**Tarımsal Ekonomi**		
	01			Taşkın Koruma Faydası	B	A
	02			Su Kulanım Hakları	B	A
	03			Tarımsal Ekonomi Faydaları	B	A
	04			Kamulaştırma	B	A
	99			Diğer	B	C
114				**Jeoteknik Etüdler**		
	01			Mühendislik Jeolojisi	B	A
	02			Temel Sondaj ve Enjeksiyon		
		01		Enjeksiyon	B	A
		02		Temel Sondaj	B	A
	03			Doğal Yapı Gereçleri	B	A
	04			Kaya ve Zemin Mekaniği	B	A
	05			Jeofizik	B	A
	06			Karst	B	A
	07			Fotojeoloji	B	A
	99			Diğer	15	C
115				**Çevre**		

Ek 10 /1 (Devlet Su İşleri Genel Müdürlüğü Ana Hizmet Birimlerine İlişkin Dosya Planı)

	01			Su Kalitesinin İzlenmesi ve Değerlendirilmesi	B	A
	02			Sulak Alanlar	B	A
	03			Kültür ve Tabiat Varlıkları	B	A
	99			Diğer	B	C
118				**Hidroelektrik Santral Projelerinin Değerlendirilmesi**	**B**	**A**
120				**Taşkından Koruma ve Kontrol**	B	A
125				**Erozyon ve Rüsubat Kontrolü**		
	01			Etüt-Uygulama	B	A
	02			Ağaçlandırma	10	A3
	03			Çölleşme İle Mücadele	B	A
	99			Diğer	15	C
149				Etüd, Ana Done Toplama ve Planlama İle İlgili Diğer İşler	15	C
Ana Dosya	**1. Alt Konu**	**2. Alt Konu**	**3. Alt Konu**	**YERALTI SULARI**	**Saklama Süresi**	**Saklama Kodu**
150				**Yeraltı Suları**		
151				**Yeraltı Suyu Etütleri**		
	01			Hidrojeolojik Etüdler	B	A
		01		İncelemeler	B	A
		02		Rasat-Hidroloji	B	A
		03		Su Kimyası	B	A
	02			Fotojeoloji	B	A
	03			Karstik	B	A
	04			Jeofizik		
	99			Diğer	B	C
152				**Yeraltı Suyu Planlaması**		
	01			Sulama Kooperatifleri		
		01		Fizibilite	B	A
		02		Kuyu Karakteristikleri	B	A
		03		Devir		
	02			Rezerv Kontrol	B	A
			01	Yeraltısuyu Potansiyeli	B	A
			02	Yeraltısuyu Belgesi	B	A
	99			Diğer	B	A
153				**Yeraltısuyu Tesisleri İnşası**	B	A
	01			Yeraltısuyu Sondajları	B	A
		01		Su Kuyuları		
			01	Araştırma	B	A
			02	Üretim /İşletme	B	A
		02		Makine-Ekipman		
		03		Sondör Yeterlik		
	02			Elektrifikasyon		
	99			Diğer	15	C
159				Yeraltı Suları İle İlgili Diğer İşler	15	C
Ana Dosya	**1. Alt Konu**	**2. Alt Konu**	**3. Alt Konu**	**İŞLETME, BAKIM VE ONARIM İŞLERİ**	**Saklama Süresi**	**Saklama Kodu**
160				**İşletme ve Bakım İşleri**		
161				**Tesis Envanterleri ve Bilgileri**		
	01			Tesis Kesin Kabulü	B	D
	02			Tesis Tanıtma Föyleri	B	A3
	04			Yatırım ve Kamulaştırma Harcamaları	B	D
	05			İşletme ve Bakım Onarım Talimatları	B	A2

Ek 10 / 2 (Devlet Su İşleri Genel Müdürlüğü Ana Hizmet Birimlerine İlişkin Dosya Planı)

	06			Tesis Hizmet Hisseleri	B	A3
	07			İşletme Haritaları	B	A3
	08			İşlevini Kaybeden ve İptal edilen Tesisler	B	A3
	09			Devir		
		01		Sulama Tesisleri	B	A3
		02		Taşkın Koruma Tesisleri	B	A3
		03		Enerji Tesisleri	B	A3
	99			Diğer	15	C
162				**İşletme**		
	01			Sulama Yönetimi		
		01		Planlı Su Dağıtımı	10	C
		02		Pompajlı Sulama Tesisleri	10	C
		03		Ölçü Tesisleri	15	D
	02			Tabansuyu ve Drenaj	10	A3
	03			Müdahale ve Kirlenme	10	A3
	04			Su Hakları	B	A
	05			Çeltik Tarımı	10	D
	06			Sulayıcı Grupları	10	C
	99			Diğer	10	C
163				**İşletme Hidrolojisi**		
	01			İşletme Programı	B	A
	02			Tahmin ve Sistem Analizleri	B	A
	03			Taşkın Hidrolojisi	B	A
	04			Göl ve Sulak Alanlar	B	A
	99			Diğer	15	C
164				**Bakım - Onarım**		
	03			**Müdahale ve Kirlenme**	**10**	**A3**
	01			Muayene İşleri ve Raporları	10	C
	02			İhtiyaçların Değerlendirilmesi		
		01		Sulama	10	C
		02		Taşkın ve Kurutma	10	C
		03		Baraj ve HES	10	C
		04		Bina	10	C
		05		Park ve Rekreasyon	10	C
		06		Su Ürünleri Tesisleri	10	C
		07		Yabancıot ve Zararlı Hayvanlarla Savaşım, Bitkisel Kaplama	10	C
	99			Diğer	10	C
165				**Baraj Güvenliği**	**B**	**D**
166				**Rehabilitasyon ve Yenileme**	**20**	**C**
167				**İzleme ve Değerlendirme**		
	01			Sulama ve Kurutmaya Açılan Alanlar	10	D
	02			Sulama Sonuçları		
		01		Değerlendirme Çalışmaları		
			01	Mükellef ve Parsel Sayıları	10	D
			02	Mahsul Sayımı	10	D
			03	Üretim Değeri ve GSMZG	10	D
			04	Sulanan Alan ve Bitki Deseni	10	D
			05	Sulama Randımanları	10	C
			06	Geliştirme Etüdleri	B	A
		02		Değerlendirme Raporları	5	C
	03			Enerji Tesisleri	B	A
	04			İçme, Kullanma ve Endüstri Suyu	B	A

Ek 10 / 3 (Devlet Su İşleri Genel Müdürlüğü Ana Hizmet Birimlerine İlişkin Dosya Planı)

	05			İşletme Bakım ve Yatırım Ücretlerinin Tahakkuk ve Tahsilatı	10	D
	06			Rezervuar Hidrolojisi	B	D
	07			Akım ve Seviye Ölçümleri	B	D
	08			İşletme Tabloları	B	D
	99			Diğer	15	C
168				**Yatırım Bedelleri ve Ücret Tarifelerinin Belirlenmesi**		
	01			İşletme ve Bakım Ücretleri	10	D
	02			Yatırım Bedelleri	B	A
	99			Diğer		
169				**Afet Yönetimi**		
	01			Taşkın		
		01		Kanunlar Kapsamında Yapılan Çalışmalar	B	A
		02		Bölge Taşkın Planları	B	A
		03		Hasarlar	B	A
	02			Kuraklık		
		01		Kanunlar Kapsamında Yapılan Çalışmalar	B	A
		02		Eylem Planları	B	A
	99			Diğer	15	C
170				**Park, Rekreasyon ve Ağaçlandırma**	20	C
171				**Su Ürünleri**		
	01			Temel Etüt ve Araştırma		
		01		Rezervuar Saha	B	A
		02		Limnolojik	B	A
		03		Kirlilik	B	A
	02			Üretim ve Balıklandırma	15	C
		01		Yavru Balık Üretimi ve Hastalık	B	A
		02		Balıklandırma Talebi	10	D
		03		Balıklandırma Tutanağı	10	D
	03			Rezervuarlarda Su Ürünleri Avcılığı		
		01		Balıkçılık Biyolojisi Araştırmaları	B	A
		02		Avlanma Hakkının Kiraya Verilmesi	10	A2
		03		İstihsal Kontrolü	10	D
		04		Sportif Avcılık ve Kaçak Avcılık	10	A3
	04			Projeye Dayalı Su Ürünleri Yetiştiriciliği		
		01		Kafeslerde	20	A3
		02		Yarı Kontrollü	20	A3
		03		Ekstansif	20	A3
		04		Göletlerde	20	A3
		05		Karada Tesis Kurulması ve Su Tahsisi	20	A3
	99			Diğer	10	C
180				**İş Makineleri ve Atölyelerin İşletilmesi**		
	01			İş Makineleri		
		01		Bakım	5	D
		02		Maliyet	5	D
	02			Atölyeler		
		01		Onarım	5	D
		02		İmalat	5	D
	99			Diğer	5	C
199				**İşletme Bakım ve Onarım İle İlgili Diğer İşler**	**5**	**C**
Ana Dosya	**1. Alt Konu**	**2. Alt Konu**	**3. Alt Konu**	**KALİTE KONTROL VE LABORATUVAR İŞLERİ**	**Saklama Süresi**	**Saklama Kodu**

200				**Kalite Kontrol ve Laboratuvar işleri**		
201				**Model Deneyler**		
	01			Hidrolik Yapılar	10	D
	02			Akarsu Hidroliği	10	D
	03			Deniz ve Kıyı Yapıları	10	D
	04			Basınçlı Sistemler	10	D
	99			Diğer	10	C
202				**Agrega, Kayaç, Beton, Harç ve Onarım Malzemeleri Deneyleri**		
	01			Agrega	10	D
	02			Kayaç	10	D
	03			Beton	10	D
	04			Harç ve Onarım Malzemeleri	10	D
	99			Diğer	10	C
203				Malzeme Deneyleri		
	01			Metalik Malzeme	10	D
	02			Geosentetik	10	D
	03			Kil Bazlı Malzeme	10	D
	04			Bordür Taşı, Parke Taşı, Boru	10	D
	05			Polimer Bütümlü Örtüler, Yalıtım Malz., Derz Dolgu Malz.	10	D
	06			Conta	10	D
	07			Boya	10	D
	08			Çimento, Mineral Katkı	10	D
	09			Enjeksiyon, Bentonit	10	D
	99			Diğer	10	C
204				**Yapı Kimyasalları Deneyleri**	**10**	**D**
205				**Zemin ve Toprak Deneyleri**		
	01			Zemin Mekaniği	10	D
	02			Toprak	10	D
	03			Askıdaki Madde	10	D
	99			Diğer	10	C
206				**Su Analizleri**		
	01			Kimyasal	**10**	**D**
	02			Pestisit	**10**	**D**
	03			Mikrobiyolojik	**10**	**D**
	04			Kararlı ve Radyoaktif İzotop	**10**	**D**
	05			Toplam Alfa/Beta	**10**	**D**
	99			Diğer	**10**	**C**
207				**Su Makinaları Deneyleri**		
	01			Pompa	10	D
	02			Vana	10	D
	03			Vantuz	10	D
	99			Diğer	10	C
208				**Ölçme ve Test Cihazları**		
	01			Üretim	10	D
	02			Kalibrasyon	10	D
	99			Diğer	10	C
219				**Kalite Kontrol ve Laboratuvarla İlgili Diğer İşler**	**10**	**C**
	01			Üretim	10	D
				A : Devlet Arşivlerine Gönderilir		
				A1 : Örnek Yıllar Gönderilir		

Ek 10 / 5 (Devlet Su İşleri Genel Müdürlüğü Ana Hizmet Birimlerine İlişkin Dosya Planı)

				A2 : Örnek Seçilenler Gönderilir
				A3 : Özellikli Olanlar DAGM'ne Gönderilir
				B : Kurumunda Saklanır
				C : Ayıklama İmha Komisyonunca Değerlendirilir
				D : Devlet Arşivlerine Gönderilmez
Açıklama: (2)				Planda geçen saklama süreleri, dosyanın kapandığı tarihten itibaren geçen süreyi ifade eder.
Açıklama: (3)				100-599 sayısal aralığında tanımlanmamış ana hizmet faaliyetleri için ortak olanlardaki dosya kodları ve saklama süreleri dikkate alınacaktır.

Ek 10 / 6 (Devlet Su İşleri Genel Müdürlüğü Ana Hizmet Birimlerine İlişkin Dosya Planı)

Ana Dosya	1. Alt Konu	2. Alt Konu	3. Alt Konu	TRANSFER VE KREDİ TAKİP İŞLERİ	Saklama Süresi	Saklama Kodu
100				**Transfer ve Kredi Takip İşleri (Genel)**		
101				**Belediyelerin Muhtelif Kurumlara Olan Borçlerı İle İlgili İşlemler**		
	01			SGK (SSK'na Olan Borçlar)	15	D
	02			SGK (Emekli Sandığına Olan Borçlar)	15	D
	03			Vergi Dairelerine Olan Borçlar	15	D
	04			Emlak Vergisi Borçları	15	D
	05			İl Spor Müdürlüğüne Olan Borçlar	15	D
	06			Taşınmaz Kültür Varlıklarının Korunması Katkı Payı	15	D
	07			Sosyal Yardımlaşma ve Dayanışma Vakfına Olan Borçlar	15	D
	08			Belediye Birliklerine Olan Borçlar	15	D
	09			Hazineye Olan Borçlar	15	D
	10			Sağlık Kurumlarına Olan Borçlar	15	D
	11			Kalkınma Ajansı Borçları	15	D
	12			Uzlaşma Komisyonlarına Olan Borçları	15	D
	99			Diğer	15	D
102				**Yerel Yönetim Hesapları İle İlgili İşlemler**	15	D
	01			Kısa Avans	15	D
	02			İkraz Kredisi	15	D
	03			Finansmanlı İkraz Kredisi	15	D
	04			Malzeme Araç gereç Ekipman Kredisi	15	D
	05			Belediye Yatırımları	15	D
	06			Banka Yatırımları	15	D
	07			Teminatlı İkraz	15	D
	08			Faiz İşlemleri	15	D
	09			Hesap Ekstresi ve Tüm Borçlar	15	D
	10			Su ve Kanalizasyon Devir İşlemleri	15	D
	11			Atıksu Arıtma Tesisi Enerji Giderleri İşlemleri	15	D
	12			Krendirilen Sondaj İşleri	15	D
	13			Müessese ve Birlik İşlemleri	15	D
	14			TC Merkez Bankası Raporlama	15	D
	99			Diğer	15	D
103				**Pay Dağıtımı İle İlgili İşlemler**		

Ek 11/ 1 (İller Bankası Ana Hizmet Birimlerine İlişkin Dosya Planı)

	01			Belediyeler	15	D
	02			İl Özel İdareleri	15	D
	03			Büyükşehir Belediyeleri	15	D
	04			Su ve Kanalizasyon İdareleri	15	D
	05			Banka Şube Değişikliği ve Havale Teyidleri	15	D
	06			Belediyelerin Muhtelif Kesintileri	15	D
	07			Belediye Paylarından İcra	15	D
	08			Temlik	15	D
	09			Denkleştirme Ödeneği	15	D
	10			Nüfus Değişiklikleri	15	A
	99			Diğer	10	C
104				**Afet Payları ile İlgili İşlemler**	15	A
105				**Bütçe Ödeneğinden Alınan Yardım**	15	A
106				**Yükleniciler İle İlgili İşlemler**	15	D
	01			Haciz-Temlik	15	D
	02			Havale Talimatı	15	D
	03			Sözleşme	15	D
	04			Bölgeye Devredilen İşler	15	D
	05			Hakedişler	15	D
	06			Yüklenici Adres ve Unvan Değişikliği	15	D
	07			Teminat Mektubu Teyidi	10	D
	08			Geçici Teminat Mektubu	10	D
	09			Teminat Mektubu Akıbeti	15	D
	10			Teminat Mektubu Tazmini	10	D
	11			Teminat Mektubu İadesi	10	D
	12			Kesin Teminat Mektubu (Mahsup Fişleri)	10	D
	13			Geçici Teminat Mektubu (Mahsup Fişleri)	10	D
	14			Kesin Teminat Tahvil (Mahsup Fişleri)	10	D
	15			Geçici Teminat Tahvil (Mahsup Fişleri)	10	D
	99			Diğer	15	C
107				**Bölge Müdürlüklerinin Belediye Yatırım Harcamaları**		
	01			Bölge Müdürlüklerinin Belediye Yatırım Harcamaları Dekontları	15	D
	02			Malzeme Dairesi Başkanlığı Belediye Yatırım Harcamaları Dekontları	15	D
	03			Bölge Müdürlükleri ile Mutabakat	15	D
	99			Diğer	15	C
115				**Köylere Yardım Yapılması İle İlgili İşlemler**	15	C
149				**Transfer ve Takip İşleri İle İlgili Diğer İşler**	10	C

Her farklı iş için dosya açılacak olup, işin bütün aşamalarına ilişkin belgeler kendi dosyasından takip edilecektir. Aynı konu numarasını alan dosyaların birbirinden ayrımını sağlamak amacıyla dosya numarasının ardından köşeli parantez açılarak kısaltılmış tesis ismi veya belediye kodu yazılarak kullanılabilecektir.

Sayı: B.09.2.İBG.0.09.00.05-102.01/006011-541

Sayı: B.09.2.İBG.0.09.00.05-102.01 / [işin kısaltılmış adı] -541

Ana Dosya	1. Alt Konu	2. Alt Konu	3. Alt Konu	BANKACILIK İŞLERİ	Saklama Süresi	Saklama Kodu
150				**Bankacılık İşleri (Genel)**		
151				**Kredi İşlemleri**		
	01			kısa Avans Kredisi	15	D
	02			Kefalet Kredisi	15	D
	03			Kesin teminat Kredisi	15	D

Ek 11/ 2 (İller Bankası Ana Hizmet Birimlerine İlişkin Dosya Planı)

		01		Teminat Mektubu Talebi	15	D
		02		Taksit Ödemeleri	15	D
		03		Alınan Teminat Mektupları	15	D
		04		Borçlu Cari Hesap	15	D
		05		Komisyon İşleri	15	D
	04			Fon (Hibe) Kredisi	15	D
	05			Yabancı Krediler	15	D
	06			Kredilere Uygulanan Faiz Oranları	15	D
	07			Malzeme Araç gereç Ekipman Kredisi	15	D
	08			Belediye Yatırımları	15	D
	09			Banka Yatırımları	15	D
	10			Teminatlı İkraz	15	D
	11			Nakit Destek Proje Kredisi	15	D
	99			Diğer	15	D
152				**Personel ve Kredi İşlemleri**		
	01			Senetler	15	D
	02			Borcu Biten Senetler	15	D
	03			İptal Edilen Senetler	15	D
	04			Tahsil Fişleri	15	D
	05			Mahsup Fişleri	15	D
	06			Taksit Bakiyeleri	15	D
	07			Muhasebe Fişi Hareketleri	15	D
	08			Borç Devirleri	15	D
	09			Huzur Hakkı Belgeleri	15	D
	99			Diğer	15	C
153				İpotek ile İlgili İşlemler	10	D
	01			Müşterilerden İpotek Alma	10	D
	02			Müşterilerden Alınan İpoteğin Kaldırılması	10	D
	99			Diğer	10	C
154				**Sigorta ile İlgili İşlemler**	**10**	**D**
	01			Poliçe Talebi	10	D
		01		Belediye	10	D
		02		Özel İdare	10	D
		03		Şahıs	10	D
	02			Poliçe İptali	10	D
		01		Belediye	10	D
		02		Özel İdare	10	D
		03		Şahıs	10	D
	03			Tahsil	10	D
	04			Tediye	10	D
	05			Mahsup	10	D
	06			İade Poliçe Dekontları	10	D
	07			İller Bankası Bölgeler Dekontu	10	D
	08			Grupoma Sigorta İstanbul (Talep-İptal)	10	D
	09			Grupoma Sigorta Ankara (Talep-İptal)	10	D
	10			Grupoma Sigorta İzmir (Talep-İptal)	10	D
	11			Grupoma Sigorta Adana (Talep-İptal)	10	D
	12			Grupoma Sigorta Samsun (Talep-İptal)	10	D
	13			Grupoma Sigorta Antalya (Talep-İptal)	10	D
	14			Grupoma Sigorta Bursa (Talep-İptal)	10	D
	15			Grupoma Sigorta Anadolu İstanbul (Talep-İptal)	10	D

Ek 11/ 3 (İller Bankası Ana Hizmet Birimlerine İlişkin Dosya Planı)

	99			Diğer	10	C
155				Dahili Sigorta Fonu İle İlgili İşlemler		
	01			Malzeme Nakliyat Sigortası	10	D
	02			Maltepe Deposundaki Malzemelerin Sigortası	10	D
	03			Mankul ve Gayrimenkullerin Sigortası	10	D
	99			Diğer	10	C
160				EFT ile İlgili İşlemler		
	01			EFT Sistem	15	D
	02			EFT Talimat Dekont	15	D
	03			Döviz Havaleleri	15	D
	04			Gelen Paralar	15	D
	05			Borç-Alacak, Dekont	15	D
	99			Diğer	15	C
165				Fon Yönetimi		
	01			Fon	10	D
		01		Hukuk (Malvarlığı)	10	D
		02		Maaşlar	10	D
	02			Günlük İşlem	10	D
		01		O / N İşlemleri	10	D
	03			Piyasa Mahsup	10	D
	04			Faiz	10	D
	05			Bütçe Ödeneği	10	D
	06			Bankalar Birliği	10	D
	99			Diğer	10	C
170				İştiraklerimizle İlgili İşlemler		
	01			Niğbaş A.Ş.	15	A
	02			Emlak Konut	15	A
	99			Diğer	15	C
199				Bankacılıkla İlgili Diğer İşler	10	C

Her farklı iş için dosya açılacak olup, işin bütün aşamalarına ilişkin belgeler kendi dosyasından takip edilecektir. Aynı konu numarasını alan dosyaların birbirinden ayrımını sağlamak amacıyla dosya numarasının ardından köşeli parantez açılarak kısaltılmış tesis ismi veya belediye kodu yazılarak kullanılabilecektir.

Sayı: B.09.2.İBG.0.09.00.05-102.01/006011-541

Sayı: B.09.2.İBG.0.09.00.05-102.01 / [işin kısaltılmış adı] -541

Ana Dosya	1. Alt Kon u	2. Alt Konu	3. Alt Konu	HARİTA VE İMAR PLANI İŞLERİ (ŞEHİRCİLİK)	Saklama Süresi	Saklama Kodu
200				**Harita ve İmar Planı İşleri (Genel)**		
201				**Harita İşleri**		
	01			Talepler ve Yetkilendirme	**5**	**D**
		01		Yardım talepleri		
		02		Yapım Talepleri		
		03		Yetki Verme		
		04		1 /25.000 Ölçekli Haritalar		
	02			Etüt ve Keşif İşleri	**15**	**D**
	03			İhale İşlemleri	**15**	**D**
	04			Harita Yapım ve Kontrol İşlemleri	**15**	**D**

Ek 11/ 4 (İller Bankası Ana Hizmet Birimlerine İlişkin Dosya Planı)

		01		Yer Teslimi		
		02		Hakediş ve Ödemeler		
		03		Yüklenici ile İlgili İşlemler		
		04		Kabul ve Kesin Hesap İşlemleri		
	05			Harita Tasdik İşleri	15	D
	06			Danışmanlık	15	D
	07			Arşivleme İşleri (Tasdikli Haritalar)	B	C
	99			Diğer	15	D
202				**İmar Planı İşleri**		
	01			Talepler ve Yetkilendirme	5	D
		01		Yardım talepleri		
		02		Yetki Verme		
		03		Plan Değişikliği Talepleri (Belediye İstekleri)		
		04		Kopyalama Talepleri		
	02			Doküman Temini ve Ön Çalışma	15	D
	03			Etüt ve Keşif İşleri	15	D
	04			Banka Eliye (emanet) Yapılan İmar Planı İşleri	15	D
	05			İhale İşler	15	D
		01		İhale İşlemleri		
		02		İmar Planı Yapım ve Kontrol İşlemleri		
		03		Hakediş ve Ödemeler		
		04		Yüklenici ile İlgili İşlemler		
	06			İmar Planı Onama İşlemleri	15	D
	07			Danışmanlık Hizmetleri	15	D
	08			Arşivleme İşleri (Orijinal İmar Planı Paftaları ve Doküman Cilbentleri)	B	C
	09			Diğer	15	D
203				**Coğrafi Bilgi Sistemi İşleri**		
	01			Talepler ve Yetkilendirme	15	D
	02			Coğrafi Arşiv Sistemi (CBS Altyapısı)	B	C
	03			Kent Bilgi Sistemleri	B	C
	04			Danışmanlık Hizmetleri	15	D
	05			Eğitim Hizmetleri	15	D
	06			Arşivleme (Sayısal İmar Planı)	B	C
	99			Diğer	15	D
204				**Peyzaj Planlama İşleri**		
	01			Talepler	5	D
		01		Yapım Talepleri		
		02		Kopyalama Talepleri		
	02			Doküman Temini ve Yerel Etüt	15	D
	03			Peyzaj Planlama Yapım İşleri	15	D
	04			Onama İşleri	15	D
	05			Arşivleme (peyzaj projeleri)	B	C
	99			Diğer	15	D

Ek 11/ 5 (İller Bankası Ana Hizmet Birimlerine İlişkin Dosya Planı)

Her farklı iş için dosya açılacak olup, işin bütün aşamalarına ilişkin belgeler kendi dosyasından takip edilecektir. Aynı konu numarasını alan dosyaların birbirinden ayrımını sağlamak amacıyla dosya numarasının ardından köşeli parantez açılarak kısaltılmış tesis ismi veya belediye kodu yazılarak kullanılabilecektir.				
Sayı: B.09.2.İBG.0.09.00.05-102.01/006011-541				
Sayı: B.09.2.İBG.0.09.00.05-102.01 / [işin kısaltılmış adı] -541				

Ana Dosya	1. Alt Konu	2. Alt Konu	3. Alt Konu	YAPIM VE ONARIM İŞLERİ	Saklama Süresi	Saklama Kodu
250				**Yapım ve Onarım İşleri (Genel)**		
251				**Yapım ve Onarım İşleri (Çevre Yapıları-Altyapı-Üstyapı Uygulamaları)**		
	01			Kredi ile İlgili İşlemler		
		01		Yurtiçi	15	D
		02		Yurtdışı	15	D
	02			Kamulaştırma ve İrtifak Hakkı		
		01		Belediye Meclis Kararı	15	D
		02		Teknik Çalışmalar	15	D
		03		Bedel takdir ve Uzlaşma	15	D
		04		Zarar ve ziyan	15	D
		05		Ödeme İşleri	15	D
	03			İhale İşleri		
		01		İzin ve Onay İşleri	15	D
		02		Yaklaşık Maliyet Hesabı	15	D
		03		İhale İlan İşleri	15	D
		04		Şartnameler	15	D
		05		Yeterlik Başvuruları ve / veya teklifler	15	D
		06		İhale Komisyonu Tutanak veya Kararları	15	D
		07		Kesinleşen İhale Kararı İşleri	15	D
		08		İtirazlar	15	D
		09		Sözleşme İşlemleri	15	D
		10		Geçici ve Kesin teminat İşlemleri	15	D
	04			Uygulama İşleri		
		02		İş Programı	15	D
		03		Sigorta	15	D
		04		Malzeme Kabülü	15	D
		05		Hakediş ve Ödemmeler	15	D
		06		Sözleşme Bedel Artışı	15	D
		07		Süre Uzatımı	15	D
		08		Zemin Etüdü	15	D
		09		İlave veya Revize Projeler	15	D
		10		Revize Birim Fiyat ve Yeni Birim fiyat	15	D
		11		Adres veya Unvan Değişikliği	15	D
		12		İş ve İşçi İşlemleri	15	D
		13		Haciz veya Temlik	15	D
		14		İhbar, Şikayet veya Suç Duyuruları	15	D
		15		Geçici ve Kesin Kabuller	15	D
		16		Fesih, Tasfiye ve Devir İşleri	15	D
	05			Kesin Hesap İşlemleri	15	B
		01		Kesin Hesap SGK İlişizlik Belgesi	15	D
		02		SGK İlişizlik Belgesi	15	D

Ek 11/ 6 (İller Bankası Ana Hizmet Birimlerine İlişkin Dosya Planı)

		03		Teminat İadesi	15	D
		04		İş Deneyim Belgeleri	15	D
		05		İşletme Planları ve as Built Projeler	30	C
	99			Diğer	15	D
252				**Banka Yapım ve Onarım İşleri İçin Birim Fiyatı Rayiç ve Birim Fiyat İşlemleri**		
	01			Malzemelere Ait Piyasa Rayiçlerinin Tespiti	15	D
	02			Birim Fiyat Analizleri ve Birim Fiyatların Düzenlenmesi ve Tasdiki	15	D
	03			Birim Fiyatların Yayımlanması	15	D
	99			Diğer	15	D
255				**Banka Yapım ve Onarım İşleri İçin Danışmanlık ve Kontrolluk Hizmetleri**		
299				**Banka Yapım ve Onarım ile İlgili Diğer İşler**		

Her farklı iş için dosya açılacak olup, işin bütün aşamalarına ilişkin belgeler kendi dosyasından takip edilecektir. Aynı konu numarasını alan dosyaların birbirinden ayrımını sağlamak amacıyla dosya numarasının ardından köşeli parantez açılarak kısaltılmış tesis ismi veya belediye kodu yazılarak kullanılabilecektir.

Sayı: B.09.2.İBG.0.09.00.05-102.01/006011-541

Sayı: B.09.2.İBG.0.09.00.05-102.01 / [işin kısaltılmış adı] -541

Ana Dosya	1. Alt Konu	2. Alt Konu	3. Alt Konu	YERALTI ETÜT İŞLERİ	Saklama Süresi	Saklama Kodu
300				**Yeraltı Etüt İşleri (Genel)**		
301				**Yeraltı Etütleri**		
	01			Yeraltı Etüt İşleri İle İlgili Talepler	B	C
	02			CD Doküman - Harita Temini ile İlgili İşlemler	B	C
	03			Keşif-Projelendirme İşlemleri	B	C
	04			Komisyon Oluşturma İşlemleri	B	C
	05			Bilgilendirme Yazıları	B	C
	06			Yetki Verilmesi	B	C
	07			Kuyu Bilgileri, Kuyu Logu, Deney Formu, Rapor İşlemleri	B	C
	08			Maliyet ile İlgili İşlemler	B	C
	09			İhaleye Esas Teknik İşlemler	B	C
		01		Kontrolluk İşlemleri	B	C
		02		Hakediş İşlemleri	B	C
		03		Yüklenici İle İlgili İşlemler	B	C
	10			İhaleye Esas İdari İşlemler	B	C
		01		İhale Hazırlığı İşlemleri	B	C
		02		İş Deneyim Belgeleri ile İlgili İşlemler	B	C
	11			Makine İşleri	B	C
		01		Taşıt ve Makine İşletme Bilgileri	B	C
		02		Atölye Bakım ve Onarım Maliyetleri	B	C
		03		Matkap Amortisman ve Boru Maliyet Hesap İşlemleri	B	C
		04		Malzeme İle İlgili Her Türlü İşlemler	B	C
	99			Diğer	B	C
325				**Kontrolluk ve Danışmanlık İşleri**	**B**	**C**
349				**Yeraltı Etütleri İle İlgili Diğer İşler**	**10**	**C**

Her farklı iş için dosya açılacak olup, işin bütün aşamalarına ilişkin belgeler kendi dosyasından takip edilecektir. Aynı konu numarasını alan dosyaların birbirinden ayrımını sağlamak amacıyla dosya numarasının ardından köşeli parantez açılarak kısaltılmış tesis ismi veya belediye kodu yazılarak kullanılabilecektir.

Sayı: B.09.2.İBG.0.09.00.05-102.01/006011-541

Sayı: B.09.2.İBG.0.09.00.05-102.01 / [işin kısaltılmış adı] -541

Ek 11/ 7 (İller Bankası Ana Hizmet Birimlerine İlişkin Dosya Planı)

Ana Dosya	1. Alt Konu	2. Alt Konu	3. Alt Konu	ETÜT VE PROJE İŞLERİ	Saklama Süresi	Saklama Kodu
350				**Etüt ve Proje İşleri (Genel)**		
351				**Etüt ve Proje Talepleri**	5	D
352				**Etüt İşleri**		
	01			Hidrolik ve Hidrojeolojik Etüt Çalışmaları		
		01		Etüt Aşaması	10	D
		02		Sondaj ve Pompaj Çalışmaları	10	D
		03		Kaynak	10	D
		04		Drenaj	10	D
		05		Keson Kuyu	10	D
		06		Yüzeysel Su	10	D
		07		Karma Çözüm	10	D
		99		Diğer	10	D
	02			Kanalizasyon Şebeke ve Atıksu Arıtma Etüt	10	D
	03			Katı Atık ve Derin Deniz Deşarjı	10	D
	04			Üst Yapı Etüt	10	D
	99			Diğer	10	C
353				**İhale İşlemleri**		
	01			İçmesuyu Projesi	15	D
	02			İçmesuyu Arıtma Projesi	15	D
	03			Kanalizasyon Şebeke Projesi	15	D
	04			Atıksu Arıtma Projesi	15	D
	05			Derin Deniz Deşarj Projesi	15	D
	06			Katı Atık Bertaraf Tesisi Projesi	15	D
	07			Üst Yapı Projesi	15	D
	08			Jeoteknik Projesi	15	D
	99			Diğer	10	C
354				**Proje İşlemleri**		
	01			**Altyapı Projeleri**	**B**	**C**
		01		İçmesuyu Projesi	B	C
		02		İçmesuyu Arıtma Projesi	B	C
		03		Kanalizasyon Şebeke Projesi	B	C
		04		Atıksu Arıtma Projesi	B	C
		05		Derin Deniz Deşarj Projesi	B	C
		06		Katı Atık Bertaraf Tesisi Projesi	B	C
		07		Jeoteknik Projesi	B	C
	02			Üstyapı Projeleri	B	C
	03			Dış Finansmanlı Projeler	B	C
		01		İçmesuyu Projesi	B	C
		02		İçmesuyu Arıtma Projesi	B	C
		03		Kanalizasyon Şebeke Projesi	B	C
		04		Atıksu Arıtma Projesi	B	C
		05		Derin Deniz Deşarjı Projesi	20	C
		06		Katı Atık Bertaraf Tesisi Projesi	20	C
	99			Diğer	10	C
360				Etüt ve Proje Danışmanlık ve Kontrolluk İşleri	10	C
399				Etüt ve Proje İle İlgili Diğer İşler	10	C

Ek 11/ 8 (İller Bankası Ana Hizmet Birimlerine İlişkin Dosya Planı)

Her farklı iş için dosya açılacak olup, işin bütün aşamalarına ilişkin belgeler kendi dosyasından takip edilecektir. Aynı konu numarasını alan dosyaların birbirinden ayrımını sağlamak amacıyla dosya numarasının ardından köşeli parantez açılarak kısaltılmış tesis ismi veya belediye kodu yazılarak kullanılabilecektir.						
Sayı: B.09.2.İBG.0.09.00.05-102.01/006011-541						
Sayı: B.09.2.İBG.0.09.00.05-102.01 / [işin kısaltılmış adı] -541						
Ana Dosya	**1. Alt Konu**	**2. Alt Konu**	**3. Alt Konu**	**PROJE DEĞERLENDİRME İŞLERİ**	**Saklama Süresi**	**Saklama Kodu**
400				**Proje Değerlendirme İşleri (Genel)**		
401				**Kredi İşlemleri**		
	01			Malzeme Araç gereç Ekipman Kredisi	15	D
	02			İçmesuyu	15	D
	03			Kanalizasyon	15	D
	04			Yapı	15	D
	05			Sondaj	15	D
	06			Proje	15	D
	07			Harita / İmar	15	D
	08			Kıdem Tazminatı	15	D
	99			Diğer	15	D
419				**Proje Değerlendirmeyle İlgili Diğer İşler**	**10**	**C**

Her farklı iş için dosya açılacak olup, işin bütün aşamalarına ilişkin belgeler kendi dosyasından takip edilecektir. Aynı konu numarasını alan dosyaların birbirinden ayrımını sağlamak amacıyla dosya numarasının ardından köşeli parantez açılarak kısaltılmış tesis ismi veya belediye kodu yazılarak kullanılabilecektir.						
Sayı: B.09.2.İBG.0.09.00.05-102.01/006011-541						
Sayı: B.09.2.İBG.0.09.00.05-102.01 / [işin kısaltılmış adı] -541						
Ana Dosya	**1. Alt Konu**	**2. Alt Konu**	**3. Alt Konu**	**RİSK YÖNETİMİ İŞLERİ**	**Saklama Süresi**	**Saklama Kodu**
420				**Risk Yönetimi İşleri (Genel)**		
421				**Risk Yönetimi**		
	01			Kredi Riski Raporları	15	D
	02			Piyasa Riski Raporları	15	D
	03			Operasyonel Riski Raporları	15	D
	04			Risk Değerlendirme Raporları	15	D
	99			Diğer	15	C
422				**Risk Takip Raporları**		
	01			Günlük Risk Takip Raporları	15	D
	02			Haftalık Risk Takip Raporları	15	D
	03			Aylık Risk Takip Raporları	15	D
	99			Diğer	15	C
429				**Risk Yönetimi İle İlgili Diğer İşler**	**15**	**C**

SAKLAMA SÜRELİ STANDART DOSYA PLANI ANA HİZMET FAALİYETLERİNE İLİŞKİN AÇIKLAMALAR						
Açıklama: (1)				Saklama Kodlarının Açılımı		
			A:	Devlet Arşivlerine Gönderilir		
			A1:	Örnek Yıllar Gönderilir		
			A:2	Örnek Seçilenler Gönderilir		
			A:3	Özellikli Olanlar Devlet Arşivleri Genel Müdürlüğü'ne Gönderilir		

Ek 11/ 9 (İller Bankası Ana Hizmet Birimlerine İlişkin Dosya Planı)

			B:	Kurumda Saklanır		
			C:	Ayıklama ve İmha Komisyonunca Değerlendirilir		
			D:	Devlet Arşivlerine Gönderilmez		
Açıklama: (2)				Planda geçen saklama süreleri, dosyanın kapandığı tarihten itibaren saklanması öngörülen süreyi (yılı) ifade eder.		
Açıklama: (3)				100-599 sayısal aralığında tanımlanmış faaliyetler için "ortak alanlar" da ki dosya kodları dikkate alınacaktır.		
Açıklama: (4)				Dosya Planının 2. ve 3. alt bölümlerinde ihtiyaç halinde "99 Diğer" adıyla dosya açılabilecektir.		

Ek 11/ 10 (İller Bankası Ana Hizmet Birimlerine İlişkin Dosya Planı)

Ana Dosya	1. Alt Konu	2. Alt Konu	3. Alt Konu	KARAYOLLARI İŞLERİ	Saklama Süresi	Saklama Kodu
100				**Karayolları İşleri (Genel)**		
Etüt, Proje, Araştırma, Yapım, Onarım, İşletme ve Restorasyon İşlemleri için bkz. 755.01-755.99						
Kamulaştırma İşlemleri için bkz. 752.01-752.99; Çevre işleri için bkz. 611.01-611.99						
Her bir iş için (yol, sanat yapısı, tarihi köprü vb.), etüt, proje, araştırma, yapım, bakım ve onarım süreçleri bir bütün olarak değerlendirilmeli; işlemler aynı veya farklı birimlerde yürütülse de iş olarak ortak tanımlanabilmelidir.						
Her bir Etüt, Proje, Yapım, Restorasyon, Kamulaştırma, Çevre vb. işlem için ayrı tanımlama yapılması halinde, özel tanımlamayı ifade edecek kodlar "[ ]" işareti içerisinde kullanılabilecektir.						
Soru Önergeleri için bkz. 610; Araştırma ve Geliştirme Projeleri için bkz. 604.01-604.99, Araştırma İşleri için ayrıca bkz. 605.01-605.99						
Satınalma İşlemleri için bkz. 934.01-934.02						
Taşınmaz İşlemler (satış, kiralama, tahsis ve envanterleri) için bkz. 756.01-756.99						
Taşıt ve İş Makineleri için bkz. 801.01-801.99; İş Makineleri Bakım ve Onarım İşleri için bkz. 807.05						
105				**Sınır ve Ağ Değişikliği**	10	C
155				**Analizler / Deneyler**	10	C
160				**Tasarım (Dizayn) Raporu Hazırlanması / Kontrolü**	B	A3
Analiz ve Deney Raporları için ayrı ayrı ortak deney dosyası açılabileceği gibi, ihtiyaç duyulması halinde farklı analiz ve deneyler aynı iş kapsamında ortak değerlendirilebilecektir.						
165				**Kalibrasyon Hizmetleri**		
	01			Kalibrasyon / Ara Kontrol	10	D
	02			Nükleer Alet	20	D
	99			Diğer	10	C
Cihazlar ile ilgili kalibrasyon ve ara kontrol sertifikaları / formları ve nükleer alet ile ilgili kayıtlar cihaz kullanımında olduğu sürece saklanır.						
Kalite Yönetim Sistemi İşlemleri için ayrıca bkz. 060.01-060.99						

Ek 12 / 1 (Karayolları Genel Müdürlüğü Ana Hizmet Birimlerine İlişkin Dosya Planı)

170				**Bakım, Onarım ve İşletme İşleri**		
	01			Yol / Sanat Yapıları / Tarihi Köprüler	15	C
Etüt, Proje, Araştırma ve İhale kapsamında yapılacak (yol, otoyol, sanat yapısı, tarihi köprü vs.) Bakım ve Onarım İşlemleri için bkz. 755.01-755.99						
	02			Yol Durumları	10	D
	03			Bakımevleri ve Plentler		
		01		Bakımevleri	10	D
		02		Plentler	10	D
	04			Kar Mücadelesi	10	D
	05			Tuzlama ve Kurulama	10	D
	06			İsim Seçme (Yol, Viyadük, Tünel vb.)	15	C
	07			Yerleşim Yeri / Köy Adı Değişikliği	10	D
	08			İzin İşlemleri (Hat Geçiş Protokolleri)	10	C
	09			Geçiş Ücretleri	10	C
	10			Envanter	15	A3
	99			Diğer	15	C
Üst Yapı Malzemeleri (bitüm, asfalt vb.) Satınalma İşleri için bkz. 934.01; Satış İşlemleri için bkz. 942.02; Stok kontrolü işlemleri için bkz.947.01-947.99						
Karayolları Merkez Ve Taşra Teşkilatı tesislerinin Bakım ve Onarım işleri için bkz. 807.01-807.99						
Geçiş Ücretleri tahsil ve geri ödeme taleplerinin değerlendirilmesi için bkz. 855.01-855.99; Fiyat Belirleme ve Tarife İşlemleri için bkz. 940						
Ağaçlandırma İşleri için bkz. 812 ayrıca bkz. 611.01; Harita İşleri için bkz. 757.01- 757.99						
Envanter Bilgileri için bkz. 042, ayrıca bkz. 605.01-605.99						
Makibe Ekipman İşleri için bkz. 801.01-801.99, ayrıca bkz. 934.01.01- 934.01.99; ayrıca bkz. 807.05						
175				**Trafik İşleri**		
	01			Trafik Güvenliği	10	A3
	02			Yaya Güvenliği ve Yaya Alt Üst Geçitleri	10	D
	03			İşaretleme	10	D
	04			Levhalar	10	D
	05			Levhalar, Işıklar vb. Diğer Yapı ve Tesisler	10	D
	Karayolları Trafik Kanunun 16. maddesine göre yapılacak işlemler için bkz. ...05					
	06			Işıklandırma	10	D
	07			Ses Perdeleri	10	D
	08			Tazminat	10	D
	09			Yolboyu Tesisleri	10	D
	10			İzin Belgesi	10	D
		01		Gabari Dışı ve özel Yük Taşıma	5	D
		02		Geçiş Yolu İzni	10	C
	11			Otokorkuluk	10	D
	12			Trafik Kazaları		
		01		Kaza Raporları	10	C
		02		Hasar Tespit	10	C
	13			Alternatif Güzergah Çalışmaları	10	A3
	14			Elektronik Sistemler	10	C
	15			Diğer	10	C
Borç ve Alacak İşlemleri için bkz. 855.01-855.99; İdari Yaptırımlar için ayrıca bkz. 858						

Ek 12 / 2 (Karayolları Genel Müdürlüğü Ana Hizmet Birimlerine İlişkin Dosya Planı)

Elektronik Geçiş Sistemleri için bkz. 700-719; Bakım ve Onarım için ayrıca bkz. 807.01-807.04						
İş Deneyim Belgesi İşlemleri için bkz. 755.07.03						
599				**Karayolları ile İlgili Diğer İşler**	15	C
AÇIKLAMALAR						
Açıklama: (1)				Saklama Kodlarının Açılımı		
			A:	Devlet Arşivlerine Gönderilir		
			A1:	Örnek Yıllar Gönderilir		
			A:2	Örnek Seçilenler Gönderilir		
			A:3	Özellikli Olanlar Devlet Arşivleri Genel Müdürlüğü'ne Gönderilir		
			B:	Kurumda Saklanır		
			C:	Ayıklama ve İmha Komisyonunca Değerlendirilir		
			D:	Devlet Arşivlerine Gönderilmez		
Açıklama: (2)				Planda geçen saklama süreleri, dosyanın kapandığı tarihten itibaren saklanması öngörülen süreyi (yılı) ifade eder.		
Açıklama: (3)				100-599 sayısal aralığında tanımlanmış faaliyetler için "ortak alanlar" daki dosya kodları dikkate alınacaktır.		
Açıklama: (4)				Dosya Planının 2. ve 3. alt bölmelerinde ihtiyaç halinde "99 Diğer" adıyla dosya açılabilecektir.		
Açıklama: (5)				Üst başlık seviyesinde verilen saklama süresi ve saklama kodları, kendisine bağlı alt konular için de geçerlidir.		

Ek 12 / 3 (Karayolları Genel Müdürlüğü Ana Hizmet Birimlerine İlişkin Dosya Planı)

000				***Genel***		
010				***Mevzuat İşleri***		
	01			Kanunlar		
	02			Tüzükler		
	03			Yönetmelikler		
	04			Yönergeler		
	05			Tebliğler		
	06			Genelgeler		
		01		*İç Genelgeler*		
		02		*Dış Genelgeler*		
	07			Talimatlar, Duyurular, Sirkülerler		
		01		*Talimatlar*		
		02		*Duyurular*		
		03		*Sirkülerler*		
	08			*Rehber, Kılavuz*		
	09			*Standartlar*		
	99			*Diğer*		

Ek 13/ 1 (Standart Dosya Planı Ortak Alanlar)

020			Olurlar, Onaylar	
020 yazışma kodu olmayıp, yalnızca dosya adı olarak kullanılacaktır.				
030			***Anlaşma, Sözleşme ve Protokoller***	
	01		Anlaşmalar	
	02		Sözleşmeler	
	03		Protokoller	
	04		Şartnameler	
		01	İdari	
		02	Teknik	
	99		Diğer	
030 ve alt açılımlarına ait konular bir faaliyetin parçası olarak farklı kodla tanımlanması durumunda birer örneğinin dosyalanmasında yalnızca dosya adı olarak kullanılacaktır.				
040			***Faaliyet Raporları***	
	01		Haftalık	
	02		Aylık	
	03		Üç Aylık	
	04		Altı Aylık	
	05		Yıllık	
	06		Konsolide	
	99		Diğer	
041			**Brifingler ve Bilgi Notları**	
	01		Brifingler	
	02		Bilgi Notları	
	99		Diğer	
042			**İstatistikler**	
044			**Anketler**	
045			**Görüşler**	
	01		Teknik ve Mesleki	
	02		Hukuki	
	03		İdari	
	99		Diğer	
Mevzuat tasarılarına ilişkin görüşler için de 045.02 kodu kullanılacaktır.				
050			***Kurullar ve Toplantılar***	
	01		Kurullar, Senatolar, Meclisler	
		01	*Seçim ve Atama İşleri*	
		02	*Davetler ve Gündemler*	
		03	*Tutanaklar*	
		04	*Kararlar*	
		05	*Ödemeler*	
	02		Yönetim Kurulları, Belediye Encümeni	
	03		Danışma, Disiplin, Koordinasyon Kurulları	
	04		İhtisas Kurulları	
	05		Konseyler	
	06		Komite, Komisyonlar	
	99		Diğer	
050.01'in alt açılımı, 050.02-050.06 için de aynı usulde uygulanabilecektir				

Ek 13/ 2 (Standart Dosya Planı Ortak Alanlar)

Aynı konu numarasını taşıyan birden çok Kurul, Komisyon vb. nin her biri, kurumsal özel bir kodla tanımlanır ve bu özel kodlar köşeli parantez içinde konu numarasının ardından yazılarak, gerektiğinde ayrı dosyalar açılması sağlanır.						
051				***Bilimsel ve Kültürel Toplantılar***		
	01			Kongre		
	02			Konferans		
	03			Şura		
	04			Sempozyum		
	05			Seminer		
	06			Bienal		
	07			Kurultay		
	08			Çalıştay		
	09			Panel		
	10			Kolokyum		
	99			Diğer		
060				Kalite Yönetim Sistemi		
	01			Kalite El Kitabı		
	02			Temel Prosedürler ve Bağlı İşlemler		
	04			Talimatlar		
	05			Formlar		
Eğitim Faaliyetleri için bkz. Eğitim İşleri						
	06			Bienal		
	07			İzleme ve Ölçme İşlemleri		
		01		*Müşteri Memnuniyeti (Veri Analizi)*		
		02		*Tetkik İşlemleri*		
		03		*İzleme ve Ölçme Sonuçlarının Analizi (Veri Analizi)*		
	08			İyileştirme İşlemleri		
		01		*Düzeltici Faaliyetler*		
		02		*Önleyici Faaliyetler*		
	09			Bireysel Öneriler		
	10			Yönetimin Gözden Geçirmesi		
	11			Hizmet (Ürün) Gerçekleştirme		
		01		Planlama		
		02		Hizmete Bağlı Şartların Belirlenmesi ve Gözden Geçirilmesi		
		03		Tasarım ve Geliştirme		
		04		Üretim ve Hizmet (Ürün) Sağlanması (Sunulması)		
	12			Kalibrasyon		
	99			Diğer		
600				**Araştırma ve Planlama İşleri(Genel)**		
601				**Teşkilatlanma İşleri**		
	01			Kuruluş, Yapılanma		
	02			Yetkilendirme, Yetki Değişikliği		
	03			Yönetimi Geliştirme		
	04			Teşkilat Şemaları ve Kadrolar		
		01		Teşkilat Şemaları		

Ek 13/ 3 (Standart Dosya Planı Ortak Alanlar)

		02	Norm Kadro Çalışmaları		
		01	Görev/İş Tanımları		
		02	Norm Kadro Pozisyonları		
	99		Diğer		
602			**Plan ve Program İşleri**		
	01		Kalkınma Planı		
		01	Hazırlık Çalışmaları		
		02	İzleme ve Değerlendirme		
	02		Orta Vadeli Plan/Program		
	03		Yıllık Plan/Program		
602.01'in alt açılımı, 602.02-602.03 için de aynı usulde uygulanabilecektir					
	04		Stratejik Plan		
	04		Stratejik Plan		
		01	Veri Toplama		
		02	Analiz ve Raporlama		
		03	Revizyon		
	05		Eylem Planları		
	06		Yönetim/İş Planları		
	07		Yatırım Programları		
		01	Hazırlık Çalışmaları		
		02	Yatırım Revizyonu		
		03	Ek Ödenek		
		04	Ödenek Aktarma		
		05	Serbest Bırakma		
		06	Maliyet Revizyonu		
		07	Dönem Gerçekleştirme Raporları		
	08		Performans Programı		
		01	Veri Toplama		
		02	Maliyetlendirme		
		03	İzleme ve Değerlendirme		
		04	Revize İşlemleri		
	99		Diğer		
604			**Proje İşleri**		
	01		Araştırma Projeleri		
		01	Başvurular ve Proje Önerileri		
		02	Değerlendirme ve Onay		
		03	İzleme ve Raporlandırma		
		04	Değişiklikler ve Tadilatlar		
		05	Ödemeler ve Mali İncelemeler		
		06	Tescil/Patent/Mülkiyet İşlemleri		
	02		Araştırma/Geliştirme Projeleri		
	99		Diğer		
604.01'in alt açılımları 604.02 için de aynı usulde uygulanabilecektir. Her farklı proje için ayrı dosya açılacak olup, dosyaların birbirinden ayrılmasını sağlayacak proje numaraları köşeli parantez ile kullanılabilecektir.					

Ek 13/ 4 (Standart Dosya Planı Ortak Alanlar)

Proje'nin niteliğine göre, proje kapsamında yapılacak çeşitli alımlar "satınalmalar", yapım gerektiren faaliyetler "Yapımlar" başlıklarında takip edilecektir. Bu dosyalar arasındaki ilişki, projenin özel numarası ile sağlanacaktır.					
605			***Araştırma İşleri***		
	01		*Veri Toplama*		
	02		*Raporlama*		
	99		Diğer		
609			***Koordinasyon İşleri***		
610			***Soru Önergeleri***		
611			***Çevre İşleri***		
	01		Çevre Yönetimi		
	02		ÇED		
	03		Denetim		
	04		İklim Değişikliği		
	99		Diğer		
612			***İç Kontrol***		
	01		İç Kontrol Sistemi ve Standartlar		
		01	*Süreçler*		
		02	*İzleme ve Değerlendirme*		
		03	*İnceleme ve Raporlama*		
	02		Ön Mali Kontrol		
	99		Diğer		
619			***Araştırma ve Planlama ile ilgili Diğer İşler***		

620			***Basın ve Halkla İlişkiler (Genel)***		
621			***Basın İşleri***		
	01		Basın Toplantıları		
	02		Basına Verilen Demeçler		
	03		Tekzipler		
	04		Basında Yer Alan Haberler		
	05		Basın Özetleri		
	99		Diğer		
622			***Talep, Şikayet, Görüşler***		
	01		*Talep ve Şikayetler*		
	02		*Görüş ve Teklifler*		
	03		*Bilgi ve Belge Talepleri*		
	99		*Diğer*		
639			***Basın ve Halkla İlişkiler Konusunda Diğer İşler***		
640			***Hukuk İşleri (Genel)***		
641			***Dava Dosyaları***		
	01		*Avrupa İnsan Hakları Mahkemesi*		
	02		*Tahkim*		
		01	*Ulusal*		
		02	*Uluslararası*		

Ek 13/ 5 (Standart Dosya Planı Ortak Alanlar)

	03		***Adli Davalar***		
		01	***Hukuk***		
		02	***Ceza***		
		03	***İcra***		
	04		***İdari Davalar***		
	05		***Vergi Davaları***		
	99		***Diğer***		
Her farklı dava için ayrı dosya açılacak olup, dava sürecinin bütün aşamalarına ilişkin belgeler ait olduğu dava dosyasından takip edilecektir. Dava esas numaraları veya dava dosyalarını birbirinden ayırmaya yarayacak özel numaralar dosya numarasının ardından köşeli parantez ile kullanılabilecektir.					
Her farklı dava için ayrı dosya açılacak olup, dava sürecinin bütün aşamalarına ilişkin belgeler ait olduğu dava dosyasından takip edilecektir. Dava esas numaraları veya dava dosyalarını birbirinden ayırmaya yarayacak özel numaralar dosya numarasının ardından köşeli parantez ile kullanılabilecektir.					
645			***Tebligatlar***		
646			***Vekaletnameler, Azilnameler***		
645, 646 kodu ile tanımlanan konular bir dava sürecinin parçası olarak farklı kodlarla tanımlanması durumunda birer örneğinin dosyalanmasında ve dava konusu olmayan durumlarda dosya adı olarak kullanılacaktır.					
Hukuki Görüşler (Mütalaalar) için bkz. "Genel İşler"					
650			***Bilirkişi ve Ekspertiz***		
651			***Uzlaşma/Sulh İşlemleri***		
659			***Hukukla İlgili Diğer İşler***		
660			***Teftiş/Denetim İşleri(Genel)***		
661			***Plan ve Programları***		
	01		*Yıllık*		
	02		*Dönemsel*		
	99		*Diğer*		
662			***Görev Emirleri***		
Görev Emirlerinin denetim sürecinin bir parçası olarak 663.01-663-09 kodları ile tanımlanması durumunda birer örneğinin dosyalanmasında 662 kodu dosya numarası olarak kullanılacaktır.					
663			***Denetim,İnceleme,Soruşturma ve Araştırma***		
	01		Cevaplı		
	02		Denetim		
	03		Genel Durum		
	04		Ön İnceleme		
	05		İnceleme		
	06		Basit		
	07		Soruşturma		
	08		Araştırma		
	09		Bilgi		
	99		Diğer		
667			**İhbar ve Suç Duyuruları**		
	01		İhbar		
	02		Suç Duyuruları		
	99		Diğer		
668			**Yüksek Denetleme ve KİT Komisyonu**		
	01		Yüksek Denetleme Kurulu Raporları		
		01	İvedi Durum Raporları		

		02		Özel İnceleme Raporları		
		03		Dönem Raporları		
		04		Yıllık Raporlar		
		05		Kuruluşun Cevabi Raporları		
	02			KİT Komisyonu Raporları		
	99			Diğer		
679				**Teftiş/Denetim ile İlgili Diğer İşler**		
700				**Bilgi Sistemleri(Genel)**		
702				**Yazılım Geliştirme ve Kodlama Çalışmaları**		
	01			Analiz ve Tasarım Çalışmaları		
	02			Kodlama Çalışmaları		
	03			Test Çalışmaları		
	99			Diğer		
703				Bilgi İşletim Sistemleri Planlama ve Değerlendirme		
	01			Proje Yönetimi		
	02			Değişiklik Yönetimi		
	03			Güvenlik Yönetimi		
	04			Kaynak Yönetimi		
	05			Konfigürasyon Yönetimi		
	06			Olağanüstü Durum Yönetimi		
	07			Problem Yönetimi		
	99			Diğer		
704				Hatlar		
	01			İnternet		
	02			Data Hattı		
	03			İntranet		
	99			Diğer		
705				Sistem ile İlgili Talepler		
	01			Yazılım Talepleri		
	02			Donanım Talepleri		
	99			Diğer		
				Arıza ve Bakımlar İçin bkz. İdari İşler		
708				***Veri Girişi, İşleme Ve Aktarma İşleri***		
	01			*Kayıt*		
	02			*Düzeltme*		
	03			*Silme*		
	04			*Aktarma*		
	05			*Sorgulama*		
	99			*Diğer*		
710				***e-uygulamalar***		
	01			*Web Sayfası*		
	02			*Abonelik*		
	03			*e-imza*		
	04			*e-posta İşlemleri*		
	05			*Liste İşlemleri*		
	99			*Diğer*		

Ek 13/ 7 (Standart Dosya Planı Ortak Alanlar)

Firma Bilgileri için bkz Satınalma ve Satış İşleri						
713				***Kullanım ve Erişim Yetkileri***		
	01			Yetki Verilmesi		
	02			Yetki Kaldırılması		
	03			Yetki Değişikliği		
	99			Diğer		
719				***Bilgi Sistemleri ile İlgili Diğer İşler***		
720				***Dış İlişkiler ve Avrupa Birliği (Genel)***		
721				***Uluslararası Hukuk***		
724				***Ülkelerle İlişkiler***		
	01			*İkili İlişkiler*		
		01		*Genel Bilgiler*		
		02		*Anlaşmalar, Sözleşmeler, Protokoller*		
		03		*İşbirliği*		
		04		*Sorunlar*		
		05		*Yardımlar*		
	02			*Çok Taraflı İlişkileri*		
	03			*Türk ve Müslüman Topluluklarla İlişkiler*		
	99			*Diğer*		
724.01'in alt açılımındaki kodlar, 724.02 ve 724.03 için de aynı usulde uygulanabilecektir						
730				***Uluslararası ve Bölgesel Kuruluşlarla İlişkiler***		
	01			Politikalar		
	02			Mevzuat ve Üyelik İşlemleri		
		01		*Tüzük*		
		02		*Üyelik İşlemleri*		
		03		*Katkı Payları*		
	03			Toplantılar		
		01		*Genel Kurul*		
		02		*Yönetim Kurulu*		
		03		*Komiteler*		
		04		*Alt komiteler*		
		05		*Çalışma Grupları*		
	06			Projeler		
		01		Uluslararası Projeler		
		02		Türkiye'ye Yönelik Projeler		
	07			İşbirliği		
	08			Rapor, İnceleme, Anket ve İstatistikler		
		01		Raporlar		
		02		İncelemeler		
		03		Anketler		
		04		İstatistikler		
	09			İrtibat Büroları		
	10			Bilgi ve Belge Talepleri		
	11			Başvuru ve Şikayetler		
	12			Denetim		

Ek 13/ 8 (Standart Dosya Planı Ortak Alanlar)

	13			*Yardımlar*
	99			*Diğer*

Bölgesel veya uluslararası kuruluşlar için ayrı dosya açılabilecektir. Kuruluş dosyalarını birbirinden ayırmaya yarayacak kuruluş kısaltmaları dosya numarasının ardından köşeli parantez ile kullanılabilecektir.

740				***Avrupa Birliği (AB) ile İlişkiler (Genel)***
741				***AB Hukuku***
	01			Türkiye-AB Ortaklık Hukuku
		01		*Ortaklık Organlarının Kararları*
		02		*İçtihad*
	02			AB Hukuku Alanındaki Gelişmeler
		01		*Birincil Hukuk*
		02		*İkincil Hukuk*
		03		*İçtihad*
	99			Diğer
742				***AB Karar Alma Mekanizması ile İlişkiler***
	01			Bakanlar Konseyi
	02			Avrupa Komisyonu
	03			Avrupa Parlamentosu
	04			Avrupa Konseyi
	05			Adalet Divanı
	06			Sayıştay
	07			Ekonomik ve Sosyal Komite
	08			Bölgeler Komitesi
	09			Avrupa Merkez Bankası
	10			Avrupa Yatırım Bankası
	11			Ombudsman
	99			Diğer

AB'nin karar alma mekanizmaları ile ilişkileri ihtiva eden belgelerin (toplantı, kararlar vb.) tanımlanması ve dosyalanmasında bu alan kullanılacaktır.

743				***Gümrük Birliği ve Ortaklık Organları***
	01			Ortaklık Konseyi
	02			Ortaklık Komitesi
		01		*Tarım ve Balıkçılık Alt Komitesi*
			01	Toplantılar
			02	Çalışma Grupları
		02		*İç Pazar ve Rekabet Alt Komitesi*
		03		*Ticaret, Sanayi ve AKÇT Ürünleri Alt Komitesi*
		04		*Ekonomik ve Parasal Konular, Sermaye Hareketleri ve İstatistik Alt K.*
		05		*Teknolojik Yenilik, Eğitim ve Araştırma Programları Alt Komitesi*
		06		*Ulaştırma, Çevre ve Enerji (Trans-Avrupa şebekeleri dahil) Alt Komitesi*
		07		*Bölgesel Kalkınma, İstihdam ve Sosyal Politika Alt Komitesi*
		08		*Gümrük, Vergilendirme, Uyuşturucu Trafiği ve Kara Para Aklama Alt K.*
	03			*Karma Parlamento Komisyonu*

Ek 13/ 9 (Standart Dosya Planı Ortak Alanlar)

	04			Gümrük İşbirliği Komitesi		
	05			Gümrük Birliği Ortak Komitesi		
	06			Karma İstişare Komitesi		
	07			AB Teknik Komiteleri ve Çalışma Grupları		
	99			Diğer		
AB-TR Ortaklık Organları ile ilişkileri ihtiva eden belgelerin (toplantı, kararlar vb.) tanımlanması ve dosyalanmasında kullanılacaktır.						
744				***AB Katılım Süreci***		
	01			Katılım Ortaklığı Belgesi		
	02			Ulusal Program		
		01		*Hazırlık Çalışmaları*		
		02		*İzlenmesi*		
	03			İlerleme Raporları		
	04			Katılım Öncesi Mali İzleme Süreci		
	05			Katılım Müzakereleri		
		02		Strateji/Eylem Planı		
		03		Müzakere Pozisyonu		
		04		Mevzuat Taslakları		
		05		Çalışma Grupları		
Her müzakere faslına ilişkin ayrı dosya açılabilecek olup. açılan dosyaların birbirinden ayrılmasını sağlayacak fasıl kodları, dosya numarasının ardından köşeli parantez ile kullanılabilecektir.						
	06			Siyasi Kriterler		
	07			Ekonomik Kriterler		
	08			İç Koordinasyon Uyum Komitesi		
	09			Türkiye'nin Avrupa Birliği İletişim Stratejisi		
	10			Çeviri Eşgüdüm Çalışmaları		
		01		*AB Müktesebatının Çeviri İşlemleri ve Eşgüdümü*		
		02		*Türk Mevzuatının Çeviri İşlemleri ve Eşgüdümü*		
		03		*AB Terminolojisi Veri Tabanı*		
	11			Mevzuat Uyum Ulusal Veri Tabanı		
	99			Diğer		
745				**Topluluk Programları ve Ajanslar**		
	01			Programlar		
		01		Eğitim, Gençlik ve Kültür Programları		
		02		Araştırma ve Teknolojik Gelişme Programları		
		03		Rekabet Edebilirlik ve Yenilik Çerçeve Programları		
	02			Ajanslar		
	99			Diğer		
746				**AB-Türkiye Mali İşbirliği**		
	01			IPA(Katılım Öncesi Yardım Aracı-Instrument for Pre-Accession)		
		01		Programlama Süreci		
		02		Projeler		
			01	Proje Teklifleri		
			02	Proje Fişleri (Raporları)		
			03	Fiş Değişiklikleri (Revizyon)		
			04	İzleme ve Değerlendirme		
		03		ABGS'nin Faydalanıcısı Olduğu Projeler		

Ek 13/ 10 (Standart Dosya Planı Ortak Alanlar)

		04		*Sınır Ötesi İşbirliği*		
		05		*Operasyonel Programlar*		
		06		*İzleme Komiteleri*		
	02			*Çok Faydalanıcılı*		
	99			*Diğer*		
746.01.02'nin alt başlıkları 746.01.03 içinde aynı şekilde kullanılabilecektir						
Her farklı proje için ayrı dosya açılacak olup, Projenin bütün aşamalarına ilişkin belgeler kendi dosyasından takip edilecektir. Proje numaraları, aynı konu numarasını alan dosyaların birbirinden ayrımını sağlamak amacıyla dosya numarasının ardından köşeli parantez ile kullanılabilecektir.						
748				***AB ve Üye Ülke Teknik Yardımları***		
	01			AB Teknik Yardımları		
		01		*TAIEX*		
			01	Uzman Desteği		
			02	İnceleme Gezileri		
			03	Seminer/Çalışma Grupları		
		02		*Eşleştirme (Twinning)*		
			01	Standart Eşleştirme		
			02	Kısa Süreli Eşleştirme		
	02			Üye Ülke Teknik Yardımları		
		01		*MATRA/G2G.NL*		
		02		*MATRA-MTEC*		
	99			Diğer		
749				***Dış İlişkiler ve AB ile İlgili Diğer İşler***		
750				***Emlak ve Yapım İşleri (Genel)***		
751				***Toplulaştırma İşlemleri***		
752				***Kamulaştırma ve İrtifak Hakkı***		
	01			*Kamulaştırma*		
		01		*Kamu Yararı Kararı ve Onay İşleri*		
		02		*Teknik Çalışmalar*		
		03		*Bedel Takdir ve Uzlaşma*		
		04		*Sorunlar*		
		05		*Zarar ve Ziyan*		
		06		*Ödeme İşleri*		
	02			*İrtifak Hakkı İşlemleri*		
	99			*Diğer*		
753				***Kadastro Çalışmaları***		
754				***İmar İşleri***		
755				***Yapım (İnşaat) İşleri***		
	01			*Etüd-Proje ve Fizibilite işleri*		
	02			*İhale İşleri*		
		01		*İzin ve Onay İşleri*		
		02		*Yaklaşık Maliyet Hesabı*		
		03		*İhale İlan İşleri*		
		04		*Şartnameler*		
		05		*Başvuru İşlemleri ve Tutanaklar*		
		06		*Komisyon İşlemleri*		
		07		*İtirazlar*		

Ek 13/ 11 (Standart Dosya Planı Ortak Alanlar)

		08	*Sözleşme*		
		09	*Kesin Teminat*		
	03		Uygulama işleri		
		01	*İş Programı*		
		02	*Ruhsatlandırma*		
		03	*Hammadde Temini/Malzeme Seçimi*		
		04	*Keşif Artışı*		
		05	*Süre Uzatımı ve Ödenek Dilim Değişikliği*		
		06	*Birim Fiyat ve Yeni Fiyat*		
	04		*İnceleme ve Kontrol İşleri*		
	05		*Hakedişler ve Ödemeler*		
	06		*Geçici ve Kesin Kabuller*		
		01	*Geçici ve Kesin Kabuller*		
		02	*Fesih, Tasfiye ve Devir İşlemleri*		
	07		*Kesin Hesap İşlemleri*		
		01	*Kesin Hesap*		
		02	*SSK İlişkisizlik Belgesi*		
		03	*İş Deneyim Belgesi Verilmesi*		
		04	*Teminatların İadesi*		
	99		*Diğer*		
Her farklı yapım için ayrı dosya açılacak olup, yapım sürecine ilişkin belgeler kendi dosyasından takip edilebilecektir. Aynı konu numarasını alan yapım dosyaların birbirinden ayrımını sağlamak amacıyla özel kodlar dosya numarasının ardından köşeli parantez ile kullanılabilecektir.					
756			***Taşınmaz İşlemleri***		
	01		Tahsis, Devir ve Takas		
	02		Satış ve Kiralama		
	03		Envanter		
	99		Diğer		
Gayrimenkul Alımları için bkz. "Satınalma ve Satış İşleri, Satınalma"					
757			***Harita ve Fotoğraf İşleri***		
	01		Talepler		
	02		Yapım ve Güncelleme		
	03		Sayısallaştırma		
	04		Kayıt ve Envanter		
	99		Diğer		
769			***Emlak ve Yapımla ilgili Diğer İşler***		
770			Eğitim İşleri (Genel)		
771			Eğitim Planları		
772			Burs İşleri		
	01		Kontenjan ve Duyurular		
	02		Başvuru ve Değerlendirme		
	03		Ödemeler		
773			Staj İşleri		
	01		Kontenjan İşlemleri		
	02		İzleme ve Değerlendirme		
	03		Belgelendirme		
	99		Diğer		

Ek 13/ 12 (Standart Dosya Planı Ortak Alanlar)

774			Eğitimler, Kurslar		
	01		Mesleki Yeterlilik ve Gelişim		
		01	Teklifler		
		02	Program		
		03	Duyuru		
		04	Eğitici Temini		
		05	Kayıt, Katılım Listeleri		
		06	Eğitim Materyali		
		07	Sınav		
		08	Belgelendirme		
		09	Yeterlilik		
	03		Rotasyon		
	04		İntibak/Oryantasyon		
	05		Görevde Yükselme		
	06		Aday Memur		
	07		Kariyer Uzman		
	08		Kişisel Gelişim ve Motivasyon		
	09		Bilgilendirme-Bilinçlendirme		
	99		Diğer		
774.01'in alt açılımındaki kodlar, 774.02-774.09 için de aynı usulde uygulanabilecektir					
779			***Rehberlik, Danışmanlık İşleri***		
799			***Eğitimle İlgili Diğer İşler***		
800			***İdari ve Sosyal İşler (Genel)***		
801			***Taşıt ve İş Makineleri***		
	01		*Taşıt*		
		01	*Plaka, Ruhsat ve Muayene İşleri*		
		02	*Akaryakıt İşleri*		
		03	*Tahsis, Sevk ve Kontrol İşleri*		
		04	*Kaza İşleri*		
	02		*İş Makineleri*		
	99		*Diğer*		
801.01'in alt açılımındaki kodlar,801.02 için de aynı usulde uygulanabilecektir					
802			***Ulaştırma ve Servis İşleri***		
803			***Resmi Mühür İş ve İşlemleri***		
804			***Evrak Kayıt ve Sevk İşlemleri***		
	01		Gelen-Giden Evrak		
Belgenin bir örneğinin Genel Evrak birimlerinde tutulması durumunda sadece dosyalamaya yönelik kullanılacaktır.					
	02		Kontrollü Evrak İşlemleri		
	03		Yanlış Evrakın İade İşlemleri		
	99		Diğer		
805			***Belge Yönetimi ve Arşiv İşlemleri***		
	01		Belge Yönetimi		
		02	Kodlama İşlemleri		
	02		Arşiv Yönetimi		
		01	Devir-Teslim İşlemleri		
		02	Ayıklama ve İmha İşlemleri		

Ek 13/ 13 (Standart Dosya Planı Ortak Alanlar)

			01	Ayıklama ve İmha		
			02	Uygunluk Görüşü		
		03		*Tasnif (Sınıflandırma) İşlemleri*		
		04		*İnceleme ve Denetleme*		
		05		*Arşivlerden Yararlanma*		
	99			Diğer		
806				***Kütüphane ve Dokümantasyon İşleri***		
	01			Derme Geliştirme ve Derleme İşleri		
		01		Kitaplar		
		02		Süreli Yayınlar		
		03		Tezler		
		04		Yazma ve Nadir Eserler		
		05		Veritabanları, Elektronik Ürün ve Yayınlar		
	02			Kullanıcı Hizmetleri		
		01		Ödünç Verme İşlemleri		
		02		Araştırma Hizmetleri		
		03		Danışma Hizmetleri		
		04		Elektronik Hizmetler		
	99			Diğer		
807				**Bakım-Onarım İşleri**		
	01			Bina ve Tesisler		
	02			Tesisat		
	03			Mekanik		
	04			Elektronik ve Teknik Cihaz		
	05			Taşıt ve İş Makineleri		
	99			Diğer		
808				**Temizlik İşleri**		
809				**Taşınır Mal İşlemleri**		
	01			İstek		
	02			Devir, Giriş-Çıkış İşlemleri		
	03			Sayım ve Döküm		
	04			Kesin Hesap		
	05			Taşınır Kayıt Kontrol Yetkilisi		
	99			Diğer		
810				Sigorta İşleri		
	01			Dahili Sigorta		
		01		Yangın		
		02		Nakliyat		
		03		Kaza		
		04		Mühendislik		
	02			Harici Sigorta		
	99			Diğer		
810.01'in alt açılımındaki kodlar, 810.02 için de aynı usulde uygulanabilecektir						
811				***İletişim ve Haberleşme İşleri***		
	01			Telefon		
		01		Sabit		
		02		GSM		
		03		Mobil		

	02			Kablolu TV		
	03			Telsiz		
	04			Faks		
	05			İnternet		
	99			Diğer		
812				***Çevre Düzenleme İşleri***		
813				***Sosyal İşler***		
	01			Sosyal Tesisler		
		01		*Eğitim Tesisi, Misafirhane ve Kamp*		
			01	Müracaat		
			02	Tahsis		
			03	Tahliye		
		02		*Lojman*		
		03		*Kreş ve Gündüz Bakımevi*		
		04		*Spor Tesisi*		
		05		*Yemekhane, Kafeterya ve Çay Ocağı*		
	02			Temsili Ağırlamalar (yemek, araç vb.)		
	03			Sportif Faaliyetler		
	99			Diğer		
813.01.01'in alt açılımları 813.01.02-813.01.05 içinde aynı şekilde kullanılabilecektir						
814				***Kampanyalar***		
815				***Sosyal Yardımlar***		
819				***İdari ve Sosyal İşlerle İlgili Diğer İşler***		
820				***Tanıtım ve Yayın İşleri (Genel)***		
821				***Kültür, Tanıtım İşleri***		
	01			*Fuar*		
	02			*Sergi*		
	03			*Festivaller*		
	04			*Tur ve Gezi*		
	05			*Yarışma*		
	06			*Gösteri ve Konserler*		
	07			*Özel Gün ve Haftalar*		
	99			*Diğer*		
823				***Reklam ve İlan İşleri***		
	01			*Reklam İşleri*		
	02			*İlan İşleri*		
	99			*Diğer*		
824				***Yayın İşleri***		
	01			***Kitap***		
		01		*Teklifler*		
		02		*Değerlendirmeler*		
		03		*Yayın Hazırlık İşleri*		
		04		*Telif İşleri*		
		05		*İntihal*		
	02			*Dergi*		
	03			*Broşür*		
	04			*Matbu Evrak*		

Ek 13/ 15 (Standart Dosya Planı Ortak Alanlar)

	05			Takvim ve Ajanda		
	06			Bülten		
	07			Resmi Doküman		
	08			Ses ve Görüntü Malzemeleri		
	99			Diğer		
824.01'in alt açılımındaki kodlar, 824.02-824.08 için de aynı usulde uygulanabilecektir						
825				***Basım, Depolama ve Dağıtım İşleri***		
	01			Basım		
	02			Depolama		
	03			Dağıtım		
		01		*Yayın Talepleri*		
		02		*Yardım ve Bağış*		
		03		*Abonelik ve Satış*		
	99			Diğer		
828				***Tercüme İşleri***		
839				***Tanıtım ve Yayınla İlgili Diğer İşler***		
840				***Mali İşler (Genel)***		
841				***Bütçe Hazırlama ve Uygulama***		
	01			Bütçe Hazırlık Çalışmaları		
		01		Bütçe		
		02		Ek Bütçe		
		03		Geçici Bütçe		
	02			Bütçe Uygulamaları		
		01		Ödenek Talep ve Göndermeleri		
		02		Serbest Bırakma		
		03		AHP/AFP Vizeleri		
		04		AHP/AFP Revizeleri		
		05		Aktarmalar		
		06		Ek Ödenekler		
		07		Ödenek Devri		
		08		Ödenek İptalleri		
		09		İlama Bağlı Borçlar		
		10		Yedek Ödenekler		
		11		Tenkisler		
		12		Revize İşlemleri		
		13		Akreditif ve Taahhüt Artıkları		
		14		Avanslar, Krediler, Mahsuplar		
		15		Öz Gelirler		
		16		Gelir Red ve İadeleri		
		17		Tahakkuk ve Ödeme İşleri		
Farklı tahakkuk ve ödemeler için ayrı dosya açılabilecek olup, aynı konu numarasını taşıyan tahakkuk ve ödeme dosyalarının birbirinden ayrımını sağlamak amacıyla özel kodlar dosya numarasının ardından köşeli parantez ile kullanılabilecektir.						
	99			Diğer		
843				**Mizan, Bilanço ve Kesin Hesap İşleri**		
	01			Mizan		
	02			Bilanço		

Ek 13/ 16(Standart Dosya Planı Ortak Alanlar)

	03		Kesin Hesap		
	04		Bütçe Dönem Gerçekleştirme Raporları		
	05		Tablolar		
		01	Finansal Tablolar		
		02	Gelir Tabloları		
		03	Vaziyet Tabloları		
		04	Günlük Ödeme Planları		
		05	Nakit Akım Tabloları		
	99		Diğer		
845			**Sayıştay İncelemeleri**		
	01		Sorgu		
	02		İlam		
	03		Raporlama		
		01	Uygunluk Bildirimi		
		02	Performans Raporları		
	99		Diğer		
846			**Emanet işleri**		
	01		Vergi		
	02		Kefalet		
	03		İcra		
	04		Sendika		
	99		Diğer		
849			**Banka İşlemleri**		
	01		Ödeme Talimatları		
	02		Repo ve Faiz İşlemleri		
	03		Kambiyo İşlemleri		
	04		Tahsilatlar		
	05		Mutabakatlar		
	06		Ekstre ve Dekontlar		
	99		Diğer		
850			**Kıymetli Evrak İşlemleri**		
851			**Finansman ve Fon Yönetimi İşleri**		
	01		Finansman Programları		
	02		Gelir Gider		
	03		Kar Tevzii		
	04		Sermaye		
	99		Diğer		
853			**Kredi İşlemleri**		
	01		Yurtdışı Krediler		
		01	Geri Ödemeler		
		02	Kur Farkları		
		03	Gecikme Faizi		
	02		Yurtiçi Krediler		
	03		Hazineye Borçlar		
	99		Diğer		
855			**Borç ve Alacak İşlemleri**		
	01		Kuruluşun Borç ve Alacakları		

Ek 13/ 17(Standart Dosya Planı Ortak Alanlar)

	02			Gerçek ve Tüzel Kişilerin Borç ve Alacakları		
	99			Diğer		
856				**Harcama Yetkilileri ve Gerçekleştirme Görevlileri**		
857				**Saymanlık ve Sayman Bildirimleri**		
858				**İdari Yaptırım (Para Cezaları)**		
869				**Mali Konularda Diğer İşler**		
870				**Özel Kalem ve Protokol İşleri (Genel)**		
871				**Makamın Konuşma ve Açıklamaları**		
872				**Randevu Talepleri**		
873				**Temas ve Ziyaretler**		
	01			Gezi ve Ziyaret Programları		
	02			Yabancı Temsilciler		
	99			Diğer		
874				**Günlük Programlar**		
876				**Davet ve Tebrikler**		
	01			Özel Mektuplar		
	02			Davetiyeler		
	03			Tebrikler		
	99			Diğer		
877				**Protokol İşleri**		
878				**Resepsiyonlar**		
879				**Rezervasyonlar**		
880				**Törenler**		
899				**Özel Kalem ve Protokolle İlgili Diğer İşler**		
900				**Personel İşleri (Genel)**		
901				**İş İstekleri**		
902				**Personel Alımı**		
	01			Alım Talepleri		
	02			Alım İzinleri		
	03			Sınavlar		
	99			Diğer		
903				**Personel Özlük İşleri**		
	01			İşe Giriş Belgeleri		
	02			Atama İşleri		
		01		Asaleten		
		02		Vekaleten		
		03		Tedviren		
	03			Terfi ve İntibak İşlemleri		
		01		Terfi İşleri		
		02		İntibak İşleri		
			01	Hizmet Değerlendirmesi		
			02	Öğrenim Değerlendirmesi		
	04			Hizmet Cetveli ve Hizmet Belgesi		
	05			İzin İşleri		
		01		Yıllık		
		02		Sıhhi		
		03		Mazeret		

Ek 13/ 18(Standart Dosya Planı Ortak Alanlar)

		04	*Ücretsiz*		
		05	*Yurtdışı*		
	06		Görevden Ayrılma		
		01	*Emeklilik*		
		02	*İstifa*		
		03	*Görevden Çekilmiş Sayılma*		
		04	*Görevden Çıkarılma*		
		05	*Vefat*		
	07		Görevlendirmeler		
		01	*Kurumiçi*		
		02	*Kurumdışı*		
		03	*Yurtdışı*		
		04	*Ek Görevler*		
		05	*Rotasyon*		
	08		*Mükafat ve Cezalar*		
		01	*Ödül İşleri*		
		02	*Disiplin İşleri*		
	09		*Sicil İşleri*		
		01	*Sicil Raporları*		
		02	*Mal Beyannamesi*		
	10		*Aile Yardımı Bildirimi*		
	11		*Askerlik İşlemleri*		
	12		*Hizmet Borçlanması*		
	13		*Kimlik ve Giriş Kartı İşlemleri*		
	14		*Sağlık Karnesi*		
	99		*Diğer*		
Personel için ayrı özlük dosyası açılacak olup, 903.01-903.14 kodu ile tanımlanan belgeler kişinin özlük dosyasından takip edilecektir. Sicil Numaraları, aynı konu numarasını alan dosyaların birbirinden ayrımını sağlamak amacıyla dosya numarasının ardından köşeli parantez ile kullanılabilecektir.					
903.01-903.14 kodu ile tanımlanan ancak personel özlük dosyasına konulmayacak veya personel özlük dosyasına konulmasına rağmen bir örneğinin ayrıca dosyalanması gerektiği düşünülen yazılar için kendi konu tanımlamasını ifade eden dosya numaraları ile de dosya açılabilecektir.					
907			***Kadro Pozisyon İşleri***		
	01		Teklif		
	02		İptal ve İhdas		
	03		Tenkis-Tahsis		
	04		Vize İşlemleri		
	99		Diğer		
912			Pasaport İşlemleri		
	01		Diplomatik		
	02		Hususi		
	03		Hizmet		
	04		Emekli		
	99		Diğer		
914			**Yabancı Uyruklu Personel İstihdamı**		
915			**Sendikalarla İlgili İşler**		
	01		İşveren Sendikaları		

Ek 13/ 19 (Standart Dosya Planı Ortak Alanlar)

	02			Memur Sendikaları		
		01		Üyelik ve Dayanışma Aidatı		
		02		Kurum İdari Kurulu ve Yüksek İdari Kurul Toplantıları		
		03		Yetkili Sendika Tespiti		
		04		Temsilcilik		
	03			İşçi Sendikaları		
		01		Üyelik ve Dayanışma Aidatı		
		02		Temsilcilik		
		03		İzin İşlemleri		
		04		Toplu Sözleşme ve Uygulama İşleri		
			01	Müzakereler		
			02	Uyuşmazlık Hali		
			03	Grev - Lokavt		
			04	Teşmil İşlemleri		
	99			Diğer		
917				Sosyal Güvence Kapsamında Yapılan İşler		
	01			Sigorta Primleri Bildirgeleri		
	02			Tescil İşlemleri (İşe Giriş Bildirgeleri)		
	03			İşçi Bildirim Listeleri		
	99			Diğer		
918				Çalışan Sağlığı ve İş Güvenliği		
	01			İş Güvenliği		
	02			Çalışan Sağlığı		
		01		Meslek Hastalıkları		
		02		İş Kazaları		
	99			Diğer		
920				Performans Değerlendirme		
929				Personelle İlgili Diğer İşler		
930				Satınalma ve Satış İşleri (Genel)		
		06		İhale İlan Tutanağı		
		07		İlan Metni		
		08		Şartnameler		
		09		İhale Evrakının Teslim Alındığına Dair Tutanak		
		10		Zarf Açma ve Belge Kontrol Tutanağı		
		11		İsteklilerce Teklif Edilen Fiyatlar Tutanağı		
		12		İhale Komisyonu Ara Kararı		
		13		İhale Komisyonu Kesin Kararı		
		14		Yasaklı Olup Olmadığına Dair KİK Teyit Belgesi		
		15		Firmalara Gönderilen Sonuç Bildirimleri		
		16		İtirazlar		
		17		Sözleşme		
		18		Kesin Teminat		
		19		Ödeme İşleri		
	02			Hizmet		
	03			Gayrimenkul		
	99			Diğer		
934.01'in alt açılımındaki kodlar, 934.02-934.03 için de aynı usulde uygulanabilecektir						

Ek 13/ 20 (Standart Dosya Planı Ortak Alanlar)

Satınalmalar için ayrı dosya açılacak olup, Satınalma sürecine ilişkin belgeler kendi dosyasından takip edilebilecektir. Aynı konu numarasını alan satınalma dosyaların birbirinden ayrımını sağlamak amacıyla özel kodlar dosya numarasının ardından köşeli parantez ile kullanılabilecektir.					
939			***Müşteri İlişkileri***		
	01		Bayiler		
	02		Acentalar		
	99		Diğer		
940			***Fiyatların Belirlenmesi-Tarifeler***		
941			***Satış Talepleri ve Teyitleri***		
942			***Satış İşlemleri***		
	01		Yurt Dışı Satışlar		
		01	Direkt Satışlar		
		02	İhracat Sevkiyatları		
		03	İhraç Kayıtlı Satışlar		
		04	DİİB Kapsamında Satışlar		
	02		Yurt İçi Satışlar		
		01	Kontratlı Satışlar		
		02	Cari Satışlar		
		03	İhaleli Satışlar		
		04	Elektronik Ticaret Şeklinde Satışlar		
	03		Hurda Ve İhtiyaç Fazlası Malzeme Satışları		
		01	İhtiyaç Fazlası Malzeme Satışı		
		02	Ekonomik Ömrünü Tamamlamış Malzeme Satışı		
	99		Diğer		
944			**Gümrük İşlemleri**		
945			**Akreditif İşlemleri**		
946			**Ticari Belgeler**		
	01		İrsaliyeler		
	02		Satış Fişleri		
	03		Faturalar		
	04		Yükleme Talimatları		
	99		Diğer		
947			**Stok Kontrol İşlemleri**		
	01		Malzeme Giriş İşlemleri		
	02		Malzeme Çıkış İşlemleri		
	03		Malzeme Transfer İşlemleri		
	04		Malzeme İade İşlemleri		
	05		Malzemelerin Kayıttan Düşülmesi İşlemleri		
	99		Diğer		
948			Tanıtım ve Pazarlama		
	01		Tasarım ve Markalama		
		01	Tasarım		
		02	Markalama		
	02		Pazar Araştırması		
		01	Veri Toplama		
		02	Analiz ve Değerlendirme		
	03		Kaçak, Taklit, Sahte Ürün		

Ek 13/ 21(Standart Dosya Planı Ortak Alanlar)

		01		*Kaçak*	
		02		*Taklit*	
		03		*Sahte*	
	99			Diğer	
949				***Satınalma ve Satışla İlgili Diğer İşler***	
950				***Güvenlik İşleri, Afet ve Acil Durum Yönetimi ve Topyekün Savunma Sivil Hizmetleri (Genel)***	
951				***Güvenlik İşleri***	
	01			***İç Güvenlik***	
		01		İç Güvenlik Strateji Belgesi	
		02		Eylem Planları	
		03		İstihbarat Raporları	
		04		Bilgilendirme Faaliyetleri	
		05		İşbirliği	
		06		İnceleme ve Araştırma	
		07		Radyo ve Televizyon Yayınları	
		08		Ekonomi ve Sosyal Konular	
		09		Siber Güvenlik	
		10		İklim Güvenliği	
		11		Gıda Güvenliği	
		12		Su ve Doğal Kaynak Güvenliği	
		13		Enerji Güvenliği	
		14		Bilim ve Teknoloji Güvenliği	
		15		Sıkıyönetim ve Olağanüstü Hal	
		16		Acil Durum/Kriz Yönetimi	
			01	Dış Tehdit Kaynaklı	
			02	Yaygın Şiddet Kaynaklı	
			03	Doğal Afet Kaynaklı	
			04	Sağlık Kaynaklı	
			05	Ekonomik Kaynaklı	
	02			Dış Güvenlik	
		01		Dış Güvenlik Strateji Belgesi	
		02		Eylem Planları	
		03		İstihbarat Raporları	
		04		Bilgilendirme Faaliyetleri	
		05		İşbirliği	
		06		İnceleme ve Araştırma	
		07		Silahların Kontrolü ve Yayılmanın Önlenmesi	
		08		Nükleer Enerjinin Barışçıl Kullanımı	
		09		Barışı Destekleme ve Koruma Harekâtları	
		10		Dış Türkler	
	03			Terörle Mücadele	
		01		Terörle Mücadele Strateji Belgesi	
		02		Eylem Planları	
		03		İstihbarat Raporları	
		04		İşbirliği ve Koordinasyon	
		05		Stratejik Bilgi Desteği	
		06		Kamuoyu Bilgilendirme ve Halkla İletişim	

		07		*Sosyal, Ekonomi, Eğitim ve Kültür Çalışmaları*		
		08		*Terör Örgütleri*		
			01	Bölücü Örgütler		
			02	Yıkıcı Örgütler		
			03	Dini İstismar Eden Örgütler		
			04	Uluslararası Örgütler		
		09		*İnceleme ve Araştırma*		
		10		*İzleme ve Değerlendirme*		
		11		*Terörle Mücadele Raporu*		
		12		*İnceleme/Denetleme*		
	04			Koruyucu Güvenlik		
		01		*Sabotajlara Karşı Koruma Planları, Koruma Planları*		
		02		*Nöbetçi Memurluğu İşleri*		
		03		*Koruyucu Güvenlik Denetleme Sonuç Raporları*		
		04		*Yabancı Uyruklu Personel İle İlgili İşler*		
		05		*Mülteciler ve Sığınmacılar*		
		06		*Özel Güvenlik Teşkilatı İle İlgili İşler*		
		07		*Özel Güvenlik Bölgeleri İle İlgili İşler*		
		08		*İstihbarat ve Kaçakçılık İle İlgili İşler*		
		09		*Patlayıcı Maddeler ve Ateşli Silahlar İle İlgili İşler*		
		10		*Güvenlik Soruşturmaları ve Arşiv Araştırması*		
		11		*Fiziki Emniyet Tedbirleri*		
		12		*Evrak Güvenliği*		
		13		*Haberleşme Güvenliği*		
		14		*Yangın Önleme ve Korunma*		
		15		*Önemli Tesis Kriterleri*		
	99			*Diğer*		
952				***Afet ve Acil Durum Yönetimi***		
	01			*Planlama ve Risk/Zarar Azaltma İle İlgili İşler*		
		01		*Ulusal Afet Yönetimi Strateji Belgesi*		
		02		*Ulusal Deprem Strateji ve Eylem Planı(UDSEP-2023)*		
		03		*Afet ve Acil Durum Planları*		
		04		*Risk ve Zarar Azaltma işleri*		
			01	*Risk Belirleme*		
			02	*Afet Etüdleri*		
			03	*Genel Hayata Etkililik/Etkisizlik*		
			04	*Afete Maruz Bölge*		
			05	*Jeolojik ve Jeoteknik Etüdler*		
			06	*Mikrobölgeleme Etüdleri*		
			07	*Meteorolojik Etüdler*		
			08	*İklim Değişikliği*		
			09	*İnsan Kaynaklı Afetler*		
			10	*Tehlike/Risk Haritaları*		
			11	*Yapı Analizleri*		
			12	*Afet Önlemleri*		
			13	*Kentsel Dönüşüm*		
			14	*Afet Tahmini ve Değerlendirme Çalışmaları*		
			15	*Afet Kültürü ve Bilinci*		
		05		*Erken Uyarı, Gözlem ve Tahmin Sistemleri*		

			01	Erken Uyarı Sistemleri		
			02	Gözlem Sistemleri		
			03	Tahmin Sistemleri		
	02			Afet ve Acil Durum Haberleşmesi		
		01		Haberleşme Tesisleri/Merkezleri		
			01	AFAD Merkezleri		
			02	Mobil Haberleşme Merkezleri		
		02		*Telsiz Sistemleri*		
			01	VHF		
			02	UHF		
			03	HF		
		03		*Uydu Haberleşme Sistemleri*		
			01	Uydu Telefonları		
			02	Upling Sistemleri		
		04		*Kablolu ve GSM Haberleşme Sistemleri*		
			01	Kablo Altyapılı Sistemler		
			02	GSM Altyapılı Sistemler		
			03	Özel Santraller		
		05		*Kesintisiz ve Güvenli İletişim*		
		06		*İletişim Altyapıları*		
			01	Bilgi Sistemleri İletişim Altyapıları		
			02	İkaz ve Alarm Sistemleri İletişim Altyapıları		
			03	Erken Uyarı Sistemleri İletişim Altyapıları		
		07		*Sistem İnceleme ve Denetleme*		
			01	Sistem Test Raporları		
			02	Çevrim Sonuçları		
			03	Denetleme Raporu		
		08		*Bilgi Sistemleri*		
		09		*Afet ve Acil Durum Sigorta İşleri*		
	03			Afet ve Acil Durum Müdahale ve Yardım İşleri		
		01		*Başbakanlık Afet ve Acil Durum Yönetimi Merkezi*		
		02		*Afet ve Acil Durum Yönetimi Merkezleri*		
		03		*Afet ve Acil Durum İlanı*		
			01	Deprem, Sel, Fırtına, Heyelan, Çığ		
			02	İltica ve Nüfus Hareketleri		
			03	Yangınlar ve Kazalar		
			04	KBRN Kazaları ve Olayları		
			05	Tehlikeli ve Salgın Hastalıklar		
		04		Duyuru		
		05		Tahliye/Transfer		
		06		Acil Müdahale		
			01	İhtiyaç Belirleme ve Talep/Tahsis		
			02	Tahliye/Transfer		
			03	Görevlendirme		
		07		Haberleşme		
		08		Güvenlik		
		09		İlk Yardım		
		10		Arama-Kurtarma		
		11		Beslenme(İaşe)		

Ek 13/ 24 (Standart Dosya Planı Ortak Alanlar)

		12		*Barınma(İbate)*		
		13		*Acil Yardım*		
			01	Ödenek Tahsisi		
			02	Ödenek Tahsisi Süre Uzatımı		
			03	Yurtiçi Ayni Yardım		
			04	Yurtdışı Ayni Yardım		
			05	Yurtdışı Nakdi Yardım		
		14		*Yardım Kampanyası*		
			01	Yurtiçi		
			02	Yurtdışı		
		15		*Afet ve Acil Durum Ekip ve Ekipmanları*		
			01	Acil Kurtarma ve Yardım		
			02	İlk Yardım		
			03	İtfaiye		
			04	Sivil Savunma		
		16		*Gönüllüler ve STK'lar*		
			01	Gönüllü Teşviki		
			02	Akreditasyon (İlkyardım, Arama-Kurtarma vs.)		
	04			İyileştirme Çalışmaları		
		01		*Geçici İskan*		
			01	*Yer Belirleme*		
			02	*Geçici İskan Yapıları*		
			03	*Kira Yardımı*		
			04	*Sosyal, Sağlık ve Eğitim Hizmetleri*		
		02		*Afetten Zarar Görenlere Karşılıksız Yardım*		
			01	*Sakatlık ve Ölüm*		
			02	*Konut/İşyeri Yardımı*		
		03		*Kredi Yardımı*		
		04		*Yerel Yönetimlere Ödenek Aktarımı*		
			01	*Belediyeler*		
			02	*İl Özel İdareleri*		
	05			*Hasar Tespiti*		
		01		*Hasar Tespit Raporu*		
			01	*Ön Hasar Tespiti Raporu*		
			02	*Kesin Hasar Tespiti*		
			03	*İtirazlar Hasar Tespiti*		
			04	*Yargı Kararıyla Düzenlenen Hasar Tespit Raporu*		
		02		*Boşaltma, Yıkım*		
	06			*Hak Sahipliği*		
		01		*Talep ve Taahhütname*		
		02		*Hak Sahipliği İnceleme Komisyonu*		
		03		*Hak Sahipliği Tespiti*		
		04		*Borçlandırma*		
		05		*Hak Sahipliğinin Sona Ermesi ve Borcun Muacceliyeti*		
		06		*Hak Sahipliğine Engel Durumlar*		
		07		*Artan Konutlar*		
	07			*Yerleşim Yeri Tespiti ve Artan Arsalar*		

Ek 13/ 25 (Standart Dosya Planı Ortak Alanlar)

		01		*Yer Seçimi*		
		02		Artan Arsalar		
	99			Diğer		
953				**Topyekün Savunma Sivil Hizmetleri**		
	01			Sivil Savunma Hizmetleri		
		01		Sivil Savunma Planlama		
			01	İl ve İlçe Sivil Savunma Planları		
			02	Daire ve Müessese Sivil Savunma Planları		
			03	Tahliye Planları		
			04	Kabul Planları		
			05	Sivil Savunma Arama ve Kurtarma Birlikleri Harekat ve İntikal Planları, Haber Merkezi Talimatı		
		02		*Sivil Savunma Servis ve Yükümlüleri İşleri*		
		03		*Sivil Savunma Gönüllüleri İşleri*		
		04		*Sivil Toplum Kuruluşları (STK) İle İlgili İşler*		
		05		*Sivil Savunma Sevk ve Harekatı İşleri*		
		06		*Kamu Kurum ve Kuruluşları İle Sivil Toplum Kuruluşlarının (STK) Sivil Savunma Harekatı İle İlgili Koordinasyon İşleri*		
		07		*Haber Alma ve Yayma, İkaz ve Alarm İşleri*		
			01	Haber Alma ve Yayma İşleri		
			02	İkaz ve Alarm Merkezleri İle İlgili İşler		
			03	Siren Sistemi İle İlgili İşler		
		08		*Kimyasal, Biyolojik, Radyolojik ve Nükleer Savunma İşl.*		
			01	Kimyasal Savunma		
			02	Biyolojik Savunma		
			03	Radyolojik ve Nükleer Savunma		
			04	Dekontaminasyon (Arındırma) İşleri		
		09		*Sivil Savunma Araç, Gereç ve Malzemelere Ait İşler*		
	02			Seferberlik ve Savaş Hali Hazırlıkları		
		01		*Milli Alarm*		
			01	Alarm Tedbirleri İlanında Yapılacak Faaliyetler		
			02	Nato Alarm Sistemi		
			03	Alarm Kod Kelimeleri ve Anlamları		
			04	Alarm Kod İşlem ve Görevlileri		
			05	Milli Alarm Sistemi Eğitimleri		
			06	Seferberlik İlanı ve Duyuru İşlemleri		
			07	24 saat Süreli Çalışma Planları		
		02		*Lojistik*		
			01	*Savaş Görev Planları*		
			02	*Savaş Hasarı Onarım Planları*		
			03	*Araç Seferberliği ve Erteleme İşleri*		
			04	*Trafikte Kaydı Olmayan Özel Sektör İş Makinelerinin Tespiti*		
			05	*Mal ve Hizmet Seferberliği İşleri*		
			06	*Kaynak Planlama Faaliyetleri*		
			07	*İl ve İlçe Kaynak Sayım İşleri*		
			08	*Milli Müdafaa Mükellefiyeti*		
			09	*Ekonomik/Stratejik Tahrip Hedefleri Planlama İşleri*		
			10	*Kriz/Harekat Merkezi İle İlgili İşler*		
			11	*Haritalar*		
			12	*Denetlemeler*		

Ek 13/ 26 (Standart Dosya Planı Ortak Alanlar)

			13	TSK Harekat Kontrolüne Girecek Kamu Kurum ve Kuruluşları		
			14	TSK Lojistik Seferberlik Dosyası		
		03		*Personel Seferberlik*		
			01	Sevk Tehir İşleri		
			02	Personel ve Kadro Erteleme İşleri		
			03	Yasal Yaş Sınırları		
			04	Sefer Görev Emirleri		
			05	İnsan Gücü Planlaması		
			06	Bedelli Askerlik		
			07	Erteleme Sonuç Raporları		
		04		*Seferberlik Savaş Hali Planları*		
			01	Genel Planlar		
			02	Özel Planlar		
			03	Detay Planlar		
			04	Planlama ve Koordinasyon Kurulu İşleri		
			05	Seferberlik ve Savaş Hali Hazırlıkları Yıllık Faaliyet Raporu		
		05		*Milli Güvenlik Kurulu Genel Sekreterliği Tetkik Gezileri*		
			01	Tetkik Gezisi Planlaması		
			02	Tetkik Gezisi Sonuç Raporu		
		06		*Seferberlik ve Savaş Hali Hazırlıkları Oryantasyon Eğitimi*		
		07		*Nato Sivil Olağanüstü Hal Planlaması*		
			01	*Planlama Faaliyetleri*		
			02	*Genel Kurul Toplantıları*		
			03	*Sonuç Raporu*		
	03			*Sığınaklar*		
		01		*Genel Sığınaklar*		
		02		*Özel Sığınaklar*		
		03		*Tespit ve Denetim İşleri*		
		04		*Kayıt ve İstatistik İşleri*		
	99			*Diğer*		
954				*Tatbikatlar*		
	01			*Uluslararası ve Nato Tatbikatları*		
	02			*Milli Tatbikatlar*		
		01		*Seferberlik ve Savaş Hali Plan Tatbikatları*		
		02		*Milli Kriz/Harekat Yönetimi Tatbikatları*		
			01	*Güven Serisi Tatbikatlar*		
			02	*Afet/Acil Durum Tatbikatları*		
		03		*Milli Alarm Sistemi Tatbikatı*		
		04		*Sivil-Asker İşbirliği İle Yapılan Tatbikatlar*		
		05		*Mal ve Hizmet Seferberliği Tatbikatları*		
		06		*Sivil Savunma Tatbikatları*		
			01	*Sivil Savunma Plan Tatbikatı*		
			02	*Sivil Savunma Servis Tatbikatı*		
			03	*Örnek Sivil Savunma Tatbikatı*		
			04	*Arama ve Kurtarma İntikal Tatbikatı*		
	99			*Diğer*		
969				*Güvenlik İşleri, Afet ve Acil Durum Yönetimi ve Topyekün Savunma Sivil Hizmetleri ile İlgili Diğer İşler*		

Ek 13/ 27(Standart Dosya Planı Ortak Alanlar

Domuzlar Nerede?

Tarım ve Köyişleri Bakanlığından yaşanmış bir hikaye.....

Bir dönem Tarım Bakanlığı, İl Müdürlükleri'ne bir yazı yazar ve "İlinizin bulunduğu bölgedeki karga, yaban domuzu, üveyik gibi tarımsal üretime zarar veren yabani hayvanların sayısını çıkartın bize yollayın" der. Der ve komedi bu noktadan başlar. Sayım işleminin devamınını referans Gazetesinin başkent kulisinden aktarıyoruz:

İl müdürlüklerini alır bir düşünce... adı üstünde zararlı ve yabani hayvan bunlar. Nasıl sayacaksın?

Sonunda kendi aralarında "istişare" ederek bir formül bulurlar. Bölge büyüklüğüne göre her il müdürü bir rakam yazıp bakanlığa yollar. Kimi 30, kimi 20 yaban domuzu olduğunu bildirir. Aradan 1 yıl geçer, Bakanlık'tan bir yazı daha gelir:

"Bölgenizdeki yaban domuzlarının son durumu nedir? Şayet sayıları 150'yi aşarsa sürek avı başlatın."

Sürek avı başlaması için gerekli bürokratik işlemler ve nasıl ekipler oluşturulacağı, vurulan domuzların kuyruklarının kesilerek ispatlanması gerektiği gibi formaliteler sıralanır. İl müdürleri yeni sayıları, 5'er , 10!ar artırıp bildiriler. İş, yıllarca böyle devam eder.

Bürokratımızın tayini bir gün Tunceli Tarım il Müdürlüğü'ne çıkar. Göreve başlamasının ardından yine bakanlığın aynı yazısı gelir. Hemen, bir sene önce gönderilen yazıyı çıkartır ki ne görsün. Domuz sayısı 149... Domuzu 1 tane artırsa sürek avı başlamak zorunda kalacak. Hayvanların kuyrukları, ödenek falan dert...

Kendi kendine, ben bu sayıyı 50'ye düşüreyim, kimse farketmez, der ve yazıyı gönderir.

Bir ay sonra Bakanlık'tan bir yazı gelir. (Geçen yıl bölgenizde yaban domuzu sayısı 149 idi. Siz 50 olduğunu yazmışsınız. Ne oldu 99 yaban domuzuna) diye sorulmaktadır. Bürokrat oturur ve düşünür, bir formül bulup Bakanlığa yazar:

(Evet geçen yıl sayı 149'du. Ancak, köylüler resmi olmayan yollardan sürek avı başlattılar, hiçbirini de vuramadılar. Domuzlar sınır ilimiz olan Erzincan'a geçti) der. Bürokrat "Hayvanları vurduk" dese, bakanlık kuyrukları isteyecek.

Bakanlık bunun üzerine Erzincan İl Müdürüne bir yazı yazar:

(Bölgenizde 100 yaban domuzu olduğunu yazıyorsunuz. Ancak Tunceli İl Müdürlüğü 99 adet domuzun bölgenize geçtiğini bildirdi. O hayvanları bulun. Sayı 150'yı aştığı için de hemen ekipleri toplayarak sürek avı yapın) der.

Erzincan İl Müdürü düşünür ve bakanlığa şöyle bir yazı yazar:

(Evet doğrudur. Tunceli'nin 99 domuzu sınırımızdan girdi. Ancak hızlarını alamayarak sınırımızı aşıp Erzurum il hudutlarına geçtiler) deyip işin içinden sıyrılır. Bakanlık bu defa Erzurum İl Müdürlüğü'nden hayvanların bulunup sürek avı başlatılmasını istemiş. Erzurum İl Müdürü de Erzincan İl Müdürünü arayıp olayı sorar, akıl danışır ve Bakanlığa şunu yazar:

(Doğru. 99 domuz bölgemize girdi, peşlerine düştük, ancak Ağrı il Sınırı'na girdiler.)

Bakanlık bu kez Ağrı İl Müdürlüğüne yazar. Ağrı İl Müdürü de Erzurum İl Müdürünü arar. Ve o da Bakanlığa (Evet, doğru bizim sınırdan girdi ama ülke sınırlarını aşıp Ermenistan'a geçti) diyerek olaya Tarım Bakanlığı nezdinde son verir. Olay böylece kapanır.

Ek 14 (Domuzlar Nerede Başlıklı Hikâye)

KAYNAKÇA

28-31 Mayıs 1962 tarihinde Madrid'de toplanan VII. Uluslararası Arşiv Yuvarlak Masa Konferansı Hakkında Rapor, Haz.; Fazıl Işıközlü, Ankara, 1962.

Acun, Fatma : "Klasik Dönem Eyalet İdare Tarzı Olarak Tımar Sistemi ve Uygulaması", **Türkler Ansiklopedisi**, C.5, Yeni Türkiye Araştırma ve Yayın Merkezi, Ankara, 2002.

Akyıldız, Ali: **Osmanlı Bürokrasisi ve Modernleşme**, 3.bs., İstanbul, 2009.

Akyıldız, Ali: **Tanzimat Dönemi Osmanlı Merkez Teşkilatında Reform**, İstanbul, 1993.

Aren, Tülin: **Arşiv Problemleri ve Arşivcilik**, Ankara, 1976.

Başaran, İbrahim E.: **Yönetim**, Gül Yayınevi, Ankara, 1989.

Başbakanlık Bilgi Toplumuna Doğru: Türkiye Bilişim Şurası Taslak Raporu, Türkiye Bilişim Şurası, Ankara, 2002.

Başbakanlık Osmanlı Arşivi Rehberi, Devlet Arşivleri Genel Müdürlüğü Osmanlı Arşivi Daire Başkanlığı Yayınları No:108, Haz. Yusuf İhsan Genç v.d., İstanbul, 2010.

Belgelerle Arşivcilik Tarihimiz: Osmanlı Dönemi I, Yay. Haz. Uğurhan Demirbaş v.d., Ankara, 2000.

Bensghir, Türksel Kaya, Topcan, Ferda: **E-İmza Türkiye'de Kamu Kurumlarında Uygulanması**, TODAİE, 2010.

Berkes, Niyazi: **Türkiye İktisat Tarihi**, Gerçek Yayınevi, İstanbul, 1969.

Bilgi Toplumuna Giden Yolda e-Dönüşüm Türkiye Projesi, Ankara, DPT 2003.

Binark, İsmet: "Bizde Devlet Arşivi Konusu, Kısa Tarihçesi ve Günümüzdeki Gelişmeler", **Türk Kütüphaneciler Derneği Bülteni**, XXX C. 2, 1981.

Binark, İsmet: **Cumhuriyet Döneminde Arşiv Hizmetlerinin Geliştirilmesi Konusunda Yapılmış Çalışmalar Cumhuriyet Arşivi**, Ankara, 1991.

Binark, İsmet: **Türk Arşivlerinin Kısa Tarihçesi ve Devlet Arşivleri Genel Müdürlüğü'nün Faaliyetleri**, Ankara, 1994.

Cem, Cemil: "Türk Kamu Yönetimine Toplu Bir Bakış", **Amme İdare Dergisi**, C. 8, Sayı. 3, Aralık, 1975.

Coşkun, Bayram ve Asunakutlu, Tuncer: "Max Weber ve Bürokrasi Teorisi", **Türk İdare Dergisi**, Sayı 432, 2001.

Çam, Esat : **Siyaset Bilimine Giriş**, Der Yayınları, 9. bs., İstanbul, 2005.

Çaylak, Adem: **Osmanlı'da Yöneten ve Yönetilen: Bir Şerif Mardin Çözümlemesi**, Vadi Yayınları, Ankara, 1998.

Çetin, Atilla: "Osmanlı arşivciliğine toplu bir bakış" **Türk Kütüphaneciler Derneği Bülteni**, XXXIII, C. 2, 1984.

Çevik, H. Hüseyin: **Türkiye'de Kamu Yönetimi Sorunları**, Seçkin Yayınları, Ankara, 2001.

Çuhadar, Cengiz: "Bazı Filozofların Düşüncesinde Devlet Kavramı", **Fırat Üniversitesi İlahiyat Fakültesi Dergisi**, Sayı: 12:2, 2007.

Daver, Bülent : **Siyaset Bilimine Giriş**, Kalite Matbaası, 4. bs., Ankara, 1976.

Deringil, Selim: **İktidarın Sembolleri ve İdeoloji**, İstanbul, 2002.

Devlet Arşivleri Genel Müdürlüğü Osmanlı Arşivi Daire Başkanlığı Personeli Hizmetiçi Ders Notları, DAGM, İstanbul, 1993.

Dosyalama ve Standart Dosya Planı, Devlet Arşivleri Genel Müdürlüğü, 2006.

Durgun, Şenol: **Türkiye'de Bürokrasi ve Siyaset Türkiye'de Kamu Yönetimi**, Ed. Burhan Aykaç, Şenol Durgun, Hüseyin Yayman, Ankara, 2003.

Dursun, Davut: **Osmanlı Devleti'nde Siyaset ve Din**, 2. Bs., Bilimsel Araştırmalar Dizisi: 1, İstanbul, İşaret Yay., 1992.

Eryılmaz, Bilal: **Bürokrasi ve Siyaset: Bürokratik Devletten Etkin Yönetime**, 4. bs., İstanbul, Alfa Yayınları, 2010.

Eryılmaz, Bilal: **Kamu Yönetimi: Düşünceler, Yapılar, Fonksiyonlar, Politikalar**, 5. bs., İstanbul, Umuttepe Yayınları, 2012.

Findley, Carter V.: **Osmanlı Devleti'nde Bürokratik Reform**, Çev: Latif Boyacı, İzzet Akyol, İstanbul, İz Yayınları, 1994.

Gencer, Ali İhsan, "Nezâret Meclislerinin Osmanlı Diplomatikasındaki Yeri ve Önemi", **Tarih Boyunca Paleografya ve Diplomatik Semineri 30 Nisan-2 Mayıs 1986 Bildiriler**, İstanbul, İstanbul Üniversitesi Edebiyat Fakültesi Yayını, 1988, ss. 141-144.

Genç, Reşat:"Karahanlılar", **Doğuştan Günümüze Büyük İslam Tarihi**, C.VI, İstanbul, 1989.

Gökçe, Gülise - Şahin, Ali- Örselli, Erhan: "Türkiye'de Siyasetin Bürokrasi Üzerindeki Etkisi: Siyasallaşma", **SÜ İİBF Sosyal ve Ekonomik Araştırmalar Dergisi**, Sayı 4, 2002.

Göymen, Korel: "Türkiye'de Yerel Yönetimler ve Yönetişim: Gereksinimler, Önermeler, Yönelimler", **Çağdaş Yerel Yönetimler Dergisi**, C. 9, Sayı: 2.

Gözübüyük, A. Şeref : **Yönetim Hukuku**, 24. bs., Turhan Kitapevi, Ankara, 2006.

Gültepe, Necati: "İlk Türk Devletlerinde Bürokrasi", **Türkler Ansiklopedisi**, C. 3, Yeni Türkiye Yayınları, Ankara, 2002.

Halaçoğlu, Yusuf : "Osmanlı Devlet Teşkilatı", **Doğuştan Günümüze Büyük İslam Tarihi Ansiklopedisi**, C.12, 1993.

Halil İnalcık, "Osmanlı Toplum Yapısının Evrimi", Çev. M. Özden. F. Unan, **Türkiye Günlüğü**, Sayı 11. (Yaz 1990). s.31

Heper, Metin : "Bürokrasi", **Cumhuriyet Dönemi Türkiye Ansiklopedisi**, Cilt:2, İletişim Yayınları, İstanbul, 1983.

Heper, Metin: **Bürokratik Yönetim Geleneği**, ODTÜ Yayını, Ankara, 1974.

Heper, Metin: **Modernleşme ve Bürokrasi; Karşılaştırmalı Kamu Yönetimine Giriş**, Ankara, 1973.

İpşirli, Mehmet: "Klasik Dönem Osmanlı Devlet Teşkilatı", **Osmanlı Devleti ve Medeniyeti Tarihi**, Ed. E. İhsanoğlu, IRCICA Yay., İstanbul, 1994.

İşçi, Metin: **Siyasi Düşünceler Tarihi**, Der Yayınları, İstanbul, 2004.

Kandur, Hamza: **Elektronik Belge Yönetimi Sistem Kriterleri Referans Modeli (V.2.0)** (gözden geçirilmiş 2.bs.), Ankara, 2006.

Kapani, Münci: **Politika Bilimine Giriş**, Sevinç Matbaası, 2. bs., Ankara, 1978.

Karatepe, Şükrü: "Türkiye'nin Yönetim Sorunları", **Yeni Türkiye**, Sayı 4, 1995.

Karpat, Kemal H.: **Osmanlı Modernleşmesi, Toplum, Kurumsal Değişim ve Nüfus**, Çev. Akile Zorlu Durukan-Kaan Durukan, İmge Kitapevi, İstanbul, 2002.

Kazıcı, Ziya: **Osmanlı'da Toplum Yapısı**, Bilge Yayınları, İstanbul, 2003.

Keskin, İshak- Kutluoğlu Hanefi: "Eski Mısır Medeniyetinde Arşivcilik", **Prof. Dr. Erdoğan Merçil'e Armağan**, Ed. Emine Uyumaz, Muharrem Kesik, Aydın Uslu ve Cihan Piyadeoğlu, Bilge Kültür Sanat Yayınları, İstanbul, ss. 461-497, 2013.

Keskin, İshak: "Kutadgu Bilig'de Devlet İşlemlerinin Kayıt Altına Alınması Ve Kâtipler", **Arşiv Emektarlarına Armağanı**, İshak Keskin ve Nizamettin Oğuz, Ed., Türk Edebiyatı Vakfı, İstanbul, ss. 303-318, 2013.

Koca, Salim :"Eski Türklerde Devlet Geleneği ve Teşkilatı", **Türkler Ansiklopedisi**, C. 3, Yeni Türkiye Yayınları, Ankara, 2002.

Lipson, Leslie: **Politika Biliminin Temel Sorunları**, Çev. Tuncer Karamustafaoğlu, Sevinç Matbaası, 1973.

Mardin, Şerif "Adem-i Merkeziyetçilik", **İslam Ansiklopedisi**, Türkiye Diyanet Vakfı, 1993.

Mardin, Şerif: **Türkiye'de Toplum ve Siyaset –Makaleler- 1**, Derleyen. Mümtaz'er Türköne-Tuncay Önder, 12.bs., İletişim Yayınları, İstanbul, 2004.

Menekşe, Ömer: "İslam Düşünce Tarihinde Devlet Anlayışı: Mâverdî ve Nizâmülmülk Örneği", **Dinbilimleri Akademik Araştırma Dergisi**, C. 5, No:3, 2005.

Ortaylı, İlber: **Osmanlı İmparatorluğunda, İktisadi ve Sosyal Değişim: Makaleler I**, Ankara, Turhan Kitapevi, 2000.

Önaçan, M. B. K v.d.: "Elektronik Belge Yönetim Sistemi (EBYS)'nin Faydaları ve Kurum Bünyesinde EBYS Yapılandırmaya Yönelik Bir Yol Haritası", **Sayıştay Dergisi**, Sayı 85, 2012

Özalp, Ahmet: "Küreselleşme, Postmodern Görelilik ve Kamu Yönetimi", **Küreselleşme Karşısında Kamu Yönetimi ve Hizmeti**, Ed. by. Ahmet Hamdi Aydın, İ. Ethem Taş, Meltem Kılıç, Zehra Gül, 2010, Kahramanmaraş Sürçü İmam Üniversitesi, Yayın no:136.

Özcan, Abdülkadir :"Osmanlılarda Askeri Teşkilat", **O.A.**, İstanbul 1994, C. 4

Özdemir, Hüseyin: **Osmanlı Devletinde Bürokrasi**, İstanbul, Okumuş Adam Yayınları, 2001.

Özdemirci, Fahrettin: "Belge Üretimi ve Kurumsal Bilgi Yönetimi", yay. haz.: T. Fenerci ve O. Gürdal, **"21. Yüzyıla Girerken Enformasyon Olgusu"** : Ulusal Sempozyum Bildirileri: 19-20 Nisan 2001 Hatay içinde (ss. 179-186). Ankara, Türk Kütüphanecileri Derneği.

Özdevecioğlu, Mahmut: "Kamu ve Özel Sektör Yöneticileri Arasındaki Davranışsal Çalışma Koşulları ve Kişilik Farklılıklarının Belirlenmesine Yönelik Bir Araştırma", **Erciyes Üniversitesi İktisadi ve İdari Bilimler Fakültesi Dergisi**, Temmuz-Aralık 2002, Sayı: 19.

Öztuna, Yılmaz: **Osmanlı Devleti Tarihi: Medeniyet Tarihi**, Ankara, 1998.

Parlak, Bekir - Sobacı, Zahid: **Kuram ve Uygulamada Kamu Yönetimi Ulusal ve Global Perspektifler**, Alfa Yayınları, Bursa, 2005.

Polatoğlu, Aykut : **Kamu Yönetimi Genel İlkeler ve Türkiye Uygulaması**, Genişletilmiş 2. bs., ODTÜ Yayıncılık, Ankara, 2003.

Pustu, Yusuf: "Osmanlı-Türk Devlet Geleneğinde Modernleştirici Unsur Olarak Bürokratik Elitler", **Gazi Üniversitesi İktisadi ve İdari Bilimler Fakültesi Dergisi**, 9/2, 2007.

Şaylan, Gencay: **Türkiye'de Kapitalizm-Bürokrasi ve Siyasi İdeoloji**, TODAİE Yayınları, Ankara, 1974.

Şenel, Alâeddin: **Siyasal Düşünceler Tarihi: Tarihöncesinde İlkçağda Ortaçağda ve Yeniçağda Toplum ve Siyasal Düşünüş**, Bilim ve Sanat yay., 4. basım, Ankara 2013.

Taşağıl, Ahmet: **Göktürkler I**, Türk Tarih Kurumu Yayınları, Ankara, 1995.

Us, Öznur : "Memurluk Prestiji", **Amme İdare Dergisi**, C. 6, Sayı. 3, Eylül, 1997.

Uzunçarşılı , İ. Hakkı; **Osmanlı Devlet Teşkilatına Medhal**, Ankara, 1984.

Uzunçarşılı, İ. Hakkı: **Osmanlı Devleti'nin Saray Teşkilatı**, TTK, 3. bs., Ankara, 1988.

Weiker, F. Walter: "Osmanlı Bürokrasisi, Modernleşme ve Reform", Çev. Şenay Büyükdavras ve Erkan Oyal, **Amme İdaresi Dergisi**, C.6, Sayı 1, 1973.

Yıldız, Mete : "Uluslararası Kuruluşların Türkiye'nin E-Devlet Siyasalarına Etkisi", Amme İdaresi Dergisi, C. 40, Sayı 2, 2007.

Yüceer, Nasır: "Genelkurmay Askeri Tarih ve Stratejik Etüt (ATASE) Başkanlığı Arşivi", **I. Milli Arşiv Şurası. 20-21 Nisan 1998**, Haz. Rahim Erişti v.d., Ankara, 1998.

http://www.asunakutlu.com

http://www.bilgitoplumu.gov.tr

http://www.devletarsivleri.gov.tr

http://www.dsi.gov.tr

http://www.ilbank.gov.tr

http://www.e-ticaret.gov.tr

http://www.hurriyet.com.tr

http://www.kgm.gov.tr

http://www.ksu.edu.tr

Kolibri 360 GmbH
Ferdinand-Jühlke-Straße 7
99095 Erfurt, Deutschland
produktsicherheit@kolibri360.de

Druck:
CPI Druckdienstleistungen GmbH
im Auftrag der
Kolibri 360 GmbH
Ferdinand-Jühlke-Str. 7
99095 Erfurt